다수가 옳다는 착각

다수가 옳다는 착각

다수파 독재를 극복할 수 있는 새로운 합의 형성 원리

지은이 | 로렌스 E. 서스킨드, 제프리 L. 크루익섕크
옮긴이 | 김학린

1판 1쇄 인쇄 | 2021년 8월 20일
1판 1쇄 발행 | 2021년 8월 26일

펴낸곳 | (주)지식노마드
펴낸이 | 김중현
디자인 | 제이알컴
등록번호 |제313-2007-000148호
등록일자 | 2007. 7. 10
(04032) 서울특별시 마포구 양화로 133, 1207호(서교동, 서교타워)
133, Yanghwa-ro, Mapo-gu, Seoul, South Korea
전화 | 02) 323-1410
팩스 | 02) 6499-1411
홈페이지 | knomad.co.kr
이메일 | knomad@knomad.co.kr

값 1,8000원

ISBN 979-11-87481-93-5 03330

다수가 옳다는 착각

다수파 독재를 극복할 수 있는 새로운 합의 형성 원리
BREAKING ROBERT'S RULES

로렌스 E. 서스킨드, 제프리 L. 크루익생크 지음 │ **김학린** 옮김

옮긴이의 글

이 책은 로렌스 E. 서스킨드Lawrence E. Susskind와 제프리 L. 크루익생크Jeffrey L. Cruikshank의 저서 《Breaking Robert's Rules: The New Way to Run Your Meeting, Build Consensus, and Get Results》를 번역한 것이다. 원제를 직역하면 '로버트 규칙 깨기'라 할 수 있는데, 무엇을 깨부숴야 한다는 매우 도발적인 내용을 담은 저서이다. '로버트 규칙' 하면 다소 생소하게 들릴 수 있지만, 우리 모두에게 아주 익숙한 규칙이다. 누군가의 빌의發意가 있고 그에 대한 동의同意가 있으면 표결에 부쳐 다수결에 의해 최종 결정을 내리는 회의법을 지칭한다. 우리 모두에게 체화된 회의방식 또는 회의를 통한 의사결정 방식인 것이다.

'로버트 회의법Robert's Rules of Order'은 19세기 미 육군 공병대 예비역 장군 헨리 로버트에 의해 개발되어 오늘날 미국은 물론 전 세계적으로 집단의사결정의 교본으로 확립되었다. 저자들은 바로 이 규칙을 깨부술 것을 주장한다. 저자들은 '로버트 회의법'에 따른 다수결 중심의 집단의사결정 방법을 다수파 독재tyranny of the majority를 정당화하는 수단으로 규정하고, 이에 대한 대안으로 합의 형성 접근법CBA, Consensus Building Approach을 제안한다. 합의 형성 접근법은 특정 집단이나 공동체가 만장일치에 가까운 압도적 동의 Agreement에 이르는 것을 목표로 하는 새로운 방식의 집단의사결정 방법으로, 저자들은 실제 미국을 비롯한 지구촌의 여러 지역에서 적용되어 그 실효성이 폭넓게 입증된 것이라고 주장한다. 이를 증명하듯 저자들이 직접 참여하여 합의 형성 접근법을 적용한 사례들을 이 책에 다양하게 소개하고 있다.

최근 한국 사회에서도 합의 형성 접근법이 주목받고 있다. 당면한 문제를 해결하기 위해 직접적인 이해관계가 걸려 있는 사람들이 모여 협의체를 구성하고 해결책을 탐색하는 일을 우리 주변에서 종종 목격하게 된다. 이때 참여자들은 우선 합의를 모색하게 되는데, 의식적/무의식적으로 합의 형성 접근법을 실행하고 있는 것이다. 그러나 그 결과는 아직까지 신통치 않은 것이 사실이다. 그 이유는 한국 사회도 미국과 마찬가지로 다수결에 근거한 의사결정 방법에 익숙하고, 더 나아가 다수결이 민주주의의 정수라는 인식이 강하게 지배하고 있기 때문이다. 실제로 현장에서 다양한 이해관계자들이 한자리에 모여 토론을 통해 문제해결을 모색하는 경우에 참여자들은 결국에는 다수결로 문제해결을 시도할 것이라고 예단하는 경향이 있다. 그 결과 합의 형성 접근법이 한국 사회에서 적용될 때, 본연의 문제의식과 원리가 수미일관되게 관철되기보다는 중도에 다수결 방식으로 왜곡되거나 축소되는 현상이 자주 나타난다. 저자들이 강조하듯 합의 형성 접근법은 또 다른 형태의 다수결 방식이 아니다. 오히려 집단의사결정에 있어 다수결 방식의 폐해를 극복하기 위해 새로운 대안으로 제안된 것이다.

사실 한국 사회에서 합의 형성 접근법에 대한 이론적 논의의 역사는 결코 짧지 않다. 합의 형성 접근법이 지향하는 목표나 이상은 물론 방법론에 대한 다양한 논의가 있어 왔고, 한국 사회에서의 적용 가능성도 깊이 있게 탐색되어 왔다. 다만 한국 사회에서 합의 형성 접근법의 온전한 의미를 성공적으로 구현한 전례가 부족한 것이 현실이고, 그 결과 합의 형성 접근법은 파편적으로 혹은 기능적 수준에서 일부 채용되는 데 불과하였다고 볼 수 있다. 역자는 이 책이 이러한 상황을 돌파하는 데 실천적 측면에서 많은 도움이 될 거라 믿는다.

무엇보다 이 책의 강점은 저자들이 직접 조정자로서 참여한 사례를 각색하여 처음부터 마지막까지 합의 형성 접근법의 온전한 의미를 구현한 모습을 자세하게 묘사하고 있다는 점이다. 이를 통해 합의 형성 접근법에 대한 총체적 관점을 제공하면서도 합의에 이르는 전 과정을 간접적으로나마 체험할 수 있도록 안내한다. 독자들은 합의 형성의 전 과정이 하나의 사례를 통해 구현되는 모습을 따라가면서 합의 형성 접근법이 무엇인지, 그리고 어떻게 구현될 수 있는지에 대한 많은 아이디어를 얻게 될 것이다.

사실 합의 형성 접근법은 집단의사결정에 있어 새롭게 제기된 방식인지라 그것이 의미하는 바에 대해 다양한 해석이 가능하고 이로 인해 많은 오해가 있는 것이 사실이다. 이는 합의 형성 접근법에서 달성하고자 하는 목표인 '컨센서스Consensus'의 개념이 불명확한 데 기인한 바가 크다 할 것이다.* 이 책에서도 인정하고 있듯이 컨센서스는 미국 사회에서도 불명확한 개념으로 만장일치Unanimity와는 다른 의미로 사용되고 있다. 그렇다고 단순히 다수Majority를 형성한 것을 두고 컨센서스를 이루었다고 하지 않는다. 일상적 용어로 말하자면 사안에 대한 구성원들의 '충분한 공감대' 정도로 해석될 수 있을 것이다. 문제는 '충분한 공감대'가 구체적으로 어떤 모습인지 집단마다 또는 사람마다 다르다는 점이다. 하지만 이를 바라보는 관점은 다음 3가지로 대별될 수 있다. 특정 회의체나 집단이 의사결정을 하고자 할 때에는 3가지 중 하나에 의존하거나 두 가지 이상을 결합한 혼합형hybrid 모델을 적용하게 된다.

첫째, 가장 일반적이고 지배적인 방법으로 단순히 사안에 대한 구성원들의 선호 집합Preference Aggregation 수준에 주목하여 컨센서스를 바라보는 것이다. "특정 사안에 대해 구성원들의 지지가 어느 정도에 이르면 컨센서스에 도달했다고 할 수 있는가?"라는 질문에 특정한 기준을 제시하는 방식이다. 통상 컨센서스는 구성원의 과반수를 '충분히' 넘는 지지 수준을 상정한다. 그러나 구체적인 기준은 연구자마다 다르고 실제 현실에서도 다양한 기준이 활용되고 있다.

---

* 한국 사회에서 컨센서스는 다양한 의미로 사용되고 있다. National Consensus(국민적 합의), Social Consensus(사회적 공감대), Consensus of Opinion(중론) 등 때로는 '합의', 때로는 '공감대'로 번역된다(네이버 사전). 본 역서는 컨센서스의 다양한 의미를 살려야 할 때를 제외하면 정확한 의미 전달에 부족한 점이 있지만 옥스퍼드 영한사전을 따라 '합의'로 번역하여 사용한다.

Schuman & Presser(1977)는 구성원의 2/3가 넘는 68% 이상의 지지를 컨센서스에 도달한 것으로 파악했고, Holsti & Rosenau(1988)는 미국의 특정 외교정책에 대한 국민의 지지가 60%를 넘으면 컨센서스에 이른 것으로 보았다. Graham(1989)은 이를 좀 더 세분하여 정리했는데, 특정 정책에 대한 대중의 지지가 50% 이하이지만 다수를 차지하는 것을 Plurality(상대적 다수), 50%에서 59%까지를 Majority(다수), 60%에서 69%까지를 Consensus(컨센서스), 70%에서 79%까지를 Preponderance(압도적 우위), 80% 이상을 Virtual Unanimity(사실상 만장일치)로 구분하였다. Kullberg & Zimmerman(1999)은 Graham의 정의를 다소 수정하여 50%에서 59%까지를 Majority(다수), 60%에서 79%까지를 Consensus(컨센서스), 80% 이상을 Virtual Unanimity(사실상 만장일치)로 정리했다. 이처럼 선호 집합의 관점에서 보면, 단순히 과반수 이상의 지지를 모았다고 해서 컨센서스를 형성했다고 보지 않는다. 즉 컨센서스는 과반수 이상의 추가적인 충분한 지지 수준이 요구된다고 할 수 있다.

그러나 단순히 지지 수준이 높다고 해서 구성원들이 컨센서스를 형성했다고 말할 수 있을까? 선호 집합의 관점에서 보면 그렇다고 말할 수 있겠지만, 컨센서스는 단순히 양적 지지 수준을 넘어 그 이상의 질적인 무엇이 요구된다는 주장이 있을 수 있다. 구체적으로 선호 전환Preference Transformation과 선호 통합Preference Integration의 관점이 대표적이다. 두 관점 모두는 단순한 선호 집합의 한계를 뛰어넘고자 한다는 측면에서 공통점이 있으나, 이론적 토대나 달성하고자 목표에 있어서는 상당한 차이를 갖고 있다(Fishkin, 2011;

Susskind et al., 2018).

둘째, 선호 전환을 강조하는 관점은 숙의민주주의를 이론적 배경으로 하는데, 컨센서스는 단순히 투표를 통한 선호의 집합을 뛰어 넘는 실제적인 숙의Deliberation가 진행될 때 도달될 수 있다고 본다. 숙의는 숙의적 토의를 거치면서 참여자의 합리성을 증진하는 과정이자 참여자 간 공동성찰을 통해 공동의 의견을 형성해가는 과정으로 요약될 수 있다. 구체적으로 집단의사결정 과정에서 제대로 된 숙의는 선호 형성, 선호 전환, 선호 수렴의 효과를 갖는다(김학린 외, 2020). 우선 제대로 된 숙의는 참여자가 사안에 대해 학습하고 근거 기반의 선호 형성을 촉진한다. 이를 위해서는 무엇보다 참여자에게 사안에 대한 충분한 정보가 제공되어야 한다. 사안에 대한 충분한 정보를 제공받음으로써 '낮은 정보 합리성low information rationality'에서 '높은 정보 합리성high formation rationality'으로 변할 가능성이 높아지기 때문이다(Fishkin, 2009). 아울러 숙의는 참여자들이 갖고 있는 정보를 공유하고, 토의 과정에서 그 정보의 진위와 중요성 및 우선순위를 확인하는 학습 과정을 제공한다. 이러한 학습과 토의를 통해 참여자는 사안에 대한 자신의 원칙과 선택에 대한 일관된 선호를 형성하게 된다.

또한 숙의는 참여자 간 공동성찰을 촉진할 수 있다. 숙의적 토의는 참여자 간 밀접한 관계를 유지하면서 긴밀한 상호작용이 이루어지는 과정이다. 이 과정에서 참여자 개개인들은 자신의 내적 선호를 변화시킬 기회를 갖게 되는데, Dryzek(2000)이 '전환적 힘transformative power'이라고 강조한 것처럼 토의에 참여한 사람들이 스스로 가치체계와 선호를 전환시키는 과정이야말로 숙의의 핵심이다. 자신의 견해를 타인의 견해와 비교 검토하는 토의 과정에서 더 나은 것이 찾아질 수 있다고 믿는 순간부터 성찰은 싹트게 된다. 나아가 상호 간에 이질적인 것을 적극적으로 포괄하고자 할 때 더욱 성숙하고 합리적인 공유된 관점이 증대하게 된다. 이러한 과정은 자연스럽게 참여자의 가치체계와 선호의 전환을 동반하게 된다. 여기에 더하여 공동성찰에 따른 참여자 개개인의 선호 전환의 결과, 사안에 대한 참여자들의 의견이 근접하는 방향으로 수렴되었다면 집합적 의사결정collective decision-making의 질이 향상되면서 그 결과 또한 안정적일 수 있게 된다(List et al., 2013). 선호가 수렴되어 집단 또는 공동체의 공유된 의견이 안정적으로 지속된다면, 이른바 집단 또는 공동체의 숙의된 공동 의견인 '공론公論'이 형성되는 것이다. 따라서 집단이나 공동체 구성원들이 특정 사안에 대해 컨센서스를 이루었다는 것의 의미는 선호 전환의 관점에서 보면 공론이 형성되었다는 것을 의미하는 것으로 공론 형성 과정이 곧 합의 형성 과정이 되는 것이다.

마지막으로 선호 통합의 관점은 갈등해결 분야에서 발전되어 온 대안적 분쟁해결 방법ADR, Alternative Dispute Resolution에 기초하여 컨센서스를 참여자들의 공동이익을 극대화할 수 있는 이행 가능한 협약Implementable Agreements의 도출 여부로 판단한다(Susskind et al., 2018). 무엇보다 선호 통합의 관점은 의견의 불일치와 다양성을 합의 형성의 중요한 출발점이자 의미 있는 자원으로 파악한다. 더 나아가 참여자들이 충돌하는 쟁점들에 대해 서로 다른 가치를 부여한다는 점에 주목한다. 서로 다른 가치를 부여하는 쟁점들을 목록화하고 이를 구조화하거나 우선순위를 기준으로 재구성한 후, 우선순위를 기준으로 참여자들의 관심사를 상호 맞교환하거나 창의적으로 통합하여 각자 혹은 공동의 이익을 극대화시키는 방향으로 협의하여 하나의 협약Negotiated Agreement으로 객관화시킬 때 컨센서스에 도달한 것으로 파악한다. 협의를 통해 도출된 협약은 통상 참여자 각각의 모든 이해관심사를 100% 만족시키는 것이 아닐 가능성이 높다. 자신의 이해관심사 중 일부를 포기 또는 양보하거나 아니면 이해관심사를 통합하여 최선Best이 아닌 최적Optimal의 대안으로 만들어낼 때 비로소 협약이 도출될 수 있는 것이다. 이렇게 양보하거나 통합의 결과로 도출된 협약 내용이 바로 참여자 간의 컨센서스, 즉 충분한 공감대를 이룬 지점이 되는 것이다. 더 나아가 이렇게 도출된 협약에 대해 모든 참여자가 마음속 깊이 동의Wholeheartedly Agree하지는 않더라도 이를 감수할 수 있다면, 이는 이행 가능한 것이 되는 것이다.

이 책은 선호 통합의 관점에서 특정 회의체나 집단이 합의에 도달하는 방법을 기술했다. 이 책에서는 이를 '합의 형성 접근법CBA'으로 특정해서 사용한다. 특히 이 책이 제안하는 Single−text(단일 텍스트) 기법과 Agree to Disagree(의견 차이의 인정) 원칙은 매우 흥미롭고 독창적인 내용이다. 두 가지 모두 협의를 통한 합의 형성의 기반을 넓히기 위한 것으로 Single−text 기법은 중립적인 조정자나 촉진자가 합의안 초안을 제안하고 이를 기반으로 참여자들이 상대방의 이해관심사를 훼손하지 않는 범위 내에서 자신의 이해관심사를 극대화하는 것을 허락하는 기법으로 궁극적으로 참여자 전체의 이익을 확대하고자 하는 기법이다. 또한 Agree to Disagree 원칙은 협약에 일부 특정 사안에 대해 의견이 다름을 인정하는 내용을 포함시킴으로써 합의 형성의 기반을 확대하고 이를 통해 협약안 도출 가능성을 증가시키도록 안내한다. 실제로 두 가지 기법은 한국 사회에서도 다양하게 시도되어 왔는데, 2017년 "4·16 세월호 참사 안산시 추모사업 협의회" 활동에도 적용되어 성공적인 합의안 도출에 주요 기법으로 활용되었다(이강원·김학린, 2020).

현재 특정 협의체를 설계하고 운영하고 있는 사람들이나 혹은 미래에 운영하게 될 사람들이라면 "어떻게 협의를 통해 합의에 도달할 수 있을까?"라는 질문에 자신만의 해결책을 갖고 있어야 한다. 이 책의 합의 형성 접근법은 이에 대한 크고 작은 아이디어를 제공할 것이다. 아울러 이 책을 읽고 합의 형성 접근법에 대해 보다 더 알고 싶어 하는 독자라면 이 책과 같은 저자들이 공저한 《공공갈등, 이렇게 타개하라Breaking the Impasse》를 읽어 보기를 권한다.

끝으로 이 책을 번역하는 데 있어 든든한 응원군이 되어 준 메리 파커 폴렛 협상연구회의 백도현 회장을 비롯한 회원들에게 깊은 감사를 드린다. 이 책은 1920년대 협상에 있어서 통합의 의미를 통찰력있게 설파한 메리 파커 폴렛Mary Parker Follett의 지적 전통을 계승·발전시킨 것이라 할 수 있다. 메리 파커 폴렛 협상연구회는 이 책의 핵심 개념인 선호 통합의 의미를 깊이 있게 검토해주었다. 아울러 기꺼이 발간을 허락해준 김중현 지식노마드 대표에게도 감사의 마음을 전한다.

머리말

 본론으로 들어가기에 앞서, 중요한 문제가 걸려 있고 현명한 결정
이 필요한 3가지 회의 사례를 소개하고자 한다.

 첫 번째 사례는 미국 중서부에 있는 작은 마을에서 열린 회의다.
한 무리의 사람들이 아이들의 축구 리그와 관련된 문제를 논의하기
위해 지역 커뮤니티 센터에 모여들었다. 오후 9시, 회의가 두 시간째
지속되면서 점차 참석자들의 감정이 고조되었다.

 이 회의는 몇 주 전에 한 코치가 상대 팀 아이들의 부모와 고함을
치며 싸운 사고 때문에 열렸다. 정확히 무슨 일이 일어났는지에 대
해서는 의견이 분분했지만, 그 코치와 한 아빠가 얼굴을 맞대고 주
먹질을 했으며 외설적인 욕설을 한 사실에는 모두가 동의했다. 심판
이 끼어들어 게임을 중단시킨 다음 모두를 집으로 돌려보냈다. 며칠
후, 상대 팀 부모들이 몰려와 주먹질을 한 코치를 해임하고 리그에

서 그를 축출할 것을 요구했다. 코치 역시 상대 팀 부모들이 리그에 개입할 수 없도록 해달라는 요청과 함께 오히려 자신이 그들에게 낚였다고 주장했다.

축구 리그의 운영위원장이 소집한 오늘 밤 회의는 전례가 없는 긴급회의였다. 보통 운영위원회는 연 2회 소집되는데, 봄에 열리는 회의는 가을 스케줄을 확정하기 위한 것이고 가을 회의에서는 새 임원들을 선출하고 시즌 종료 연회를 준비하는 안건을 논의한다. 이런 회의에서는 연회에 어떤 음식을 제공할 것인가 말고는 논쟁을 일으킬 만한 일이 없다. 새 임원을 선출할 때에도 주로 갈채를 받으며 '선출'된다 (사실은 이 일을 하겠다는 사람을 찾는 것이 더 어렵다). 리그에는 로버트 회의법Robert's Rules of Order에 따르도록 명시된 내규가 있었지만 아무도 이를 기억하지 못했다.

심지어 누가 위원회 위원이고 위원이 아닌지도 분명하지 않았다. 위원 여부와 상관없이 회의에 온 사람이면 누구나 논의에 참여하도록 권장됐고, 투표를 하는 경우가 드물긴 하지만 위원이 아닌 이들도 투표할 수 있도록 허용했다.

긴급회의가 시작된 초반부터 위원장은 난감해졌다. 코치의 지지자들과 화가 난 부모들이 회의가 시작되자마자 계속 서로에게 비난을 퍼부었기 때문이다. 사건의 전말을 정확히 이해하기 위한 새로운 정보는 오가지 않고 서로 목소리 크기만 높이는 상황이 이어졌다. 양 측은 리그의 운영위원장이 상대편에 동조하고 있다고 의심하면서, 회의 질서를 유지하려는 위원장의 노력은 무시하고 회의가 상대편에게 유리한 방향으로 흘러가지 못하도록 막는 데만 열중하였다.

회의에 관해 제보를 듣고 참석한 기자 외에는 아무도 메모하지 않았다. 운영위원장은 혼잣말로 "이거 참! 다음 주 신문에 실리겠어!"라고 말했다. 아무도 운영위원회가 코치를 해고할 권한이 있는지 모르고 있었다. 심지어 자신을 변호해야 할 코치는 나타나지도 않았다.

그런데 갑자기 회의장 뒤쪽에서 소란이 일어났다. 문제의 그 코치가 성큼성큼 회의장으로 걸어왔고 장내는 환호와 야유가 쏟아졌다. 그는 큰 회의 탁자로 다가가서 위원장 앞에 봉투 하나를 꺼내 놓았다. "이 편지는 내 변호사가 보낸 것입니다." 그는 소음 속에서도 들릴 수 있을 만큼 큰 목소리로 말했다. "당신들이 나한테 무슨 조치를 취하면 우리가 고소할 거라는 내용이 담겨 있습니다!"

군중들이 다시 환호와 야유를 쏟아냈고, 코치는 이내 돌아서서 회의장을 빠져나갔다.

• • •

두 번째 사례는 새크라멘토 외곽의 작은 엔진 공장의 식당에서 열린 회의다. 이 회의는 애틀랜타에 본사를 둔 모 회사의 생산부문 수석 부사장에 의해 소집되었다(사실 수석 부사장은 새트라멘토 공장에 처음 방문했다). 수석 부사장은 공장 내 2개 노조의 위원장뿐만 아니라 다수의 비노조 종업원들도 참석자로 초청했다. 비노조 종업원 그룹에는 엔지니어와 설계자, 구매 담당자, 인사, 영업 및 마케팅 담당자 그리고 공장 관리자들이 포함되어 있었다.

이 회사는 잔디 깎는 기계, 제설기, 소형 레저 차량에 장착되는 다양한 종류의 엔진과 장비 부품을 만들고 있다. 지금까지 신제품 개발은 체계적으로 기획되었다기보다는 그때그때 되는 대로 진행되었다. 대부분의 경우 엔지니어링 부서에서 새로운 엔진 모델을 개발하는 방법과 시기를 결정했다. 이어 생산 및 구매 부서에서 엔지니어링 부서가 제안한 새로운 엔진 모델을 평가하고 개선하는 일을 담당했다. 판매 및 마케팅 부서는 비공식적으로만 협의하는 관계였고, 심지어 생산 라인의 근로자들과 노동조합은 협의의 대상조차 아니었다.

수석 부사장은 개회를 선언한 후, "저는 여러분들을 호되게 책망하기 위해 이 자리에 섰습니다"라며 회의를 시작했다. 회의장은 조용해졌고 긴장감이 감돌았다. 부사장은 "현실을 직시하자"면서 말을 이어 갔다. "우리 제품은 형편없었습니다. 대부분 비쌌고, 늦게 출시되었거나, 제품설명서대로 작동되지 않았습니다. 자, 이제 우리는 이러한 문제점들을 해결해야 할 시점에 와 있습니다. 그런데 우리는 이러한 문제점들을 해결하기 위해 필요한 자금이나 재능을 가지고 있지 않은 것 같습니다."

"따라서 제가 요청드리고 싶은 것은 여기 모인 여러분들이 우리가 직면하고 있는 문제점을 파악하고, 프로젝트를 체계적으로 처리할 수 있는 새로운 방법을 마련해야 한다는 것입니다. 저는 희생양을 찾는 것이 아니라 솔루션을 찾고 있습니다."

· · ·

세 번째 사례는 메인 주의 교회 지하실에서 열린 회의다. 목사는 교회가 현재 진행하고 있는 여러 프로그램에 더해 추가적으로 탁아

프로그램을 운영하는 방안을 논의하기 위해 신도들에게 모임을 요청하는 공지를 교회 회보에 실었다.

보통의 경우 신도들이 그러한 회의 소집에 응하는 경우가 드물었기 때문에, 회의장에 이미 수십 명의 사람들이 앉아 기다리고 있는 것을 본 목사는 크게 놀랐다. 목사는 사전 공지에서 '재정적인 자립'이라는 어구를 조심스레 사용했기 때문에 그 제안에 큰 논란이 없을 것이라 생각했다. 그러나 목사가 자리에 앉기도 전에 사람들은 새롭게 제안된 탁아 프로그램에 대한 찬반 주장을 펼치기 시작했다.

몇몇 엄마들은 주변에 운영되고 있는 탁아소가 너무 적고 비용도 비싸기 때문에 교회가 빨리 새로운 탁아소 운영을 시작해야 한다고 말했다. 그들은 신도들과 더 큰 공동체를 위해 교회가 탁아소를 보다 적극적으로 운영해야 한다고 주장했다.

그러나 다른 주장들도 제기되었다. 회의 참석자 중 현재 탁아소를 운영하고 있는 사람들은 비영리조직인 교회가 경쟁자가 되기를 원하지 않는다고 말했다. 일부 다른 사람들은 교회가 맡은 책임이 커지는 것에 대해 우려했다. 교회의 보수적인 신도들은 '전통적인 가족 가치'를 지켜야 한다며 엄마들이 자녀들을 양육하는 것의 중요성에 대해서도 이야기했다.

사람들의 엇갈리는 주장이 제기되고 토론이 과열되면서 이대로는 회의가 빨리 끝날 수 없다고 판단한 목사는 30분 만에 회의를 중지시키고 다음 달에 이 문제를 다시 논의하자고 선언했다. 아마도 그때는 새로운 상황이 전개된 후일 것이다.

• • •

위의 3가지 회의 사례가 강한 이해관계와 높은 열의를 가진 사람들에 의해서 행해지는 회의의 전형적인 패턴인지, 아니면 일반적이지 않은 특수한 상황인지에 대해 의문이 제기될 수 있다.

우리는 위에서 언급한 3가지 사례가 매우 일반적이며, 심지어 점점 증가하고 있는 문제의 전형이라고 보고 있다. 미국 인구조사국에 따르면, 미국에는 약 4만 개에 달하는 도시와 마을들이 있다. 맨 처음 언급한 축구 리그 논쟁처럼 골치 아프고 감정적으로도 고통스러운 사례나 기술적으로 해결하기 어렵거나 조율하기 어려운 문제들이 마을마다 매년 6건씩 있다고 가정해보자. 미국 전체로는 얼마나 많겠는가! 이러한 사안들은 지금까지 우리가 통상적으로 진행했던 보통의 대화로는 해결되지 않기 때문에 공정하고fair 효과적이며 efficient, 현명하고wise 안정적인stable 해결책을 찾아야만 한다.

미 정부에 따르면, 미국에는 2,000만 개의 비농업 기업들이 있다. 이들 중 5% 정도가 매년 제품 개발과 같은 복잡한 조직적인 문제를 경험한다고 가정해보자. 규모가 큰 회사들은 통상 일 년에 1~2회 이상 유사한 상황을 경험할 것이다. 따라서 이는 단순히 미해결 상태로 남겨두어서는 안 될 시급한 문제들이라 할 수 있다. 많은 사람들은 이를 해결하는 데 놓쳐서는 인 될 다양한 접근법을 제시해왔다. 그 핵심은 사안을 바라보는 새로운 시각과 '성공'을 정의하는 새로운 기준 그리고 동료들과 상호작용하는 새로운 방법으로 집약된다.

마지막으로 미국에는 교회, 사원, 그 외 다른 종교에 기반을 두고 있는 단체들이 30만 개 이상 있다. 목사, 사제, 랍비 등 다양한 종파의 지도자들 대부분은 앞에서 설명한 탁아소 논쟁만큼이나 열정적이고 열띤 회의에 매년 수도 없이 참석할 것이다.

이처럼 사람들은 어려운 상황에서 주변 사람들과 함께 문제를 해결해야 하는 수많은 회의에 참여하고 있는 실정이다. 미국 이외의 국가나 지역에서도 이와 유사한 상황을 겪고 있다고 가정할 때, 전 세계적으로 수백만 건의 대립 상황을 겪고 있는 셈이다.

이 책은 이와 유사한 상황, 즉 어려운 조건에서 힘든 문제를 주변 사람들과 함께 해결해야만 하는 상황에 처해 있는 사람들을 위해 만들어졌다. 우리는 수년간 이 같은 상황에 처한 사람들과 함께 지내며, 구체적인 경험에 대해 폭넓게 생각하고 연구해왔다. 이 책의 1부는 로버트 규칙Robert's Rules이라 불리는 투표 중심의 공식적인 의사결정 방법이 많은 문제점을 내포하고 있음에도 왜 여전히 많은 사람들이 이에 구속되거나 의지하고 있는지를 설명한다. 2부에서는 '합의 형성 접근법consensus building approach, CBA'이라고 불리는 합의 형성을 위한 5단계 접근법을 개략적으로 소개한다. CBA는 어느 한 집단이 합의를 이루어내는 데 있어 덜 형식적이고less formal 보다 실용적인more practical 접근방식이라 할 수 있다. 어떤 그룹도 그 규모와 상관없이 이 방식을 사용할 수 있으며, 누구라도 이 방식과 관련된 다양한 모든 기법을 배울 수 있다. 이 책은 분쟁을 해결하는 전통적인 수단, 즉 소수파를 배제시킴으로써 자신의 주장을 관철시키는 방식(다수결 방식 – 역자) 대신 거의 만장일치에 가까운 합의를 구하기 위해 보다 창의적이고 생산적인 길을 도모하고자 할 때 당사자들이 준수해야 할 단계적이고 실용적인 절차에 대해 서술하고 있다.

첫 번째 장에서는 로버트 회의법에 대한 간단한 역사를 기술한다. 사실 로버트 장군의 책에 나온 회의 절차 대부분은 집단의사결정을 하는 데 있어 적절하지 못하다는 평가가 많다. 그리고 이와 더불어 로버트 회의법보다 더 나은 대안이 있다는 것을 알지 못하는 사람들이 아직도 많다. CBA는 자신이 원하는 것을 얻기 위해 다수파를 모으는 방식이 아닌 구성원 각자의 실익을 충족시키는 데 초점을 맞춤으로써 최선의 합의안을 도출할 가능성을 높이는 접근법이다. CBA를 통해 모든 사람들이 서로의 실익을 충족시키는 방향으로 노력할 때, 대부분의 사람들이 생각하고 있는 것보다 서로의 실익을 충족시키는 합의안을 도출하기 훨씬 쉽다는 것을 알게 될 것이다. 결국 이 책에서 말하고자 하는 바는 모든 사람들이 로버트 회의법의 핵심인 승패Win-Lose적인 사고를 버리고 문제해결 모드problem-solving mode를 취하게 만드는 것이라 할 수 있다.

Contents

1부

다수결의 함정,
다수파 독재 극복하기

BREAKING ROBERT'S RULES

1장

/

로버트 규칙의 다수결,
왜 문제일까?

당신이 회의 운영을 맡고 있거나 그룹의 의사결정을 돕는 사람이라고 가정해보자. 아마도 당신은 앞에서 설명한 것과 같은 상황에 종종 직면하게 될지 모른다. 어쩌면 (감정이 고조될 수밖에 없는) 지역사회 프로그램에 문제가 발생하거나, 당신의 회사가 새로운 방식의 도전을 시도해야 하는 경우가 생길 수도 있다. 아니면 당신의 교회가 새로운 지역사회 봉사 프로그램을 시작하기를 바라지만 새로운 계획을 짜는 데 어려움을 겪게 될지도 모른다.

구체적으로 앞으로 당신이 진행해야 할 회의에서 우려스러운 상황이 벌어질지 모른다고 가정해보자. 당신이 회의를 운영해본 경험이 많지 않다면, 주어진 절차가 올바른지 반신반의하면서 걱정하게 될 것이다. 회의가 논쟁적으로 진행되는 바람에 참석자들이 사안에 대한 폭넓은 정보를 듣지 못할까 봐 우려되거나, 심지어 비생산적인 토론을 넘어 서로를 비난하는 회의가 돼버릴 수 있다고 생각할지도 모른다. 이런 경우에는 아예 회의를 주재하고 싶지 않을 수도 있다.

그렇다면 어떻게 해야 이러한 상황에서 벗어날 수 있을까? 당신은 '합의 형성consensus building'이라 불리는 과정을 통해 이런 상황들을 극복할 수 있다.

합의 형성은 그룹이나 단체가 만장일치에 가까운 동의를 이루고, 이를 성공적으로 이행하는 방법에 초점을 맞춘다. 이 책의 2부에서는 그룹의 합의를 얻기 위한 합의 형성 접근법CBA에 대해 간략하게 소개한다. CBA는 다음 5단계로 구성되어 있으며, 각 단계는 뒤에서 더 자세히 다루기로 한다.

소집Convening

회의를 통해 특정한 의사결정 프로세스CBA를 사용하기로 합의한다. 문제를 정의한 다음 누가 회의에 참석하고 어떻게 그들을 불러올지를 합의한 뒤 생산적인 대화를 위한 사항들을 결정한다.

역할과 책임 배분Assigning roles and responsibilities

책임자를 명확히 하고 기본 규칙을 명시하며 촉진자facilitator(외부 전문가나 그룹 내의 누군가)의 역할을 정의한다. 또한 결정된 사항을 누가 이행할지 결정하며 참관자가 참여할 수 있는 방법에 대한 규칙을 정하는 것 등이 포함된다.

공동 문제해결 촉진Facilitating group problem solving

상호 이익이 되는 제안을 만들어내고 서로 존중하는 방식으로 의견 대립을 극복하는 과정이다. 효과적인 문제해결은 활용 가능한 최상의 정보를 공유하고, 이를 바탕으로 모든 참여자들의 우려를 불식시킬 수 있는 가능한 선택지를 다양하게 모색함으로써 이전에는 아무도 생각하지 못했던 해결책들을 숙고하게 만드는 것이다.

합의안 도출Reaching agreement

'결정deciding'은 '투표voting'만큼 간단하지 않다. 합의안 도출은 모든 관계자들이 관심 있는 가장 중요한 실익을 가능한 한 충족시키고, 합의가 왜 어떻게 이루어졌는지를 기록하는 것이다.

합의 이행Holding people to their commitments

합의 이행은 단순히 각자 약속한 것을 실행하는 것 이상의 의미를 가진다. 예를 들어, 참여자들이 서로 지속적인 관계를 유지하면서 예상치 못한 문제들에 대해 공동 대처할 수 있도록 하는 것도 포함된다.

위의 5단계를 준수하는 것은 아마도 벅찬 과정이 될지도 모른다. 당신은 당면한 문제를 해결하기 위해 이처럼 특별한 과정이 필요한지에 대해서도 확신할 수 없을지 모른다. 우리의 대답은 분명하다. 이것이 유일한 방법이다. 우리는 당신이 판단을 잠시 보류하고 계속 이 책을 읽어볼 것을 권한다.

합의 형성이란 생산적인 문제해결을 위해 합당한 사람들을 테이블로 끌어들이고 올바른 아이디어를 끄집어낼 수 있는 의사결정 프로세스에 충분히 투자하는 것을 의미한다. 이는 모든 사람들이 합의한 프로세스가 개방적이고 공정하다는 점을 인식시키는 것도 포함하고 있다. 통상적으로 촉진자의 개입을 요구하며, 프로세스의 후반부보다는 초반에 더 많은 시간을 투입하는 편이다(우리는 다른 책에서 이것을 '빠르게 가기 위해 천천히 가는 것'이라 칭했다). 그러나 문제해결 프로세스 전체에서 보면 기존의 의사결정 방법보다 시간적으로 경제적이고, 비용도 많이 들지 않는 방법이라 할 수 있다. 실제로 긍정적으로 아이디어가 토론되고 모든 참여자들이 이해하고 수용되는 방식으로 결정이 실행되기 때문에, CBA는 다른 접근법들보다 의사결정이 신속할 뿐만 아니라 비용도 덜 드는 방식이라는 점이 입증되고 있다.

더욱 중요한 점은 CBA가 더 나은 결과를 얻는 경향이 있고 파기될 가능성도 현저히 낮다는 것이다.

이제, 당신이 진행해야 할 회의로 다시 돌아가보자.

그 회의가 수백 명의 사람들이 모여 지역사회의 미래를 구상하고 기획하는 본격적인 마을 회의가 아닐 수도 있다. 오히려 비교적 소수의 사람들만 연관되어 있는 작은 회의지만 당신이 무엇을 하든 당신과 다른 사람들이 시간과 에너지를 쏟을 만큼 충분히 중요한 회의일 것이다.

시야를 확장해 당신이 회의 운영 방법에 대한 조언을 얻기 위해 조직의 규칙을 찾아본다고 가정하자. 아마도 일정한 절차상의 요건을 담고 있는 문서를 찾아낼 수 있을 것이다. 거기에서 대표자 선출이나 위원회의 창설 등과 같은 일반적인 사항들도 발견할 수 있을 것이다. 그러나 그것들은 당신의 목적에 별로 도움이 되지 않는 것들이다.

그리고 나서 당신은 다음과 같은 문장을 접하게 된다.

위원회의 정관이나 내규에서 다루지 않는 모든 경우의 위원회 절차는 개정된 헨리 마틴 로버트Henry M. Robert 장군의 회의 관련 저작에 따른다.

이 문장은 대체 무슨 의미일까? 로버트 장군은 누구이고 왜 당신이 진행할 회의가 그의 저작에 따라야 하는 것일까? 그 대답은 아마도 당신을 놀라게 할 것이다.

로버트 회의법: 19세기에 만들어진 대안

헨리 마틴 로버트는 1837년 5월 2일 태어난 위그노 혈통의 미국인이다. 그는 매우 종교적인 인물로, "반듯하지만 사교적이고 단호했다"고 기억되고 있다. 1867년, 로버트는 30세에 미국 육군 공병 장군으로 샌프란시스코로 전출되었다. 당시 샌프란시스코는 골드러시와 남북전쟁 그리고 2년 전 최초의 대륙횡단철도 완공의 여파로 꿈으로 가득 찬 사람들과 사업가들의 이주가 활발해 북적거리는 격동의 대도시였다. 다시 말해, 조만간 여러 그룹의 지지를 얻어야 하는 사람들, 어쩌면 회의를 한두 번 운영해야 하는 사람들로 가득 차 있었다.

문제는 회의를 운영하는 표준화된 방법이 없었다는 점이다. 새 도시에서도 모두 자신이 가장 좋아하고 익숙한 절차를 적용하고자 했다. (혼란을 별로 좋아하지 않았던) 로버트 장군은 이 문제를 해결하기로 결심했다. 그는 회의 진행을 위한 일련의 표준 절차를 작성하기로 마음먹었다.

로버트는 이용할 수 있는 몇 가지 선례를 조사했다. 그는 입법 기관의 회의 규범과 비입법 조직의 회의 규범이 다를 수 있다는 점을 알고 있었지만, 미국 하원의 회의 절차에 각별히 신경 썼다. 그 후 1876년, 그는 비입법 조직 또는 '단체'가 따라야 할 회의 규범들을 발표했다. 그는 다음과 같이 적었다. "이 나라는 관습이 깊지 못하고, 회의 관행에 대한 매뉴얼들이 너무 모순되어, 어떠한 단체도 회의 진행 절차 그 자체에 대한 논의 없이는 본격적인 회의 주제를 논의할 수 없는 상황이다."

로버트에게는 질서를 유지하는 것이 최우선 과제였다. 그는 지금까지 '공정하고 질서 있고 신속한 방법'이라 일컬어지는 방식으로 회의를 진행하기 위한 통일된 접근법을 제공하고자 했다. 그는 '다수의 뜻에 따르되, 소수자의 권리와 부재자의 이익을 보호'하는 것을 목표로 하는 절차를 고안했다.

명백히 공적인 서비스였지만, 그는 그가 집필한 책의 출판비용을 직접 지불했다. 그의 책을 출간한 출판사는 그 얇고 작은 분량의 책에 '로버트 회의법Robert's Rules of Order'이라는 제목을 붙였다.

로버트 장군의 저작은 확실히 요긴한 책으로 밝혀졌다. 출간 초기부터 《로버트 회의법》은 매우 인기가 있었다. 초판이 출간되고부터 그가 사망한 1923년까지, 그는 거의 50년 동안 그 작은 책을 계속 수정했다. 그의 사후 몇 년 동안 이 책의 출판은 가족 사업이 되었다. 그의 딸과 손자인 헨리 마틴 로버트 3세Henry M. Robert III가 《로버트 회의법》의 새로운 판본을 만드는 데 참여했다. 1970년까지 이 책은 약 260만 부가 팔렸다.

지금 바로 인터넷에 접속해 '로버트 규칙Robert's Rules'을 검색해보면 놀라운 숫자의 출판물을 발견할 수 있을 것이다. 로버트 규칙에 따라 회의 절차를 규정하고 있는 캘리포니아 주립대학교의 '기본 규범과 관습' 10가지를 요약하면 다음과 같다.

1. 모든 회원들은 동등한 권리와 특권, 의무를 가진다.
2. 규칙들은 공평하게 관리되어야 한다.
3. 모든 발의와 보고, 기타 업무 항목에 대한 완전하고 자유로운 토론은 모든 회원들의 권리이다.
4. 가장 간단하고 가장 직접적인 절차를 사용해야 한다.

5. 논리적인 우선순위는 발의motions의 도입과 처리를 좌우한다.*

6. 한 번에 하나의 안건만 다루어야 한다.

7. 회원들은 손을 들어 의장에게 승인받아 발언권을 얻을 때까지 토론에서 발의하거나 발언할 수 없다.

8. 전원회의의 승인 없이는 누구도 같은 날 같은 안건에 대해 두 번 이상 말할 수 없다. 다만 그 안건에 대해 말하지 않은 사람이 허락한다면 같은 안건에 대해 두 번 말할 수 있다.

9. 회원들은 다른 회원들의 동기를 공격하거나 질문해서는 안 된다. 일반적으로 모든 발언은 사회자에게 전달된다.

10. 투표에 임할 경우 회원들은 회의 전 발의가 무엇인지, 찬성이나 반대투표가 무엇을 의미하는지 언제라도 알 권리가 있다.

　

로버트 규칙은 현재 공공재의 일부로 인식되고 있을 만큼 대중적인 규칙이 되었다. 수많은 조직들이 자신들의 회의 절차 규범의 바이블로서 로버트 규칙을 채택하고 있다.

특정 그룹을 고른 것은 아니지만, 조지아 주의 로스웰 보건협회 Health Ministries Association of Roswell, 뉴햄프셔 주 발달장애인협회 New Hampshire Developmental Disabilities Council, 노스다코타 4-H 클럽, 콜로라도 환경보건협회Environmental Health Association, 보이스Boise 주립대학교 교수회의는 공통적으로 로버트 규칙에 따르고 있다.

---

* motions은 통상 '동의'로 번역되지만 본 역서에서는 '발의'로 번역한다.

또한 로버트 규칙은 좋은 파트너들을 갖고 있다. 변호사들이 새로운 재단이나 비영리 단체, 심의회 및 기타 그룹에 대한 내규를 작성할 때 그들은 '회의 권한', '절차' 또는 이와 유사한 것으로 채워야 하는 박스를 만나게 된다. 그 박스 안에 무엇을 넣어야 할지 모른다면 그들은 빈칸에 '로버트 규칙'이라고 적어 넣는다.

'로버트 규칙'이란 무엇인가?

헨리 마틴 로버트는 자신의 회의 규칙을 "가능한 한 최선의 방법으로 주어진 과제를 수행할 수 있도록 회의를 지원하는 것"이라 적고 있다. 그러기 위해 그는 "어느 공동체에서 개인이 하고 싶은 일을 할 권리가 전체의 이익과 양립할 수 없을 경우 개인의 권리는 어느 정도 제한될 필요가 있다"고 말한다.

'개인의 권리에 대한 제한'을 언급한 것에 주목하자. 이 책을 읽으면서 독자들은 여러 번 이 발언을 떠올리게 될 것이다.

로버트 규칙에 대한 대부분의 버전은 "발의의 우선순위Order of Precedence of Motions"에서부터 시작하는데, 이는 어떤 발의가 다른 것보다 더 중요한지를 규정하는 대목이다. 뒤이어 회의 관행에 대한 300가지 질문에 대한 답을 제시하는 "발의와 관련된 규칙 표table"가 나온다. 마치 철도 시간표처럼 작은 활자로 빽빽하게 무엇이 허용되고 무엇은 허용되지 않는지를 표시하고 있는 표이다. 예를 들어 일단 이 복잡한 표를 파악하고 나면, 당신은 수정안을 수정할 수 있는 발의가 수정될 수 있다는 것을 한눈에 확인할 수 있다.

비웃지 마시라! 당신이 로버트 규칙에 입각해 회의를 진행하고 있다면 반드시 알아야 할 사항이다.

전체적으로 매우 짧은 로버트 규칙은 '회의 진행법의 전형'으로, 회의를 운영하는 사람을 위한 참고용 문서 역할을 하도록 설계되었다. 로버트가 강조했듯이 "심의기구의 회의에서 적극적으로 참여하고자 하는 모든 사람들은 로버트 규칙을 빨리 참조할 수 있도록 충분히 익숙해져야 한다." (심의기구에서 진행된 로버트 규칙의 실례는 부록 D 참조 : "로버트 장군이 마을 회의에 참석하다Robert General to Town Meeting.")

당신이 로버트 규칙의 어떤 버전을 참고하든 200~300페이지에 달하는 설명을 보게 될 것이다.

이 규칙은 진지하고 무겁고 밀도 있고 때로는 혼란스럽지만, 오랫동안 사용되어 왔기 때문에 많은 사람들이 아주 편안하게 느낀다. 또한 이 규칙은 그랜트Ulysses S. Grant(미국의 18대 대통령 – 역자) 대통령 시절, 혼란 상황에서 질서를 부여하려 했던 육군 기술자의 사고방식을 반영하고 있다. 만약 당신이 육군 공병대가 방향을 바꾼 개울을 본 적이 있다면, 1915년판 로버트 규칙의 서문에 쓰여 있는 다음과 같은 진술이 어떤 의미를 품고 있는지 느낄 수 있을 것이다.

회의를 개최하는 단체는 좋은 규범을 가지고 있어야 한다. 하지만 더 중요한 점은 회의 진행을 통제하기 위한 규범이 없으면 안 된다는 사실이다. 예컨대, 회의를 개최하는 단체가 무기한 연기 발의의 순위를 결정하는 규칙을 갖는 것이 무엇보다 중요하다. 이러한 규칙은 무기한 연기 발의를 미국 상원처럼 심의에 올라온 것을 제외한 모든 보조 발의 가운데 가장 높은 순위에 부여하거나 미국 하원처럼 가장 낮은 순위에 부여할 수 있으며, 혹은 이전 질문과 동등한 지위를 부여하여 어느 한 발의가 계류 중인 경우 옛 회의 규칙에 따라 다른 어떠한 발의도 제출될 수 없게 할 수도 있다.

당신은 이 문장을 이해했는가? 이해했다면 그것이 회의를 운영하는 데 도움이 될 것이라 생각하는가?

사실대로 말하자면 장군의 의도는 적중했다. 그는 '의장의 변덕스러움'이나 '회원의 변덕스러움'이 회의를 망치는 것을 원치 않았다. 그는 '질서나 예절, 규칙성'이 '위엄 있는 공공기관'의 특징이 되기를 원했다.

우리도 그의 의도에 동의한다. 그러나 우리는 로버트 규칙이 당신을 만족스러운 회의 결과로 이끌지 못할 것이라고 생각한다.

로버트 규칙에 의해 운영되는 회의는 발의와 투표에 의해 진행된다. 즉 정족수(최소 참가자 수)가 출석하고, 누군가 요청하여 '발언권을 획득하면obtained the floor' 그 개인이 발의안(즉 회합에서 의결해야 할 안건)을 제출하는 것으로 회의가 시작된다. 보통 다른 누군가가 그 발의안을 '재청'하도록 요구받는데, 이 역시 회의 규칙으로 그것을 요구하고 있기 때문이다. 그제야 발의안은 회의에 참석한 사람들 앞에 놓이고 그때부터 토론이 시작된다. 사람들은 발의안에 대해 찬반 의견을 말할 수 있으며, 제안된 것이 부적절하다고 느낄 경우 수정안을 제시할 수 있다. 궁극적으로는 제안된 각 발의안에 대한 투표가 있어야 하며, 그다음으로 각 수정안에 대한 투표도 있어야 한다. 어떤 상황에서는 투표가 재고될 수도 있다. 마침내 회의 의제가 결론에 도달하면 회의는 휴회한다.

로버트 규칙은 발생할 수 있는 모든 가능한 안건들과 그 안건들이 어떻게 다루어져야 하는지에 대해 아주 상세하게 기술하고 있다. 예를 들어 다른 종류의 발의가 열거되어 있는데, 정회 요청 같은 우선 발의; 토론을 제한하거나 확장하기 위한 제언 같은 보조발의; 주발의(회의체의 주요 안건); 재심의하기 위해 회합에서 문제를 다시 제기하는 발의; 정보 요청 같은 부수발의 등이 그것이다. 더 나아가 이러한 발의들 가운데 특정 시점에서 어떤 발의가 우선하는지도 열거하고 있다. 사실 로버트 규칙은 각각의 발의 유형에 대해 다루는 규칙을 명확히 하는 데 대부분을 할애하고 있다. 회의 절차는 (모든 이해관계자 집단의 대표들이 참석하는지의 관점에서) 회의 전에 일어나는 일에 대해서는 언급하지 않는다. 그것은 오로지 출석자의 다수결 결정에만 초점을 맞추고 있다.

만약 당신이 수백 명의 낯선 사람들과 회의를 해야 한다면, 아마도 회의의 질서를 유지하고 안건을 진행시키기 위해 이런 종류의 공식적인 절차가 필요할 것이다. 그러나 만약 당신이 누군가의 거실이나 사무실 테이블 주위에 10여 명의 사람들과 앉아 있다면, 이런 종류의 형식상의 절차를 받아들이는 것이 최선의 결과를 낼 수 있으리라고 생각하지는 않을 것이다. 게다가 비공식적으로 토론하는 것에 비해 투표 행위나 발의안을 수정하는 활동은 효과적인 문제해결에 오히려 방해가 될 수도 있다.

로버트 규칙에 의한 회의 진행의 문제점

위에서 나열된 지나치게 빽빽하고 형식적이라는 특징을 제외하고도, 회의 진행의 로드맵으로 로버트 규칙을 활용하는 것에는 적어도 다음 4가지의 근본적인 문제점을 야기한다.

첫째, 로버트 장군은 다수결 원칙이 의사결정의 기본 원칙이어야한다고 강하게 주장했다. 그가 '개인의 권리를 제한'할 수 있다고 언급한 것을 기억하는가? 로버트는 행복한 다수를 만드는 데 초점을 맞춰 이 규칙을 만들었다. 다시 말해 그는 동전의 다른 면인 불행한 소수에 대해서는 그다지 신경 쓰지 않았다. 아마 불행한 소수자는 포기하고 집으로 돌아갔을 것이다.

로버트가 활동하던 시대에는 오늘날처럼 불행한 소수자들이 힘을 발휘하지 못했다. 그러나 다수파가 자신의 권리를 짓밟고 있다고 느끼는 오늘날의 소수파 사람들은 이제 법정에 갈 수 있다. 그들은 언론을 통해 여론 재판에서 이기려고 시도할 수도 있다. 또한 그들은 상대방과의 힘의 균형을 바꾸려고, 즉 자신을 다수로 바꾸려는 시도를 할 수도 있다.

이 모든 경우에 비추어볼 때, 결과는 불안정instability하다. 상황은 지속되지 않으며 결정은 실행되기 어렵다.

여러분은 스스로에게 자문할 것이다. "하지만 다수결 원칙은 우리

민주주의의 기본 전제가 아닌가? 그것이 바로 미국 방식 아닌가?"

맞기도 하고 틀리기도 하다. 분명 51%의 표를 얻는 것은 당분간은 당신에게 권한을 줄 수 있다. 그러나 우리의 민주주의는 시작부터 소수자의 권리를 함께 보호하면서 발전해왔다. 그리고 최근 수십년 동안 변호사, 사법 활동가 그리고 공격적인 언론인의 역사적인 노력에 힘입어 소수자들의 선택권이 많아졌다. 간단히 말해, 행복하지 않은 소수자에게 무언가를 강요하는 일은 훨씬 더 어려워졌다.

로버트 규칙에 의존할 때 발생할 수 있는 두 번째 문제는 그렇게 함으로써 당신의 그룹이 현명한 결정을 내리지 못할 수도 있다는 점이다. 곰곰이 따져보면 로버트 규칙은 그룹을 실용적이고 효율적이며 감당할 수 있는 광범위한 해결책으로 이끄는 그 어떤 것도 내포하고 있지 않다. 기존의 표준 회의 절차는 단순히 회의를 진행시키는 방법(회의 시작부터 끝날 때까지의 로드맵)만을 제공한다.

실제 현실에서는 앞에서 지적한 상황보다 더 나쁜 결과를 초래할 수도 있다. 예를 들어 체스 게임에서는 체스 규칙에 익숙하고, 그 규칙을 가장 창의적으로 적용한 선수들에게 보상이 주어진다. 이러한 원칙은 옳다. 왜냐하면 (1) 체스판 앞에 앉아 있는 사람들은 게임 규칙을 비롯한 체스의 모든 것을 알고 있고, (2) 체스 게임은 심각한 이해관계가 걸려 있지 않기 때문이다.

그러나 당신의 회의는 그렇지 않다. 만약 이해관계가 걸려 있지 않다면 당신은 회의를 개최하지 않을 것이다. 사실 당신과 당신이 속한 그룹은 할 수 있는 한 최선의 결정을 내리길 원한다. 당신은 로버트 장군의 회의 절차를 엄격히 준수하면서 차차선(혹은 차악)의 결정을 내리기를 원하지 않는다. 당신은 퍼즐의 각 조각에 적당한 무게를 두고 모든 관련 정보를 테이블 위에 올려놓기를 원한다. 당신은 단지 명확한 결론이 아닌 좋은 결과를 원한다.

로버트 규칙을 통해서 좋은 결과를 내기란 쉽지 않다. 거기에는 여러 가지 이유가 있다. 우선 안건들은 특정 방식으로만 구성될 수 있다. 그리고 그것들은 특정 조건이 충족되는 경우에만 원래의 방식에서 변경될 수 있다. 그들은 특정 순서로 한 번에 하나씩만 투표할 수 있다(따라서 절충을 고려하기가 매우 어렵다). 심지어 그것들은 새로운 정보가 나와서 그룹 대부분의 사람들이 사안을 재고할 기회를 원하더라도, 매우 엄격한 조건 하에서만 재고될 수 있다.

이 모든 것의 결과는 승자가 모든 것을 누리는 '전부 또는 전무all or nothing'의 상황을 연출한다. 이러한 아이디어는 승자독식의 시대에는 아주 좋은 방법이었을지 모른다. 하지만 지금 시대에는 그 지위가 완전히 무너졌다.

세 번째 문제는 로버트 규칙을 통해 달성된 결과의 정당성과 관련된다. 어떤 회의에서 당신이 의장직을 맡고 있고 세 가지의 각기 다른 행동 방침이 있다고 가정해보자. 아울러 회의에 앞서, 당신의 동료 위원들 중 대다수가 이미 세 가지 해결책 중 하나를 밀기로 결심했고, 나머지 두 가지 해결책에 대해서는 관심조차 없다고 가정해보자. 로버트 규칙에 의거해 이미 수용하기로 한 해결책에 대해서만 발의 절차를 거치고, 결국에는 발의된 해결책에 대해서만 투표함으로써 다른 두 안이 논의조차 되지 않는 상황을 막을 수 있는 방법은 무엇일까?

대답은 '없다nothing'이다. 참여자들은 단지 적절한 시기에 동의안을 수정하자는 의견을 발의하고 유사한 절차적 이슈를 올바르게 처리하는 일만 하게 된다. 참여자들은 그저 회의에 참가해서show up, 투표하고, 집으로 돌아가는 일만 수행하게 된다.

당신은 "그게 미국 방식 아니야?", "심의에서 벗어난 이면 거래를 줄이면서 공식적으로 진행하는 것이 전부 아닌가?"라고 생각할지도 모른다. 글쎄, 꼭 그런 것만은 아니다. 다른 입법 기관들과 마찬가지로 의회는 이런 종류의 밀실 거래로 악명이 높다. 그렇지만 중대한 문제에 대해 토론이나 제안자의 적극적인 노력 없이 의회에서 해결책에 대해 투표에 부치는 것도 매우 이례적인 일이다.

심지어 가장 냉소적인 정치인들조차도 공공 토론을 통해 심의기구에 의한 결정의 근거가 충분히 논의된다면, 무엇이 되었든 더 철저하게 검토가 이루어질 가능성이 높다는 점을 인정한다. 토론과 논쟁은 의사결정에 정당성을 부여하고 그 결정을 더욱 안정적으로 만든다.

로버트 규칙의 마지막 문제는 가장 숙련된 회의진행 전문가parliamentarian(의사법 전문가)들에게 너무 많은 권한을 부여한다는 점이다. 로버트 장군은 일정 정도 '의장의 변덕'을 피하기 위해 규범을 작성했다. 그러나 그가 제시한 규범은 너무 치밀하고 뚫을 수 없는 것이어서 그것을 이해하는 소수 사람들에 의해서만 이루어지도록 만들고 있다. 구체적으로 규범은 의장(또는 여타의 전문가)이 토론을 이끌고, 의견을 교환하고channel, 통제할 수 있도록 제한하고 있다.

로버트 장군은 "숙의 토론에 적극적으로 참여하기를 기대하는 모든 사람들은 [규범에] 충분히 익숙해져야 한다"고 기술하고 있다. 로버트는 왜 그런 권고를 했을까? 만약 당신이 규범에 익숙하지 않다면, 규범에 익숙하면서 적극적으로 참여하는 다른 사람들에 의해 떠밀릴 수 있기 때문이다. 만약 게임이 조작된 상황에서 당신이 규범을 제대로 이해하고 있지 못하다면 쉽게 질 수 있다.

더불어 다수결 시스템 하에서의 투표에 관해 이야기해보자. 다수결 원칙이 항상 다수가 원하는 결과를 도출하는 것은 아니다. 결선 투표에서 최소 세 가지 대안(또는 후보)이 있을 때, 승자는 반드시 과반수 이상의 득표를 얻을 필요는 없다. 심지어 채택된 대안(또는 후보)보다 더 많은 투표자가 다른 대안(혹은 후보)을 지지하는 경우도 있을 수 있다. 이러한 반직관적인 결론을 뒷받침하는 분석은 상당히 복잡할 수 있지만, 18세기 후반에 확률 전문가인 콩도르세 Marquis Condorcet가 이미 이 딜레마를 지적한 바 있다(후에, 케네스 애로우Kenneth Arrow 교수는 '불가능성 정리'로 노벨상을 수상하기도 했다). 진정한sincere 투표(즉 당신이 가장 선호하는 정책이나 후보에 대한 투표)보다는 전략적인 투표를 함으로써, 다수결주의의 민주적 의도를 뒤엎을 수 있다. 대안을 좁히는(특히 대안을 세 개에서 두 개로 줄이는) 사람이 본질적으로 다음에 무슨 일이 일어날지를 결정할 수 있게 되는 것이다.

단체로 일하는 것의 어려움

로버트 장군은 왜 규범을 이렇게 만들었을까? 그 이유는 그의 경험상 단체로 일하는 것이 어려웠기 때문이다. 단체로 일하는 것이 왜 어려운지에 대한 가장 중요한 4가지 이유에 대해 살펴보도록 하자.

첫째로 대부분의 사람들, 심지어 책임 있는 직책에 있는 사람들조차 공동 문제해결을 위한 효과적인 접근방식에 대한 기본적인 이해가 부족하다. 많은 사람들, 특히 리더로서 대중의 주목을 받고자 하는 사람들은 자신의 의견을 큰소리로 자주 주장할 때 리더십이 형성된다고 생각하는 경향이 있다. 합의가 이루어지지 않는 상황에서 벌어지는 일들을 상상해보자. 그럴 경우 사람들은 종종 더 큰 목소리와 열정을 담아 같은 내용을 여러 차례 반복적으로 설명한다. 그러는 동안 사람들은 서서히 화가 치밀어 오르기 시작한다("왜 내가 옳은지 깨닫지 못하는 거지?"). 머지않아 사람들은 서로를 정말 짜증나게 하고 좌절시키는 말과 행동을 하기 시작한다.

둘째는 자아ego와 관련된 문제이다. 아무도 지는 것을 좋아하지 않는다. 특히 정치인이 대중 투쟁public struggle에서 패배하는 것은 곧 개인적인 패배로 간주되고, 따라서 어떤 대가를 치르더라도 피해야 할 일이라고 생각한다(주변 사람들에게 패배한 분위기를 풍기는 정치인들은 다음 선거에서도 패하기 쉽다).

줄곧 싸우면서 권력을 축적해 온 사람들은 포기하는 것을 싫어한다. 많은 경우 그들은 엇갈린 메시지를 보낸다. 한편으로 도움을 청하면서도 스스로 생각하지 못했던 새로운 해결책은 받아들이지 않는다. 극단적인 경우 통제 불능의 자아가 다른 사람의 의견조차 듣지 못하게 만든다.

단체로 일하는 것과 관련된 세 번째 문제는 많은 개인과 집단을 지배하고 있는 승자독식의 사고이다. 공적 경쟁public contest에서의 승리는 당신이 원하는 모든 것을 얻기에는 충분하지 않을 수 있다. 그러나 승리가 상대편의 명백한 패배와 결합된다면 훨씬 더 달콤해진다. 로마인들이 성가셨던 도시국가인 카르타고Carthage를 마침내 정복했을 때, 그들은 그 땅에 다시는 아무것도 자라지 못하도록 소금을 뿌렸다. 바로 이것이 승자독식의 전형적인 사례이다.

마지막으로, 많은 단체에서는 투표와 다수결 원칙에 과도한 자신감을 가지고 있기 때문에 이를 악용badly하기도 한다. 우리는 이미 이 점에 대해 다루었다. 단지 그룹의 51%가 지지했다고 해서, 나머지 49%가 쉽게 패배를 인정하고 결과를 수용할 가능성은 매우 적다. 특히 지지율 차이가 근소할수록 패배자들은 몇 표를 흔들어 그 이슈를 다시 거론하려는 경향이 강해진다. 그때 당신은 정말 어려운 상황(논란의 여지가 있는 이슈의 불안정한 '해결' 상황)에 처하게 된다. 이런 종류의 도전에 대처할 준비가 되어 있는 그룹은 거의 없다.

오래된 그룹과 새로운 그룹

우리는 이 책이 당신이 속한 그룹이 올바른 의사결정 프로세스를 만들고(또는 수정하고), 그룹 합의가 주어진 문제를 해결하며, 생산적인 회의 또는 일련의 회의 진행에 도움이 되기를 바란다.

이러한 측면에서 우리는 우리의 아이디어에 가능한 한 쉽게 접근할 수 있도록 매우 간단한 용어와 방법으로 CBA를 설명하고자 한다. 실제로 합의 형성에 대한 이론적 연구와 실천적인 경험을 다룬 많은 문헌들이 존재한다. 합의 형성에 대한 보다 이론적 접근이나 최근의 성과, 예를 들어 조직 내부에서 합의 형성을 이루는 방법에 관심이 있는 독자들은 이 책의 말미에 수록된 도서목록을 참조하기 바란다. 우리는 다양한 관점에서 로버트 회의법의 요구 조건과 합의 형성 접근법을 비교하고, 이를 통해 독자들이 각각의 장점을 스스로 판단할 수 있게 되기를 기대한다.

이해를 돕기 위해 우리는 몇 개의 '실제real life' 사례들을 소개할 것이다. 여기서 우리가 '실제'라고 특별히 따옴표로 강조한 이유는 실제 행위자들의 행동을 바탕으로 상상력을 발휘하여 각색한 것이기 때문이다. 하지만 분명한 것은 참여자로서 그리고 합의 형성자로서 우리들이 실제로 경험했던 상황을 바탕으로 정리했다는 사실이다.

2장에서는 현재 활동 중인 그룹의 맥락에서 합의 형성에 관한 이야기를 하고자 한다. 그것은 지금 당신이 처해 있는 상황일지도 모른다. 활동 중인 그룹이 곤경에 처했을 때 당신은 무엇을 할 수 있을까? 이를 위해 머리말에서 로버트 규칙에 근거해 설명한 축구 리그 논쟁의 사례를 CBA에 근거하여 재구성할 것이다.

3장부터는 신생 그룹의 맥락에서 CBA에 대해 이야기한다. 이는 일반적인 상황은 아니지만, 원점에서부터 합의 형성의 기본 방법과 메커니즘을 설명하는 유용한 방법을 제공한다. 여기에서 우리는 논란의 여지가 거의 없을 사례를 인용한다. 마을 시장으로부터 축제 행사를 계획하는 것을 도와달라는 요청을 받은 자원봉사자 그룹에 대한 사례이다. 우리는 이 이야기를 그룹 의사결정에서 마주치기 쉬운 유형의 사람들을 '대표'하는 캐릭터들로 채울 것이다.

다시 말해 사람들은 실제 생활에서와 마찬가지로 사물을 복잡하게 만들거나 단순하게 만드는 재능을 갖고 있다. 우리는 그들이 상상의(그러나 현실적이라 생각하는) 대화를 할 수 있도록 노력할 것이다. 이러한 짧은 대화에서 그중 일부는 이해하기 어려운 캐릭터를 갖고 있거나 혹은 그들 중 몇몇이 다양한 방식으로 합의 형성 프로세스에 저항하겠지만, 그럼에도 여러분은 우리가 주장하는 프로세스를 사용하는 것이 어떤 것인지 이해할 수 있을 것이다.

부록 A에는 합의 형성 접근법을 적용하고 싶은 모든 분들을 위해 짧은 체크리스트를 제공했다.

2장

/

합의란 무엇인가?

합의 형성 접근법, 즉 CBA는 새로운 개념이 아니지만 많은 사람들은 그것이 무엇을 의미하는지 정확히 알지 못한다. 일부 독자들은 '윈윈Win-Win' 또는 '제로섬Zero-Sum' 같은 용어에 더 익숙할 것이다. 한편 일부 독자들은 합의 형성 수단consensual means을 통해 협상에 의한 결정negotiated decision에 도달하는 기본 원칙을 요약한 대표적 저서인 《합의를 이끌어내는 협상법Getting to Yes》을 읽었을지도 모른다.

그러나 우리는 여전히 합의 형성에 대해 많이 혼란스러워 한다. 그 혼란의 일부는 '합의consensus'라는 단어 자체에서 비롯된다.

'합의'의 정의

워드프로세서에서 제공하는 사전에서는 합의를 "집단의 모든 구성원들 사이의 일반적 또는 광범위한 동의"로 정의하고 있다. 그러나 이는 양식 있는 사람이 합의 형성을 하지 못하도록 만드는 정의이다. 비록 '일반적'이거나 '광범위한'과 같은 애매한 표현이 있지만, 집단에서 일한 경험이 있는 사람이라면 '집단의 모든 구성원들'이 어떤 것에 대해 합의에 이르도록 하는 것이 얼마나 어려운지 잘 알고 있다. 집단을 매우 신중하게 선택하지 않는 한 만장일치에 도달하는 것은 기름칠 된 바위를 언덕 위로 밀어 올리는 것만큼이나 어렵다. 보통은 문제가 발생하거나 잘못된 결과로 귀착되기 쉽다.

"합의 형성은 만장일치를 달성하는 것이 아니다." 이것이 이번 장에서 말하려는 가장 중요한 요점이다.

웹스터 사전Webster's Collegiate Dictionary은 합의를 보다 더 잘 정의하고 있다. 웹스터는 합의를 (1) 일반적 동의agreement, (2) 관련된 대부분의 사람들에 의해 내려진 판단judgement, 또는 (3) 정서와 신념에 대한 집단 연대group solidarity라고 정의한다.

이 책에서 우리는 집단 구성원 전체가 광범위한 연대 및 동의를 형성할 수 있는 효과적인 방법들을 정의하고, 합의 형성 프로세스가 끝날 때쯤 대부분의 집단 구성원들이 공유하는 판단에 도달하게 만들려고 한다. 즉 합의 형성concensus building에 관해 단계별로 설명하고자 한다. 당신은 공유된 솔루션을 찾기 위해 노력하는 사람이다. 당신은 모든 사람, 혹은 거의 모든 사람이 함께 공생할 수 있는 그 무엇을 찾고자 노력하고 있다. 이전 저작들 중 일부에서 우리는 합의 형성의 목표를 '압도적 동의'로 정의했다. 그렇다. 당신은 만장일치를 위해 노력하고 있지만, 필요하다면 집단의 거의 모든 구성원이 지지하는 합의안 도출에 만족할 수 있어야 한다.

더 나아가 우리는 이 책에서 '합의'를 실현가능한 보다 현실적인 관점에서 다음과 같은 의미로 사용한다. 합의는 단순히 압도적 동의나 전혀 일어나지 않을 것 같은 만장일치에 도달하는 것을 의미하지 않는다! 합의는 충분한 정보를 갖고 있는 참여자들이 도달할 수 있는 동의agreement를 말하는 것이다. 합의 형성은 참여자들에게 무엇을 약속했는가를 명확히 할 뿐만 아니라 참여자들이 다른 사람들에게 무엇을 약속했는가를 명확히 하고 회의장을 떠나는 방식으로 이루어져야 한다. 따라서 우리의 목표는 단순한 합의가 아니다. 보다 정확하게는 충분히 정보가 공유된 정통한 합의informed consensus여야 한다. 정통한 합의는 관련 당사자들이 제안서나 합의 패키지의 내용을 정확하게 이해하고, 제안된 합의안settlement에 따라 살 수 있다는 것에 (압도적으로) 동의했다는 것을 의미한다.

합의 형성의 토대와 실천

합의에 대해 정의하였으므로, 이제 합의 형성의 철학적 토대에 대해 알아보도록 하자. 우리는 다음과 같은 6개의 기본 원칙으로 정리했다.

1. 의사결정을 하기 위한 협의체나 조직의 활동에 있어서, 다른 사람들을 대변하거나 대표할 것으로 추정되는 관련자들의 책임을 명확히 하는 것이 중요하다.

만약 협의체 구성원들이 실제로 공동체의 서로 다른 부문을 대변하거나 대표하고 있다면, 그들은 해당 부문별로 선출(또는 적어도 비준)되어야 한다. 임명직 위원회나 '블루리본' 위원회(중앙기관에 의해 임명되어 그들이 대표해야 할 하위그룹에 대해 명시적인 책임을 지지 않는다)는 관련된 모든 사람에 의해 지지받는 대안을 생산할 개연성이 낮다. 문제해결이나 의사결정 과정의 신뢰성은 정당성 있는 대표들을 협상 테이블로 이끌어낼 수 있는가 여부에 달려 있다. 물론 특정 부문을 대표하지 않는 협의체 구성원들이 긍정적인 기여를 통해 문제해결이나 의사결정 과정의 신뢰성을 얻는 경우도 있다.

2. 협의체가 일단 모이면 그 구성원들은 그들의 임무가 무엇인지 명확히 하고, 해결해야 할 의제에 무엇을 포함할지(또는 포함시키지 않을지)를 결정하며 그들의 대화를 이끌어 갈 기본 규칙을 정해야 한다.

협의체의 모든 대화를 총괄하고, 논의된 내용이 이행되고 있는지 확인하는 것 등과 관련하여 협의체 구성원들에게 책임을 부여할 필요가 있다. 오랫동안 유지되었던 협의체들은 종종 이러한 책임을 잊어버리곤 한다. 협의체 구성원들이 무의식적으로 명시된 기본 규칙을 따르지 않고, 협의체를 관리하는 방법에 대한 명확한 이해가 부족할 때 협의체의 효과성은 낮아진다. 때로는 협의체 리더가 협의체 전체의 이익에 관심을 기울이지 않고, 개인 관심사에 초점을 맞추기 때문에 제대로 작동하지 못하기도 한다.

3. 협의체가 어떤 결정을 내리기 전에 참가자들은 공동 사실조사joint fact finding를 실시하여야 한다.

사람들이 사실과 예측을 포함한 기본적인 정보에 대해 의견을 달리한다면 정보가 충분히 공유된 정통한 합의에 도달하기 어렵다. 따라서 협의체는 (심지어 그 정보를 다르게 해석하더라도) 모든 참가자가 신뢰하고 받아들일 수 있는 정보를 수집해야 한다. 이는 전문가들을 포함한 외부 인사들과 충분한 협의를 진행할 때까지 협의체의 의사결정을 미룬다는 것을 의미한다. 더 나아가 협의체가 어떤 행동을 취할 때 그것이 의미하는 바가 무엇인지 정확히 이해할 때까지 결정을 미루는 것도 포함한다.

4. 협의체는 합의에 도달하지 못했을 때의 상황보다 조금이라도 더 나아질 수 있는 합의안을 도출하기 위해 노력해야 한다.

이것이 결정적인 포인트다. 대부분 오랫동안 지속돼온 협의체나 위원회는 모두 '합리적'이 되기 위해 노력한다. 또한 협의체는 자신의 임무를 계속 진척시키기 위해 타협을 모색하기도 한다. 처음에는 대부분 일정 시점에서 투표를 실시할 것이고, 다수파가 승리할 것이라 가정할 것이다. 그들은 '공동이익을 극대화'하려 하지 않기 때문에, 항상 가능한 것보다 덜 바람직한(열등한) 결과에 만족한다. 경험에 따르면 대부분의 사람들은 몇몇 경쟁자 집단이 연루되었을 때 타협이 아닌 다른 것이 가능할 수 있다는 것을 이해하지(또는 믿지) 못한다. 그러나 경험적으로 보면 비교적 적은 노력으로도 더 나은 결과를 얻을 수 있다(그러나 이것은 종종 숙달된 조정 기법을 가진 사람의 도움을 필요로 한다). 항상 투표를 해야 하는 것은 아니다. 누구도 자신이 원하는 것을 포기할 필요는 없다. 핵심은 의지will를 시험하는 것이 아니라 효과적인 공동 문제해결에 동참하는 것이다.

5. 합의안 초안을 제출할 권한을 갖고 있는 사람들로 하여금 그들이 대표하는 사람들이나 집단에게 합의안 초안을 가지고 돌아가도록 하는 것이 중요하다.

이는 오래된 위원회가 실제로 공동체의 다양한 진영이나 부문을 대표하는 사람들을 포함하지 않는 상황에서는 어색해 보일 수 있다. 그러나 이러한 경우에도 전체 협의체가 최종 결정을 내리기 전에 협의체 구성원들이 협의체 밖의 사람들과 합의안 초안에 대해 논의하는 것이 합리적이다. 이는 합의의 정당성을 높이고 공동체의 우려와 요구에 대한 대응력을 높이며 이행 과정에서 발생할 수 있는 문제에 미리 대비하는 데 도움이 된다.

6. 협의체는 결정이나 합의안을 실행하고자 할 때 잘못될 가능성이 있는 사항들에 대해 미리 생각해 두어야 한다.

협의체(합의 형성 그룹)는 불쑥 나타날 수 있는 뜻밖의 소식이나 변화들을 포함하여 실행 과정에서 발생할 가능성이 있는 장애물을 예상하고, 그러한 도전들을 충분히 견딜 수 있을 만큼 유연하고 강한 합의안을 설계하기 위해 노력해야 한다. 종종 협의체는 자신들이 이미 좋은 해결책을 찾았다고 믿거나 혹은 단순히 피곤에서 오는 부주의로 인해 이 단계에서 궁지에 몰리기도 한다. 예상치 못한 일에 대한 계획을 세우는 것은 매우 중요하다. 왜냐하면 (1) 예상하지 못한 일이 실제 일어날 수 있고, (2) 일단 모든 것이 무너져 버린 다음에는 다시 돌아가서 합의를 재추진하거나 기존의 합의안을 쉽게 수정할 수 없기 때문이다.

합의 형성의 5단계 모델

이제 이러한 기본 원칙을 합의 형성과 관련된 구체적인 단계, 즉 1장에서 소개한 것과 같은 5단계 순서로 알아보자. 당연히 앞서 기술한 원칙과 여기에서 기술하는 5단계 사이에는 많은 부분이 중첩되어 있다.

이 책에서 우리는 합의 형성의 5가지 기본 단계를 정의하고 설명하고자 한다. 각각은 다음 다섯 장의 주제에 해당한다. 당신은 당신의 동료들과 함께 합의 형성 5단계를 창조적으로 활용할 수 있도록 각 단계별로 자세하게(마음이 편할 정도로 깊이) 배우게 될 것이다.

우선 관련 용어 가운데 핵심 용어에 대한 충분한 숙지가 필요하다. 이 시점에서 우리는 1장에 소개된 5단계에 대해 좀 더 자세한 정보를 제공하고자 한다. 5단계는 다음과 같다.

- 소집
- 역할과 책임 배분
- 공동 문제해결 촉진
- 합의안 도출
- 합의 이행

소집

합의 형성 프로세스의 첫 번째 단계는 이해관계가 있는 당사자들을 협의 테이블로 데려오는 것이다. 때때로 협의체는 특정 쟁점과 관련 없이도 구성될 수 있다. 상임 구성원을 가진 상설 협의체(위원회)는 일반적으로 광범위한 이슈를 다루기 때문에 새로운 이슈에 직면할 때마다 구성원을 바꾸지 않는다. 이러한 경우 상설 협의체가 여러 이해관계자들의 세부적인 관심사와 우선순위를 측정할 수 있는 방법을 가지고 있거나 누가 누구에게 자문을 구해야 하는지 알고 있다면 많은 도움이 될 것이다. 앞으로 내릴 결정에 의해 영향받을 가능성이 있거나 협의체가 해결하려고 하는 문제에 이해관계가 있는 당사자들의 이익에 대한 일종의 사전 진단이 필요하기 때문이다.

협의체는 무엇보다 먼저 자신이 다루려고 하는 이슈나 문제의 본질과 맥락을 이해하기 위해 충분히 준비할 필요가 있다. 왜 이것이 중요할까? 간단히 말하자면 당신은 어떤 사안에 누구의 이해관계가 걸려 있는지, 누구와 상의할 것인지, 심지어 어떤 집단을 합류시키기 위해 누구를 초대할 것인지 알아야 할 필요가 있기 때문이다. 당신은 이해관계자의 범주를 파악하기 위해 상황을 도식화해야 하며, 가능하다면 각 범주를 대변할 수 있는 사람들을 식별해야 한다. 또한 이해관계자에게 어떤 관심사가 우선순위인지 파악해야 한다. 이것을 '갈등 영향분석conflict assessment' 또는 단순히 '영향분석assessment'이라 부르기도 한다(물론 항상 갈등이 있는 것은 아니다).

영향분석에 대해서는 다음에 더 자세히 설명할 것이다. 그러나 여기에서는 일단 잠재적인 문제점 하나만 지적하고자 한다. 그것은 협의체 책임자(소집자이자 리더convener-leader)가 직접 갈등 영향분석을 수행하면 안 된다는 점이다. 이유는 간단하다. 협의체 책임자는 이해관계 당사자다. 협의체 책임자가 자신의 입장에 대한 열렬한 지지자가 되는 동시에 상황을 조정하고 모든 관련 이해관계자들의 우려를 조사하는 데 특별한 가중치를 두지 않을 것이라 자신할 수 있겠는가? 실제로 협의체 책임자가 놀라운 중립을 지켰다 하더라도 그가 중립을 지키지 못했다고 믿는 사람들이 있을 것이고, 그들은 의심의 증거로 간주될만한 것들을 찾아낼 것이다. 통상 사람들은 찾고자 하는 증거를 찾아내는 경향이 있다.

그래서 대부분의 경우 리더는 다른 사람으로 하여금 영향분석을 수행하도록 하는데, 이상적으로는 관련된 모든 사람들이 중립적이라고 생각하는 사람에게 영향분석을 위임한다. 영향분석 수행자는 편향되지 않고, 기밀을 엄수하는 방식으로 이해당사자들과 공식·비공식적으로 대화를 진행한다. 이를 통해 영향분석 수행자는 그들의 관심사를 이끌어내고 각 이해관계자 범주에 맞는 관련 대리인을 파악하는 업무(즉 소집을 위한 사전 업무)를 수행한다. 그 후, 협의체는 심의에서 이 모든 이해관계를 어떻게 대표할 것인지를 결정하게 된다.

지난 수십 년 동안 촉진facilitation과 조정mediation은 사회적으로 인정받는 전문적인 영역이 되었다. 사람들은 촉진자가 되기 위해 특별 훈련을 받고 있고, 모든 직업이 그렇듯이 일부는 자신이 하는 일에 매우 능숙해졌다. 당신은 앞에 놓인 문제해결과 협의체를 위해 이런 종류의 전문적인 도움을 구하고 싶을 것이다. 3장에서는 전문적인 중립자를 고용하는 비용과 그러한 비용을 어떻게 충당해야 하는지에 대해 다룰 것이다.

소집 또는 영향분석 단계에서는 전문적인 촉진자가 필요하지 않은 상황이 있을 수 있지만, 대부분의 경우 당사자가 아닌 중립적인 누군가의 도움을 필요로 한다. '중립성'은 실제로 보는 사람들의 눈에 달려 있다는 것을 기억해야 한다. 몇 년 동안 운영되었지만 어떤 진전된 성과를 내지 못하는 비교적 작은 협의체가 있다고 가정해보자. 주변 사람들과 특별히 문제를 일으키지 않았던 협의제의 리더가 퇴직이 예정되어 있다면, 곧 떠나갈 리더는 중립적인 제3자로서 효과적으로 역할을 수행하고 협의체가 처리해야 할 새로운 문제를 '도식화map'할 수 있다. 이 경우 이해당사자들은 이미 테이블에 있으며, 따라서 소집은 상대적으로 쉽고 작은 문제가 될 것이다.

역할과 책임 배분

어떤 식으로든 해당right하는 이해관계자와 이야기를 나누거나 초대를 해서 그들이 참여하기로 했다고 가정해보자. 대부분의 경우 조직 고위층에 있는 사람이 직접 선발했거나 선임된 그룹과 마주하게 될 것이다. 이제 어떻게 해야 할까?

이제 테이블에 앉은 사람들은 (1) 그들의 문제해결 과정을 좌우할 기본 규칙에 합의해야 하고, (2) 각자가 기꺼이 수락할 수 있는 책임의 종류를 정의해야 한다. 우리는 이 단계를 '위임'이라는 말로 요약한다. 협의체 회의에서 좋은 출발점을 제공할 수 있는 기본 규칙의 샘플은 부록 B에 제시되어 있다.

위임은 협의체의 책임과 관련이 있다. 누가 협의체를 촉진할 것인가? 협의체가 고려해야 할 기본 규칙 초안은 누가 작성할까? (때로 위임 명령에 근거한) 활동의 범위는 어디까지일까? 활동의 일정은 어떤가? 만약 기술적, 행정적 자문이 필요하다면 어떻게 구해야 할까? 비용은 누가 지불해야 할까? 전체 예산은 얼마인가? 활동에 얼마나 많은 시간을 할애할까? 누가 토론에서 합의된 것과 그렇지 않은 것을 계속 점검할 것인가?

또한 위임은 개인의 책임과도 관련이 있다. 회의 테이블에 앉아 있는 사람들은 누군가를 대표하기 때문에 거기에 있는 것이다. 그것을 어떻게 해석해야 할까? 예를 들어, 조Joe는 단지 그가 고등학교 축구장에 인접한 밀폰드 길Mill Pond St(피닉스 시에 있는 실제 지명 – 역자)에 사는 평범한 이웃 사람이고, 야간 경기를 위해 조성된 조명에 대한 확고한 생각strong feeling이 있기 때문에 테이블에 앉아 있는 것일까? 조가 어떤 식으로든 이웃을 대표할 권한이 있을까? 그가 그의 이웃들에게 아이디어를 기꺼이 전하고 그들의 반응도 잘 읽을 수 있을까?

만약 조가 특정 회의에 참석할 수 없다면? 밀폰드 길 이웃들이 소외감을 느끼지 않도록 '다른 사람alter ego'을 참여시켜야 할까? 조와 '다른 사람'은 모든 회의에 참석해야 할까? 이는 역할을 정의하고 테이블의 모든 사람들이 그 역할에 합의하도록 만드는 것에 관한 것이다. 협의체 구성원들은 협의체의 역할과 협의체 내에서 자신들의 역할에 대해서도 합의해야 한다. 그들은 또한 '대표성'에 대한 공유된 정의에 합의한 다음, 그 정의에 따라 행동해야 한다.

협의체의 크기는 협의체에서 다루려고 하는 이슈나 문제의 범위에 달려 있다. 비록 협의체가 작고 당면한 과제가 다루기 쉬워 보일지라도 나열된 대안(아이디어)들을 살펴보고 어떤 것이 당신과 관련된 것인지 생각해보는 것이 필요하다. 예를 들어, 더 명확한 위임 명령이 당신에게 도움이 될 수 있을까? 시간표는? (만약 외부 마감 기한이 없다면, 내부 마감 기한을 적용하는 것이 종종 도움이 된다) 짐작컨대 당신이 선택할 수 있는 행동반경이 존재할 것이다. 누군가는 당신이 무엇을 검토했고 무엇을 결성했는지 그리고 어떻게 그 결성을 내렸는지에 대해 관리할 필요가 있다.

당신의 의사결정이 도전을 받는(아니, 셀 수 없이 많은 과정상의 결정들이 도전을 받는다면) 상황 속에서도 좋은 결과를 낼 수 있다면 당신은 더 행복할 수 있을 것이다.

공동 문제해결 촉진

다음 두 단계인 공동 문제해결 촉진과 합의안 도출은 서로 섞여 있지만, 우리는 별개의 것처럼 설명하고자 한다. 우리는 이미 대부분의 회의가 갖고 있는 역동성에 대해 이야기했다. 로버트 규칙에 따르면, 특정 행동의 지지자는 자신의 아이디어를 발전시킨 다음 그 아이디어가 많은 이들의 동의를 얻는 것을 노릴 것이다. 회의실에 있는 다른 사람들은 그 아이디어에 찬성하거나 반대할 것이다. 어쩌면 그 아이디어에 대해 몇 가지 수정이나 개선 사항을 제시할 수도 있다(공식적인 마을 회의에서는 최초 발의안의 '범위를 벗어난' 중요한 변화가 일어나기도 한다).

이 접근방식의 많은 문제점 중 하나는 모두에게 더 나은 대안을 책임감 있게 고민하는 사람이 실질적으로 아무도 없다는 사실이다. 반면, (일반적으로 '윈윈Win-Win' 협상이라고 하는) '상호이익 협상'의 지지자들은 사람들이 마음만 먹으면 모두에게 항상 더 좋은 '패키지 거래package deal'를 만들어내는 것이 가능하다고 생각한다.

합의 형성의 맥락에서 문제해결의 목표는 (합의가 없는 경우보다) 모든 당사자들이 더 좋은 결과를 얻도록 도와주는 패키지와 제안서, 아이디어를 생성하는 것이다. 통상적으로 이는 다음과 같은 순서로 진행된다. 첫 번째는 '표출하기venting'로 표현될 수 있다. 각 당사자로 하여금 상대방(혹은 제안)이 가지고 있는 모든 우려나 현재 시점까지 진행된 사항을 명시적으로 진술하게 한다. 다음 단계는 다양한 개인 또는 집단의 대표가 관심사나 우려 사항을 기술한 진술서를 발표하는 것이다. 그리고 마지막으로 '창안하기inventing'라 불리는 단계이다. 사람들은 서로의 관심사에 대해 경청하고, 모든 사람의 요구에 맞는 다양한 패키지들을 만들려고 노력한다. 일반적으로 패키지들은 (때때로 '단일 텍스트single text'라고 불리는) 서면 형식으로 작성된다. 이러한 패키지들은 종종 각 당사자가 특정 행동 방침을 왜 주장하는가에 대한 체계적인 설명을 제공한다.

이러한 브레인스토밍brainstorming의 장점은 여러 가지 옵션을 유지하여 선택 조합의 전체 범위를 '크게try on for size' 가져갈 수 있게 한다는 점이다. 이는 로버트 규칙 또는 다수결의 원칙과는 다음과 같은 점에서 대조를 이룬다. 로버트 규칙에서 발의안은 (1) 한 번에 한 건씩 찬반투표를 해야 하며, (2) 특별한 상황이 아니라면 재투표할 수 없다.

때때로 '창안하기' 단계는 여러 세션을 필요로 한다. 협의체 구성원들은 다양한 패키지들의 상대적 이점을 모두 파악하기 위해 더 많은 시간이 필요할 수 있다. 때때로 협의체 구성원들은 자신이 대표하는 사람들과 다양한 패키지에 대해 논의할 시간이 필요하다. 그러한 활동은 협의체 구성원들이 제시된 옵션을 충분히 숙고할 때까지 모든 사람이 합의안 도출을 미루겠다고 합의한 경우에 작동 가능하다. 따라서 가장 효과적인 심의는 이른바 '확약 없는 창안하기 inventing without committing'를 포함한다.

촉진자의 역할은 특정 협의체의 요구에 따라 달라질 수 있다. 일반적으로는 촉진자에게 주로 대화를 제대로 진행시키는 역할만을 요구한다(협의체 규모가 충분히 크고 다양한 이슈에서 아이디어를 창출하는 하위 위원회를 포함하는 경우에는 프로세스 관리가 복잡한 작업이 될 수 있다). 하지만 특별한 경우 특히 당사자 자신들이 난관에 봉착했다고 판단할 경우(거래를 위한 테이블에 옵션이 별로 남아 있지 않은 경우) 촉진자는 협의체 구성원들의 숙고를 위해 근본적으로 다른 제안을 제시함으로써 관여할 수 있다. 당신이 촉진자 역할을 해야 할 경우에 대비하여 좋은 촉진자가 되기 위해 필요한 정보를 부록 B에 수록하였다.

합의안 도출

CBA에서의 결정은 투표를 의미하지 않는다. 그 대신 합의안에 합의한다agreeing to agree는 것을 의미한다.

촉진자가 이 시점까지 주로 대화를 진행하는 데 초점을 맞추었든, 고려할 패키지를 가져오는 데 관여했든 간에 촉진자는 협의체 구성원들이 언제 어떻게 합의에 도달할 수 있는지 알 수 있도록 협의체 구성원들과 많은 접촉을 하게 된다. 여기서 '위임' 단계에서부터 명확하게 확립된 기본 규칙이 매우 중요해질 수 있다. 대부분의 경우 촉진자는 "좋아요. 저희가 현재 어디에 있는지 요약해볼게요. 모두가 다음의 제안을 받아들일 수 있나요?"와 같은 진술을 협의체 구성원들에게 전달한다.

협의체 구성원들이 규칙을 알고 있고 그 제안을 듣는다면, 그들은 '예 또는 아니오'라고 답할 것이다. 두 경우 모두, 특히 누군가가 '아니오'라고 말하는 경우 그들은 자신의 입장을 설명하도록 요구받는다(이는 로버트 규칙에 따라 운영될 때는 절대 일어나지 않는 일이다). CBA의 목표는 모든 사람들이 해당 패키지를 좋아하거나 좋아하지 않는 이유에 대해 명확하게 알고 있도록 하는 것이다. 여기서 다시 숙련된 촉진자가 계속 역할을 해야 한다. 촉진자는 그들이 패키지를 받아들일 수 있도록 만들기 위해 이의를 제기하는 사람들에게 어떤 구체적인 변화가 필요한지를 묻는다(합의가 없는 것보다 낫다 등). 물론 촉진자는 그들이 어디에 서 있는지 보다 분명하게 하기 위해 더 많은 질문을 할 수 있다. 촉진자는 "그 이유가 무엇인가요? 테이블에 있는 이 모든 사람들 중에서 당신이 이 패키지를 좋아하지 않는 유일한 사람인가요? 협의체 구성원들이 당신의 우려에 관해 무엇을 이해하지 못하고 있나요?"라고 물어볼 수 있다.

핵심은 사람들을 그 자리에 두는 것이 아니라, 실은 그 반대이다. CBA는 다수결 원칙과 달리 프로세스 전체에 걸쳐 당사자 간의 효과적인 의사소통과 긍정적인 관계를 구축하는 것이 결정 국면에서의 핵심이라 할 수 있다. 사람들은 비록 자신의 아이디어가 협의체의 다른 사람들에게 인기가 없더라도 자신의 생각을 기꺼이 말해야 한다. 일반적으로 더 큰 그룹일수록 불행한 당사자의 관심사를 열심히 듣고 응답하기 위해, 그들을 참여시킬 수 있는 어느 정도의 수정을 시도해야 한다.

이해관계가 크고 감정이 작용할 때 숙련된 촉진자의 역할은 매우 중요해진다. 숙련된 촉진자는 사람들로 하여금 의견 차이를 표현하는 방법에 대해 알려줄 수 있다. 사람들이 합의를 이루려는 노력을 늦추거나 방해하는 순간에 더는 발언할 수 없도록 하기도 한다.

합의 이행

CBA의 마지막 단계는 이행implementation이다. 많은 사람들이 일단 결정이 내려지면 협의체로서 할 일이 끝났다고 생각한다. 그러나 그렇지 않다! 어떤 측면에서는 가장 힘든 일이 아직 남아 있다.

이행에는 일반적으로 시간과 노력이 필요하며, 때로는 돈도 필요하다. 시간이 지날수록 상황이 달라질 수 있다. 이행의 초기 단계를 지켜본 사람들, 특히 합의 형성 과정에 관여하지 않았던 사람들은 합의안이 어떻게 통과되었는지 의문을 품기 시작한다. 사람들은 현금(특히 공금)이 쓰이는 것을 실제로 보면서 합의안을 새로운 방식으로 해석하기도 한다.

현실 세계에서 벌어지는 뜻밖의 일은 피할 수 없다. 새로운 사람들이 현장에 도착하면서 정치적 또는 경제적 맥락도 바뀐다. 새로운 법은 무언가를 가능하게 하거나 불가능하게 만든다. 누군가 새로운 묘안을 가져와서 합의된 패키지가 최적이 아닌 차선의 해결책이라고 지적하면서 패키지를 재고할 것을 요구하는 일도 생긴다.

좋은 패키지는 모순되는 두 가지 구성 요소로 만들어진다. 하나는 상당한 기간에 걸쳐 그들이 약속한 것을 고수하겠다는 참여 당사자들의 강한 약속이다. 두 번째 요소는 예상하지 못한 것을 예측하고, 이를 다루기 위한 메커니즘이다.

'와일드카드'를 예상할 수 있는 경우에는 패키지에 그러한 상황을 포함할 수 있다. 만약 X가 일어난다면 우리는 이렇게 하는 것에 합의하고, 만약 Y가 일어난다면 우리는 저렇게 하는 것에 합의한다. 실제로 X 또는 Y가 발생할 때 협의체는 다시 모일 필요가 없으며,

실행기관은 단지 결정된 경로를 따르기만 하면 된다.

그러나 대부분 예상하지 못한 것은 그저 예상하지 못한 채로 남을 것이다. 따라서 패키지에는 우리가 일반적으로 '거의 자기강제적인 합의nearly self-enforcing agreement'라고 부르는 것까지 추가할 필요가 있다. 단단한 언어(자기강제적self-enforcing)와 느슨한 언어(거의nearly)의 조합이라는 점에 주목하자. 모든 참가자들로부터 최대치의 헌신을 이끌어낼 수 있도록 가능한 한 단단하고 견고하게 만들되, 필요하다면 돌아와서 더욱 스마트하게 합의할 수 있는 재량의 여지를 남겨두어야 한다.

CBA는 다수결 원칙과 어떻게 다를까?

CBA의 철학적 기초와 메커니즘에 대한 감각을 익혔으니, 이제 이를 이 책의 1장에서 묘사된 '다수결 원칙' 혹은 '로버트 규칙'의 접근법과 비교해보자.

CBA와 다수결 원칙의 첫 번째 주요 차이점은 아이디어를 제시하는 방식이다. 다수결 원칙에서 협의체의 구성원은 로버트 규칙을 따르는 한, 자신이 원하는 거의 모든 아이디어를 제출할 수 있다. (일부 경우에는 회의 진행자moderator를 통해 사전에 서면으로 제시하거나 사전 인쇄된 의제에 포함되지 않으면 발의가 허용되지 않는다.) 발의자는 그것을 옹호하는 발언은 할 수 있지만 그 이면에 있는 이유에 대해서는 질문받지 않는다. 일단 발의가 이루어지면 변경하기가 상대적으로 어렵다. 원안의 수정은 (심지어 우호적인 수정안이라 하더라도) 원안 발의자에 의해 적대적이거나 비생산적인 것으로 인식될 수 있으며, 원안 발의자는 특별한 반대 이유를 밝히지 않은 채 수정안에 반대할 가능성이 크다. 그리고 해당 안건에 대한 열정적이며 광범위한 토론이 있을 수 있지만, 그렇다 하더라도 협의체 구성원들은 본질적으로 원래의 아이디어(혹은 약간 수정된 버전)에 대한 가부 여부를 투표하도록 요청받는다.

언젠가 헨리 포드Henry Ford는 고객들에게 그들이 원하는 어떤 색상의 자동차도 가질 수 있다고 말한 적이 있다. 그는 거기에 '검은 색인 한'이라고 덧붙였다. (로버트 규칙에 의해 구조화된) 다수결 원칙은 이와 같은 종류의 경직성을 가지고 있다. 다소간의 차이는 있을 수 있지만 발의는 대부분 이미 주어진 것이고, 심의는 그 발의에 의해 촉발될 뿐 아니라 대부분 그 범위 안에 머무른다. 누군가가 의미 있는 방식으로 그 발의를 수정하려고 한다면, 그 수정은 원래 발의의 '범위를 벗어나는' 것으로 판명될 가능성이 높다.

이러한 과정을 거치기 때문에 마법과도 같은 51% 이상의 지지를 얻을 수 있는 발의안을 내기란 쉽지 않다. 반대로 절차적인 하자만 없다면 절대 통과될 리 없는 수없이 많은 발의가 제출되더라도 이를 피할 수 없다. 때로는 발의자가 상징적인 주장을 하고 싶어 하기 때문에 이런 일이 종종 발생하곤 한다("전쟁을 멈춰라!", "자전거 도로가 미래다!"). 때로는 자기 자신만의 문제를 다루고 싶을 때도 마찬가지다(나는 내 목소리가 좋다, 나는 지역 케이블방송의 재방송 프로에 나오는 내 모습을 보고 싶다, 나는 사람들이 슈퍼마켓에서 나를 멈춰 세우고 "본때를 보여 줘!"라며 격려하는 것이 좋다 등등).

다시 말하자면, 발의의 내용은 종종 실제 문제해결과는 거의 관련이 없는 책략이나 자존심 혹은 기타의 것들에 의해 채워진다.

반면 CBA는 매우 다르다. 합의 형성에서 '발의'는 (1) 많은 경우 협의체가 합의에 도달하도록 도울 책임이 있는 사람에 의해 만들어진 진술 또는 제안의 형태를 취하고, (2) 가능한 한 많은 사람들이 참여할 수 있도록 고안된 방식으로 공식화된다. 프로세스 관리자 또는 촉진자는 현재 그들의 모든 심의와 토론 전반에 걸쳐 제기된 관심사를 반영하는 제안이나 패키지를 생각해낸다.

우리는 이미 CBA와 다수결 원칙의 두 번째 큰 차이점을 시사한 바 있다. 그것은 바로 투표 실시 여부다. 다수결 원칙은 제안에 대한 가부 투표를 전제로 한다. 다시 말하지만 요구되거나 기대하는 설명은 없다(다수결 원칙에서는 어떠한 단계juncture에서도 '이유'가 요구되지 않는다). 이와는 대조적으로 합의 형성은 거의 투표를 필요로 하지 않는다. 촉진자 또는 협의체 리더에 의해 제기된 일련의 제안으로 이어지는 대화와 심의를 필요로 할 뿐이다. 놀라울 것 없는 제안들이 완전히 다른 새로운 토론의 발단이 될 수 있다(이것과 함께 살 수 있나요? 그렇지 않다면 함께 살 수 있기 위해 무엇을 바꾸겠습니까?).

합의 형성과 다수결 원칙의 세 번째 주요 차이점은 만약 참가자들이 좋아하지 않는다면 CBA에 관여된 사람들이 현재 테이블 위에 놓인 패키지를 개선해야 할 확실한 의무를 가지고 있다는 점이다. 불만족스러운 사람은 그저 불만을 품은 채 앉아 있는 사치를 누릴 수 없다. 그 사람이 불행하다면 단지 촉진자들뿐만 아니라 협의체의 모든 사람들이 그 패키지를 수용할 수 없는 것에서 수용할 수 있는 것으로 만들기 위한 개선안을 제시해야 한다.

예를 들어보자. 한 촉진자가 지역 광고판 조례를 개정하기 위한 지역 시민 태스크포스TF를 돕고 있는데, 이 조례는 지역사회에서 기업이 자신을 광고할 수 있는 방법을 정해준다. 태스크포스는 주로 도심의 변호사와 상인으로 구성되어 있는데, 구성원 대부분은 협의체 리더(촉진자)가 제시한 초안을 좋아한다. 그러나 눈에 띄는 반대자가 있다. 상가와 인접한 주택을 소유하고 있는 한 여성이 (제안된 광고판을 승인하거나 거부할 수 있는 권한이 있는) 5인 심의회가 지역 소매상 커뮤니티에 의해 지배될 가능성이 높다고 지적한다. 협의체 리더는 그녀에게 이러한 우려를 해소하기 위해 초안을 어떻게 바꿨으면 하는지 물어본다. 그녀는 그 프로세스를 이해하고 있기 때문에 대안을 미리 준비해온다. 그녀는 5인 심의회에 건축가나 그래픽 디자이너를 한 명 포함시킨다면 반대 의견을 접겠다고 말한다. 이 아이디어가 초안에 더해져 전체 태스크포스가 검토하고 토론할 수 있도록 테이블 위에 올려진다.

요약하자면 다음과 같다. 로버트 규칙에 따르면, 완성된 발의안을 테이블에 올린 후 중대한 변화에 반대하는 방식으로 토론하고 마침내 가부 투표를 한다. 하지만 합의 형성에서는 (약속을 하기 전에) 구성원들이 제안한 많은 아이디어와 관심사들을 테이블 위에 올려놓고 그 아이디어와 관심사들에 대해 토론한 다음 협의체 리더나 중립적인 촉진자가 가능한 한 모든 관련자들의 이해를 충족시키기 위한 패키지를 고안한다. 이것이 다시 더 많은 아이디어를 만들어낸다. 만약 프로세스의 마지막에 투표를 하더라도 그것은 주로 도달된 '압도적인 동의'를 인정하기 위해 실시하는 것이다.

3가지 리더십 모델

리더십 문제는 CBA와 다수결 원칙의 차이점을 다룬 이전 섹션에서도 다룬 바 있지만, 별도로 파트를 마련해야 할 만큼 중요하다. 두 프로세스는 협의체를 대표하는 리더들에게 매우 다른 종류의 것들을 요구한다. 우리는 다수결 원칙(로버트 규칙)에서 CBA에 이르는 3가지 리더십 모델을 설명하고자 한다.

다수결 원칙에서는, 직접 언급되었든 언급되지 않았든, 리더가 협의체의 성공에 대해 개인적으로 책임을 진다고 가정한다. 리더는 회의의 의제를 정하고 발의를 공식화해서 협의체 앞에 제시하기 때문이다. 이러한 일은 때로는 본인이 직접 하거나 또는 본인이 선정한 대리인을 통해 이루어진다. 이 접근법의 배경에는 (1) 리더는 테이블에 있는 다른 모든 사람들이 무엇을 원하는지 파악할 지적 능력이 있고, (2) 리더가 회의 그룹 전체에 최고의 이익이 되는 제안을 내놓을 수 있다는 가정이 깔려 있다. 우리는 특히 비즈니스 환경의 그룹 리더십에서 이러한 접근법을 보곤 한다.

이처럼 다수결 원칙 상황에서는 리더에게 협의체의 구원자savior라는 임무를 맡겼다고 해도 과언이 아니다. 그는 협의체를 하나로 모으고 협의체 내에 공식적, 비공식적인 위계를 확립하며(물론 맨 꼭 대기에 그가 있다) 의제를 정하고 솔루션을 제시하며 그 솔루션이 투표를 통해 승인을 얻을 수 있도록 충분한 지지(51% 혹은 그 이상의 지지)를 모은다. 그는 개인적인 영향력을 가지고 테이블에 나오기 때문에, 필요에 따라 다른 참가자들에게 압력을 가하는 것을 주저하지 않는다.

이 리더십 모델이 암묵적으로 가정하는 것은 협의체 스스로는 좋은 솔루션에 도달할 수 없다는 점이다. 협의체가 좋은 솔루션에 도달하기 위해서는 강인한 성격을 가진 누군가가 목자shepherd 역할을 해주는 것을 필요로 한다. 목자는 협의체의 다른 구성원들로부터 타협을 이끌어내기 위해 자신의 영향력을 사용하며, 그렇게 함으로써 그들 자신들로부터 그들을 구한다.

이는 말할 필요도 없이 리더가 짊어져야 하는 책임이다. 그러나 이런 유형의 '리더' 역할을 기꺼이 할 수 있는 인력 풀pool은 상당히 적다. 그래서 당신이 기업이나 지역사회 조직에서 계속해서 같은 얼굴을 보게 되는 것이다. 또한 목적에 방해가 될 것 같은 사람들에게 간단히 압력을 가해 일을 처리하는 방식에 익숙해진 리더들을 갖게 되는 이유이기도 하다. 그들은 매우 공격적인 경향이 있다. 그들은 "달걀을 깨지 않으면 오믈렛을 만들 수 없다"거나 "열기를 견딜 수 없다면 부엌에 들어가지 마라" 같은 말을 자주 한다.

리더십의 두 번째 모델은 프로세스 관리자process manager로서의 리더이다. 이 모델은 리더가 적절한 절차적 지원만 해주면 협의체가 일을 잘 수행할 수 있다고 가정한다. 전형적인 사례가 뉴잉글랜드 마을 회의의 진행자moderator다. 진행자는 전적으로 프로세스 담당자일 뿐이며, 적어도 그렇게 되려고 노력한다. 진행자는 질서를 지키고, 모든 사람들에게 규칙을 상기시킨다. 경우에 따라 진행자가 로버트 규칙의 상당히 모호한 측면을 도와줄 수 있는 회의 자문역을 별도로 둘 수도 있다. 하지만 일반적으로는 회의를 제대로 진행하기에 충분할 정도의 회의 전문가일 것이라 기대된다. 또한 진행자는 협의체가 소란스러워지기 시작할 때 그 협의체를 '감독'할 수 있을 정도로 충분히 강한 성격의 소유자가 되어야 한다.

프로세스 관리자는 구원자와 마찬가지로 명백히 협의체를 보호하는 일을 한다. 마치 안전요원이 실질적인 생명유지 장치를 전달하는 것처럼 그는 절차적인 생명유지 장치를 전달한다. 다시 말하지만 여기에도 협의체 스스로는 효과적으로 작동되지 않는다는 가정이 깔려 있다.

비유를 바꿔서 서커스의 사자 조련사를 상상해보자. 만약 조련사가 채찍을 들지 않고 사자를 의자에 올려놓으면 어떤 일이 일어날까? 혼돈 그 자체일 것이다! 따라서 누군가는 채찍을 휘두르며 경계해야 한다.

협의체는 의자 위의 사자처럼 프로세스 관리자에게 권위를 부여한다. (이는 보통 프로세스 관리자의 지배적인 스타일에 의해 강화되기도 한다). 더 나아가 이를 확장하여 궁극적으로 협의체는 프로세스에 권위를 부여하게 된다(프로세스에만 세심하게 주의를 기울이면 좋은 해결책을 찾을 수 있을 것이라는 기대 때문이다).

그러나 우리가 이미 본 것처럼 이런 기대는 환상에 불과하다. 프로세스 관리자가 로버트 접근법에 입각해서 회의를 더 잘 진행하면

할수록 테이블에서 좋은 아이디어가 나오거나 그러한 아이디어에 입각해 합의를 도출하거나 도출된 합의를 효과적으로 실행하는 일이 점점 더 어려워진다.

이제 세 번째 리더십 모델인 촉진자 리더십facilitative leadership을 살펴보자. 이 유형의 리더는 주로 프로세스의 주관자 역할을 수행한다. 촉진자 리더십은 CBA에서 요구하는 리더십으로, 구원자, 목자, 안전요원으로 이어지는 리더의 스펙트럼 맨 끝 부분에 자리한다.

이 유형의 리더는 거의 전적으로 해당 이해관계자들을 테이블에 앉히거나, 최소한 그들의 아이디어를 의미 있는 방식으로 표현하는 데 중점을 둔다. 리더는 주관자로서 프로세스를 진행시키고, 한 걸음 물러서서 협의체 스스로가 올바른 해결책을 찾는 책임을 갖도록 한다.

만약 당신이 전통적인 리더십에 근거해 있다면 이 개념에 놀라게 될 것이다. 협의체가 책임을 지도록 내버려 둔다고? 그것은 양을 도망가게 하거나, 수영하는 사람들을 익사하게 두거나, 사자들을 의자에서 뛰어 내려가게 하는 것과 무엇이 다른가?

물론 꼭 그런 것만은 아니다. 앞에서 촉진자의 추가적인 역할을 소개한 것처럼, 촉진자는 숙련된 기술자이거나 협의체에 의해 선택된 (중립적으로 보이는) 사람으로서 프로세스 관리를 책임질 수 있어야 한다. 협의체 구성원들은 촉진자와 협력하여 절차상의 기본 규칙을 수립한 다음, 해당 규칙을 사용하여 공동으로 해결책을 만들어낸다. 이때 기본 규칙이 협의체 자체의 발명품이라는 점을 명심해야 한다. 대부분의 경우 협의체 구성원들은 다른 사람이 만든 규칙보다 스스로 만든 규칙을 더 존중한다. 그들은 자신이 만든 프로세스를 소유하고 있고, 따라서 그들은 그것을 남용할 가능성이 훨씬 적다. 동시에, 일단 자신들의 규칙이 작동하기 시작하면 그들은 실체적 이슈issue of substance에 집중할 가능성이 훨씬 더 높아진다.

위에서 말한 세 가지 리더십 모델을 비교하는 한 가지 방법은 '창의성이 어디에 있는지'를 질문해보는 것이다.

구원자로서의 리더 모델에서 창의성은 거의 전적으로 리더에게 달려 있다. 리더는 처음부터 끝까지 모든 것을 해내는 만능인이다. 프로세스 관리자 모델에서의 창의성은 솜씨 좋은 회의 규칙의 적용(어느 정도는 규칙 그 자체)에 달려 있다. 촉진자 리더십 모델에서는 창의성이 협의체 구성원 내부에 존재하는 것으로 가정한다. 리더와 규칙은 단지 이해관계가 있는 집단들이 건설적인 방식으로 관련 문제에 대해 효과적으로 작업하도록 돕는 도구에 불과하다.

우리는 로버트 장군이 어떤 모델을 지지했는지 알고 있다. 지금까지 읽은 내용에 비춰 볼 때 당신이 원하는 모델은 어떤 것인가?

축구 리그 재방문

이 책의 머리말에서 소개한 첫 번째 사건으로 돌아가보자. 일군의 부모들이 경기 중 한 학부모에게 모욕적으로 소리친 코치를 해임할 것을 요구한 사건이다.

자, 이제 축구 리그 위원장이 극적인 긴급회의를 앞두고 있던 그날의 상황을 재검토해보자.

- 축구 리그에는 효과적인 리더십이 부재한 상황이다. 리그에서 리더 역할을 맡는 것은 축하받을 만한 일이 아니며, 리그의 위원장과 부위원장, 회계는 '떠맡겨지는' 경향이 있다.
- 과거에 투표 권한이 회의에 참석한 모든 사람에게 주어졌을 정도로 리그의 구성원 자격이 명확하게 규정되어 있지 않다.
- 어떤 사람들은 리그가 분명히 내규를 채택했다고 확신하지만, 아무도 그 내규 사본을 찾을 수 없다. 내규에는 리그 운영위원회가 로버트 규칙을 따를 것이라 확실히 명시되어 있다.
- 정작 싸움이 벌어졌던 축구 경기에 대해서는, 심판이 나서서 중간에 경기를 종료시킨 것 말고는 확인된 것이 아무것도 없다.
- '긴급회의'에서 분위기가 격앙되었다. 한 집단은 그들이 원하는 결과를 얻을 수 있다고 믿고 있었기 때문에 투표를 열망했다.
- 절정의 순간 코치가 회의장에 들어와 극적인 방식으로 고소하겠다고 위협했다.

이러한 상황에 대해 당신이 기대할 수 있는 최선의 합의점은 코치와 그의 변호사가 회의 참석자들에게 큰 호의를 보여주는 것이라 할 것이다.

만약 코치와 변호사가 재판으로 가겠다는 태도를 버린다면, 즉 '린치 몹lynch mob'과 같은 생각에서 벗어났다면, 아마도 합의를 만들어낼 수 있는 기회가 열릴 수 있을 것이다.

그렇다면 이런 상황에서 축구 리그는 무엇을 해야 할까? CBA의 6가지 기초를 되새기면서 몇 가지 세부사항을 제안해보자.

1. 의사결정을 하기 위해서는 협의체나 조직 활동을 대표할 것으로 추정되는 관련자들의 책임을 명확히 하는 것이 중요하다.

축구 리그는 먼저 누가, 누구를 위해, 어떻게 말하고 있는지 알아내야 한다. 다투는 사람들은 누구이고, 그들은 어떤 주장을 대표하는지 명확하게 정리해야 한다.

2. 일단 협의체가 모이면 그 구성원들은 그들의 임무를 명확히 하고, 해결해야 할 의제에 무엇을 포함할지(또는 포함시키지 않을지)를 결정하며, 그들의 대화를 이끌 기본 규칙을 정해야 한다.

리그는 리더십과 지배구조를 바로잡아야 한다. 리그의 내규를 찾고 이해할 필요가 있다. 그리고 논의의 범위를 문제의 코치 한 사람의 사건으로 제한할 것인지, 아니면 채용이나 해고 등 보다 광범위한 이슈로 확대시킬 것인지를 정해야 한다. 또한 토론을 어떻게 진행시킬지에 대해서도 먼저 밝힐 필요가 있다. 그래야 불쾌감을 주지 않고 반대 의견을 말할 수 있다.

3. 협의체가 어떤 결정을 내리기 전에 참가자들은 공동 사실조사joint fact finding를 실시하여야 한다.

모든 당사자들이 문제의 사건과 관련된 일련의 사실들을 공유하게 하는 것이 큰 도움이 된다. 다른 리그들에서 이런 이슈들이 어떻게 다루어졌는지 조사하는 것도 도움이 될 수 있다. 만약 법적 조치가 우려된다면, 리그 차원에서 할 수 있는 것과 할 수 없는 것을 명확히 해두어야 한다.

4. 협의체는 합의에 도달하지 못했을 때의 상황보다 조금이라도 더 나아질 수 있는 합의안을 도출하기 위해 노력해야 한다.

문제는 리그가 테이블 위의 이슈를 단순히 코치의 신임이나 불신임 같은 문제로 만들지 않고 논의 범위를 넓힐 수 있는가에 달려 있다. 두 갈등 당사자를 모두 만족시킬 수 있는 거래가 있을까? 만약 어떤 합의안이 채택된다면 모든 당사자들이 더 나아졌다고 느끼고 갈등에서 벗어나게 할 일련의 '이행' 규칙이 있는지 찾아야 한다.

5. 합의안 초안을 제출할 권한을 갖고 있는 사람들이 대표자 또는 집단에게 합의안 초안을 가지고 돌아가도록 하는 것이 중요하다.

토론에 참여하는 사람들은 그들이 대표하는 집단으로 돌아가서 진행된 프로세스를 설명하고, 왜 그 결과가 가장 최상의 결과인지 설명할 준비를 해야 한다.

6. 협의체는 결정이나 합의안을 실행하고자 할 때 잘못될 가능성이 있는 사항들에 대해 미리 생각해 두어야 한다.

토론에 참여한 사람들은 제안된 거래에 반대할 것 같은 사람과 그 이유를 파악해야 한다. 관할권을 주장할 수 있는 지역regional, 주state, 또는 국가national적 수준의 축구 조직이 있는가? 참여하지 않은 사람이 법적 조치를 취할 가능성은 없는가? 우발적 대립 가능성을 최소화하고 '치유' 기간을 최대화하기 위해 내년 일정을 어떻게 조정해야 할까?

이제 당신의 회의로 돌아가자. 만약 당신이 위 사례의 축구 리그 위원장과 같은 상황에 처해 있다면 당신이 가장 먼저 해야 할 일은 리그 내규를 찾아서 그들의 회의 규칙이 로버트 규칙에 따르는지 여부를 알아내는 것이다.

만약 그렇다면 당신과 회의 참가자들은 어떻게 회의를 진행할 것인지 결정해야 한다. 어떤 경우 회의 참가자들은 그 사실을 그냥 무시하고, 덜 규칙적인 방식을 통해 비공식적으로 사안을 처리할 수도 있다. 그러나 이러한 전략의 문제점은 누군가 당신이 기존 규칙을 준수하기를 원할 수 있다는 점이다. 당신의 위원회에 변호사가 있다면, 그는 위원회 내규에서 절차적 지침으로 로버트 규칙을 인용하고 있다고 하면서 반드시 로버트 규칙을 따라야 할 의무가 있다고 아주 자세하게 지적할 것이다. 더 안 좋은 상황은 누군가가 당신의 첫 번째 회의나 두 번째 또는 세 번째 회의에 나타나서 그 규칙에 따라 진행하라고 주장할 수 있다는 점이다. 만약 그 사람이 로버트 규칙에 푹 빠져 있고 다른 사람들은 그렇지 않다면, 당신은 또 다른 문제에 봉착하게 될 것이다.

한 가지 해결책은 로버트 규칙을 사용해서 로버트 규칙을 중단시키는 방법이다. (일부 회의 진행 전문가들이 반대할 수 있지만, 그러한 움직임에 앞서 몇몇 사람의 의견을 알아보는 것은 가치가 있다.) 그런 후 합의 형성 활동이 완료되면, 당신은 다시 회의 절차를 복원시킬 수 있다. 아주 힘든 일이 아니라면, 간단히 내규를 변경해서 로버트 규칙을 없애는 조치를 취하면 된다. (그러고 나서 당신은 이 책의 2장에 설명된 CBA 절차를 채택할 수 있다!) 우리가 함께 일했던 한 학교위원회는 통상적인 정책 검토 절차(즉 A회의에서 첫 번째 독회, B회의에서 두 번째 독회와 투표)를 거쳐 로버트 규칙을 완전히 없앴고, 그 결과 합의 형성으로 가는 문을 열었다.

세부사항에 대하여

이 장에서 우리는 합의 형성에 대한 간결한 개요snapshot를 제시하고자 했다. 협의체의 리더로서 당신은 사람을 모으고, 책임을 나누고, 문제해결에 참여하고, 도출된 합의를 명확히 한 다음 그것을 이행하도록 노력해야 한다. 당신은 당초의 합의를 고수하기 위해 열심히 노력하지만, 상황 변화가 발생하면(이 역시도 사전에 합의된 기준에 의해 판단한다) 변화나 예상치 못한 사건에 부합하도록 원래의 합의를 교정하기 위해 회의를 재소집해야 한다.

어쩌면 당신은 CBA의 전 과정, 즉 위임 명령이나 외부 촉진자, 돈, 관련 당사자들 사이의 많은 왕래, 서면 패키지 등이 너무 복잡하다고 생각할지도 모른다. 아마도 이 시점에서 당신은 로버트 장군의 편을 들어주고 싶은 충동을 느낄 것이다. 테이블에 최고의 아이디어를 제시하고, 51% 이상의 찬성표를 얻어낸 다음 활기찬 모습으로 회의장에서 나가는 것이다.

그렇더라도 이 책을 끝까지 읽기 바란다. CBA는 모든 사람을 만족시키거나 실제로 지속 가능한 합의에 도달하는 데 걸리는 전체 시간을 줄이기 위해 (때로) 초반에 느리게 진행된다. 당신은 다음 장을 읽으면서 CBA의 각 단계에 대해 보다 깊이 있게 이해할 수 있을 것이다. 가상의 위원회인 '블레인 200주년 위원회Blanie Bicentennial Committee'의 경험을 따라가면서, 로버트 장군 측의 일관된end-to-end 결과에 대해 계속 생각하게 될 것이다. 차기 다수결 회의에서 일부 그룹이 51%라는 결과로 당신을 놀라게 하고 이전에 거둔 당신의 승리를 뒤엎는다면 당신은 어떻게 느낄까? 당신의 다음 행동은 무엇일까? 투표를 다시 해서 과반수를 되찾고, 추동력engine을 다시 반대로 돌릴 수 있을까?

처음부터 일을 제대로 처리해서 그 결과를 유지하는 편이 더 나을 거라고 생각하게 될 것이다.

3장

/

이해관계자들을
한 테이블에 앉히기

합의 형성의 첫 단계는 소집이다. 소집의 핵심은 잠재적 당사자들에게 누가 참여해야 하는지와 앞으로 어떻게 해나가야 하는지 결정할 기회를 주는 것이다.

이 단계의 결정적 국면은 성공적인 CBA 활동을 위한 최소 요건이 충족되어 있는지 여부를 누군가가 결정해야 한다는 점이다. 만약 그렇지 않다면, 합의 형성 그룹(협의체)은 다수결 원칙으로 되돌아가

꾹 참고 투표해야 할 수도 있다.

누군가는 당면한 갈등이나 이슈에 대한 영향분석을 수행해야 한다. 영향분석에 기초하여 누군가는 (1) 누가 협의의 대상인지, 즉 누구를 테이블로 데려와야 하는지, (2) 그들을 어떻게 테이블에 데려올지 알아내야 한다. 동시에 누군가는 합의 형성과정을 온전히 수행하기 위해 필요한 자원을 확보하는 프로세스를 시작해야 한다. '자원'이라는 말은 인적 자원과 재정적 자원 모두를 의미한다. 그리고 최종적으로 누군가가 CBA를 사용할지 여부를 판단해야 한다.

우리는 이 장에서 이 모든 주제를 다룰 것이다. 그러나 먼저 이 모든 중요한 일을 하고 있거나 돕고 있는 '누군가'를 살펴보자.

소집자 찾아내기

첫째, 당연히 소집 활동을 하는 '누군가'가 소집자가 된다. 이 사람은 합의 형성 프로세스를 착수start-up하는 중요한 역할을 담당한다. 우선 소집자가 없으면 프로세스는 전혀 시작되지 않거나 그다지 멀리 갈 수가 없다. 어떤 경우에는 실제로 여러 명의 소집자가 있을 수 있는데, 예컨대 공식적인 책임을 가진 여러 기관이나 관계자들이 협의 프로세스를 공동으로 소집할 수 있기 때문이다.

둘째, 소집자는 특정 이슈와 관련해 '유력 인사들'을 아는 사람이어야 한다. 유력 인사란 이해관계 집단의 핵심적인 관점이나 이익을 대변하고 협상에 의한 합의negotiated agreement를 가능케 하거나 깨

뜨릴 수 있는 영향력을 가진 사람들이다. 또한 소집자는 영향을 받는 조직, 회사, 지역사회에서 어느 정도 인정받는 사람이어야 한다. 다시 말해, 소집자가 유력 인사 중 한 사람에게 이메일을 보내거나 전화 메시지를 남길 때 그는 답장을 쉽게 받을 수 있는 충분한 영향력과 선의를 가지고 있어야 한다.

셋째, 소집자는 합리적이고 공정하다고 여겨져야 한다. 만약 어떤 이슈의 양편에 이미 준비된 캠프가 있다면 이 두 캠프의 고위 인사는 소집자의 역할을 하기 어렵다. 계층 구조가 강한 회사라 하더라도 상황은 마찬가지다.

마지막으로, 소집자가 기본적인 합의 형성 기법에 대해 어느 정도 이해하고 있고 CBA가 전통적인 다수결 원칙 절차와 어떻게 다른지 이해하고 있다면 매우 도움이 된다. 그럴 경우 소집자는 프로세스 진행상의 실수를 피하고, 협의체가 왜 로버트 규칙을 따르지 않는지 의아해 할 때 설득력 있는 주장을 할 수 있다.

시장이 도움을 요청하다

우리는 1장에서 새로 생긴 협의체의 맥락에서 CBA가 실제 현장에서 어떻게 작동하는지 이해할 수 있도록 구체적인 실례를 제시할 것을 약속했었다. 자, 이제 그 시나리오를 실행해보자.

탄생 200주년을 앞두고 있는 미국 대서양 연안 중부 지역의 한 마을을 상상해보자. 이번에 마을 회의에서는 겉보기에 간단한 일처럼 보이는 200주년 기념행사를 개최하기로 결정했다. 마을을 위한 기념행사를 여는 것은 실제로 보이는 것보다 훨씬 더 복잡하며 공공영역의 다른 이슈들처럼 경제, 문화, 정서적인 문제들로 가득 차 있다, 하지만 그런 사실을 모르는 이들이 있기에 '겉보기에seemingly'라고 표현했다. 우리는 비슷한 도전에 직면했던 성실한 시민 그룹을 묘사한 영화 〈거프만을 기다리며Waiting for Guffman(1996년 개봉된 미국 영화로, 150년의 유구한 역사를 자랑하는 미주리 주의 블레인이라는 마을에서 성대한 축제를 계획하는 이야기를 다룬다.-역자)〉의 배경이 된 도시를 기념하기 위해 마을 이름을 '블레인'이라고 부를 것이다.

블레인의 시장인 마이크Mike는 200주년 기념행사를 본격적으로 준비하기에 앞서 꾸물거리고 있다. 마이크는 그 누구 못지않게 행사를 좋아하지만, 그에게는 뭔가 고려해야 할 압박 요인이 있는 것 같다. 마을 재정위원회는 이번 행사의 예산으로 5,000달러만 배정했다. 블레인시 입장에서는 엄청난 돈이지만, 마이크가 생각하기에 며칠에 걸쳐 펼쳐질 마을 전체의 기념행사에 쓸 돈으로는 턱없이 부족하다. 그러나 행사는 이제 1년도 채 남지 않았으며, 마이크는 자신이 뭔가 해야 한다는 것을 깨달았다. 그는 친구이자 오랜 후원자인 빌Bill에게 전화를 걸어, 그날 저녁 늦게 마을 청사에 들를 수 있는지 물었다. 빌은 오후 3시, 공항 가는 길에 간단하게 미팅을 하는 데 동의했다.

빌은 블레인 시에서 가장 큰 공장을 운영하고 있다. 그는 가족 사업이 된 회사를 오래 전에 혼자 힘으로 세웠고, 지금은 수백 명의 사람들을 고용하고 있다. 그는 똑똑하고, 단호하고, 까다로운 기업인이자 블레인에서 가장 부유한 사람 중 하나로 알려져 있다. 그는 세 번에 걸친 마이크의 시장 선거를 도운 사람이기도 하다.

조금 일찍 도착한 빌은 바로 마이크의 사무실로 안내받았다. 약간의 친근한 농담을 주고받은 후에 시장은 본론을 이야기했다.

마이크   빌, 어려운 부탁이 있어요. 마을 탄생 200주년 기념위원회를 맡아주세요. 6월에 개최 예정인데, 상황이 좀 어려워졌어요.

빌   저도 기념행사에 대해 들은 적이 있어요. 도대체 무슨 일인데요?

마이크   간단히 말하자면, 지난해 열린 마을 회의에서 제가 지명한 사람들로 구성되는 200주년 위원회 창설이 승인되었어요. 그런데 제가 보기엔 누군가가 위원회를 조직하고 계획을 세우고 예산도 모아서, 이를 실현시켜야 할 것 같아요. 마을에서 배정한 예산은 5,000달러밖에 없기 때문에 모자라는 비용을 충당하기 위해 약간의 민간 모금 활동도 필요한 상황이에요.

빌   그렇게 어려운 일 같지는 않네요. 이런 일을 해본 사람은 있나요?

마이크   음. 자세히는 모르지만, 청소년과의 코니Connie 과장이 마지막으로 근무했던 마을에서 이와 유사한 일을 한 적이 있다고 들었어요. 그곳의 지역 대학에서도 비슷한 일이 있었거든요. 자세한 내용은 저도 잘 몰라요. 물론 역사위원회Historical Commission도 참여시켜야 할 겁니다. 제 비서가 여러 자원봉사에 참여했던 사람들이 보내온 편지 몇 장을 보관하고 있어요. 하지만 저는 이번 기념행사가 올바른 심성을 가진 많은 사람들이 참여해서 우리 모두가 자랑스러워 할 수 있는 일을 생각해낼 필요가 있다고 생각해요.

빌   마이크, 당신을 위해 기꺼이 위원회를 맡을게요. 제가 전화를 걸어서 코니라는 친구와 도움을 줄 수 있는 몇 명의 사람들을 더 알아볼게요. 그리고 이 일이 진행되는 동안 제 비서에게 시장실과 지속적인 연락체계를 갖추라고 말해 놓을게요.

이렇게 블레인 200주년 위원회는 빌이라는 첫 번째 구성원을 얻었다. 빌은 언제나 마이크의 후보자 목록 상위에 있는 사람이며, 그럴만한 충분한 이유가 있다. 그는 근면하고 결과지향적인 사람이며, 블레인에서 필요한 물건 대부분을 생산하는 사업을 이끌고 있다. 빌이 사무실을 떠난 후 마이크는 안도의 한숨을 내쉬었다. 걱정할 일이 하나 줄었어! 그는 소집 책임을 빌에게 성공적으로 넘겼다.

최소 요건 충족하기

사람들이 흔히 하는 실수는 프로세스의 앞 단계에서 충분한 시간을 투자하지 않는 것이다. 즉 내부분의 사람들은 협력자를 찾고, 가능성을 타진하고, 합의 형성을 위한 기초를 닦는 일에 소홀하다. 사람들은 대부분 '빨리 가기 위해 천천히 가는 것going slow to go fast'에 익숙하지 않다. 빌과 같은 CEO라면 어떨까? 빌은 관련된 사람들을 불러 모으고, 이슈를 토론하고, 의사결정을 내리는 일에 익숙하다. 이는 그가 의사결정이 이루어지는 모든 상황을 통제할 수 있는 위치에 있기 때문에 가능하다. 그는 규칙을 정하고 결정된 내용을 이행할 힘을 가지고 있다.

그러나 CBA는 다르다. 합의 형성을 위해서는 프로세스를 진행하기 전에 특정한 최소 요건을 충족해야 한다. 맨 처음 소집자는 최소 몇 명의 주요 참가자들과 대화를 시작해야 한다. 소집자는 다음 섹션에서 다뤄질 진단 프로세스를 사용하여 참가자들이 '함께 일한다'는 아이디어에 개방적이고 이 접근법의 실질적인 지지자인지 여부를 판단해야 한다. 그는 이러한 핵심 인물들이 옵션을 만들고 상호 이익이 되는 해결책을 고안해낼 여지가 있다고 생각하는지에 대해서도 알고 있어야 한다.

어떤 이슈들은 우리가 신념이라고 부르는 근본적인 사안을 다루기 때문에 합의 형성에 적합하지 않다. 그러한 이슈들은 매우 '논쟁적'이거나, 사람들의 정체성과 너무 밀접하게 연관되어 있다. 극단적인 예를 들자면, 낙태할 권리는 언제나 양측 모두 쉽게 협상할 수 없는 사안이다. 그러나 사람들이 협상할 수 없다고 생각하는 이슈의 범위가 얼마나 넓은지 알게 되면 놀랄지도 모른다. 예를 들어, 어떤 사람들은 마을 소유의 숲에 체육시설을 짓는 사업에 대해 상황과 상관 없이 무조건 적대적이며 다른 관점에 대해서도 폐쇄적인 입장을 취한다. (그들은 나무가 베어지고 그들의 자산이 공사장 부근에 있는 것을 비롯한 거의 대부분의 것을 싫어한다.) 하지만 때로 사람들이 포기를 요구하지 않는다는 것을 깨닫고 나면, 협상할 수 없는 사안도 토론의 여지가 생기는 경우가 있다. 그러기 위해서는 원래의 이슈를 재구성하기 위한 새로운 방법과 질문을 숙고해야 한다.

스펙트럼의 다른 끝에 있는 일부 이슈들은 합의 형성 활동을 지속하기에 충분한 관심을 유발하지 못하는 경우가 있다. 사실대로 말하면, 합의 형성을 이루기 위해서는 시간과 헌신이 필요하다. 중요한 무언가가 위험하다고 느끼는 참가자들을 필요로 한다. 따라서 너무 '작은' 이슈는 무관심에 부딪칠 수 있다.

하지만 우리의 경험에 따르면, 사람들이 이런 종류의 프로세스에 관여하지 않는 이유가 무관심 때문만은 아니다. 사람들은 대부분 자신의 말을 아무도 듣지 않을 것이라 생각하거나 자신이 기여할 수 있을 만큼 어떤 문제에 대해 충분히 알고 있지 않다고 생각하기 때문에 참여를 꺼린다. 또한 집단 전체가 문제해결에 매달리는 것은 비생산적이라고 생각하기 때문에 참여를 주저한다.

CBA는 사람들의 말을 경청하여 사람들이 좋은 해결책을 내놓을 수 있을 만큼 이슈를 잘 이해하도록 돕고, 그 해결책을 실행하는 것에 관한 접근 방식이다. 소집자는 창의적인 문제해결에 대해 개방적이고 충분히 헌신할 수 있는 핵심 인사를 찾아야 한다.

보다시피 최소 요건을 충족하는 것은 일정 정도 당면한 이슈의 세부 특성에 달려 있다. 일반적으로 초기 단계의 목표는 사람들의 다양한 합리적 주상을 반영하여 이슈를 정확히게 정의하는 것이고, 가능한 많은 옵션을 염두에 두고 성공적인 합의 형성 과정을 가능하게 하기 위해 그들의 선택의 폭을 최대한 확대하는 것이다.

영향분석 실행하기

합의 형성 프로세스를 시작하기 위해서는 누군가가 영향분석서를 작성해야 한다. 영향분석서란 이해당사자들의 의견을 간단명료하게 정리한 일종의 개요서이다. (이미 갈등이 발생한 경우 '갈등 영향분석conflict assessment'이라 부르기도 한다.) 이러한 개요서는 대개 일련의 일대일 인터뷰나 대화에서 나온다.

누가 이 일을 해야 할까? 경우에 따라서는 소집자와 (영향) 분석자가 동일한 인물일 수 있다. 일반적으로 분석자는 이슈가 복잡하거나 두 역할을 동시에 수행할 자격과 의지가 있는 사람이 없는 경우 초기 단계에 관련된 유력 인사들의 승인을 받고 소집자가 데려온 두 번째 사람인 경우가 많다. 많은 소집자들이 다른 누군가에게 평가 및 관련 업무를 위임하기로 결정하는 것은 그만한 이유가 있다.

개요서는 어떻게 구성될까? 복잡한 경우라면 개요서는 다양한 그림과 부록을 포함한 여러 페이지로 구성될 수 있지만, 그렇지 않다면 다음과 같은 단 한 개의 단락이면 충분하다.

스미스 스쿨 학부모-교사 협의회Smith School PTA의 일부 구성원들은 11월 선거에서 마을의 유권자들이 학교 개선 문제를 승인하기 위한 공식 투표 실시를 제안했다. 다른 구성원들은 학교 개선은 지지하지만 PTA가 정치적인 이슈에 관여해서는 안 된다고 믿고 있다. 이들은 이런 종류의 개입이 자선단체를 규율하는 연방법이나 PTA 헌장에 위배된다고 믿고 있다. 대부분의 참가자들은 11월 선거 결과가 스미스 스쿨 교육의 미래에 매우 중요하다는 점에 동의하고 있다. 이 단체의 마지막 사전 선거 회의가 10월 마지막 주에 있기 때문에, 이 문제는 그 이전에 해결될 필요가 있다.

앞의 예와 같은 영향분석서를 작성하는 데에는 몇 분밖에 걸리지 않는다. 그러나 실제 이와 같은 짧은 진술도 분석자 측의 많은 작업의 결과일 가능성이 높다. 아마도 수십 건의 대화를 요약하고 모든 관련 당사자들에 의해 수정된 몇 차례의 편집 과정을 반영해서 완성한 문서일 것이다. 영향분석서는 이처럼 합의 형성 활동을 진행할지 여부에 대한 최종 결정을 내리기 전에 잠재적 참가자들과 여러 상황을 공유한 조사 보고서이다.

이 단계에서 수집된 정보는 일반적으로 소집 프로세스의 후속 단계를 완료하는 데 있어 소집자에게 매우 귀중한 가치가 있다. 또한 영향분석서를 작성하기 위한 활동은 프로세스의 잠재적 참여자들의 마음속에 있는 실제 이슈를 구체화하고 CBA의 메커니즘을 소개함으로써 잠재적인 참가자들에게도 도움을 준다.

앞서 우리는 분석자의 중립성이 중요하다는 점을 언급했다. 특히 영향분석 국면에서, 소집자와 분석사는 어떤 형태로든 어느 한 가지 입장을 옹호하는 것을 피해야 한다. 편견이 내재된 분석은 갈등을 적절하게 해결하지 못할 뿐만 아니라, 적대감을 불러일으켜 잠재적인 참가자들을 멀어지게 할 수 있다.

기밀 유지 또한 매우 중요하다. 분석은 일종의 탐색 과정이다. 그러므로 비공식적이고 유연하게 비공개로 진행하는 것이 필요하다.

분석자가 누군가에게 다가갈 때는 보통 "프로젝트 X에 대해 당신과 이야기할 기회를 갖게 돼서 기뻐요. 제가 준비하고 있는 분석을 위해 당신과 이야기하며 알게 된 사실을 요약할 거예요. 하지만 당신이 제게 말한 것은 절대 당신 개인에게 책임을 묻지 않을 거예요"라고 말한다.

분석자는 프로젝트 X의 각 측면에 대해 누가 어떻게 생각하고 있는지에 대해 상세한 설명을 제공할 책임이 없다. 그 대신 분석자는 영향분석 보고서를 통해 CBA가 문제해결을 위한 올바른 진행 방법인지 여부와 주요 이해당사자가 누구인지를 식별하는 데 집중해야 한다.

이는 로버트 규칙의 과정과 분명하게 대조된다. 로버트 규칙에서는 누가 제안했는지와 누가 반대했는지에 대한 상세한 내용이 위원회 공식 회의록에 기록된다. 회의록에는 종종 '찬성'과 '반대' 입장을 표명한 개인들의 이름이 포함되는데, 이런 종류의 구분은 토론을 양극화하고 반대 입장을 가진 사람들을 고정시키는 효과가 있다. 특히 정치인들은 태도가 모호하거나 말 바꾸기 하는 사람으로 비난받기를 원하지 않는다. 그래서 일단 그들이 공개적으로 어떤 입장을 표명하면, 일반적으로 그 입장을 고수하게 된다. 따라서 특정 관점에 대한 간단한 발언이라도 종종 수사적이거나 과장된 방식으로 표현되며, 결국 이 같은 최초의 발언이 영구적인 입장이 되기도 한다.

경우에 따라서는 영향분석을 준비하는 동안, 분석자가 상황을 차트 형식으로 간단하게 요약하는 것도 도움이 된다. 차트의 한 축은 주요 이슈를 나열하고 다른 축은 참가자 또는 집단을 나열한다. 분석자는 특정 이슈가 특정 참여자에게 얼마나 중요한지를 각 빈칸에 표시해 넣는다.

아래 표는 2장에서 소개한 지역 광고판 조례signage bylaw를 개정하기 위한 활동을 예로 들어 작성한 것이다. 해당 이슈에 대한 주요 참가자들이 느끼는 관심의 강도를 1~5개의 체크로 구분해 표시하였다.

물론 이 표는 분석자가 핵심 이슈와 잠재적 이해당사자의 관계를 파악하기 위한 도구일 뿐이다. 분석자는 인터뷰 도중에 인터뷰 대상자와 이 표를 공유하거나 공유하지 않을 수 있다. 경우에 따라 인터뷰 대상자로 하여금 추가해야 할 참가자 또는 이슈를 제안하게 하거나 특정 이슈의 가중치가 부정확하게 표시되었는지에 대한 의견을 들을 수도 있다. 분석자는 이러한 의견을 다음 버전의 표에 반영할지 여부와 그 방법을 자유롭게 결정할 수 있다.

핵심 참가자와 이슈를 정리하는 것 외에도 영향분석은 궁극적으

광고판 조례 진단

핵심 당사자	핵심 이슈				
	상업 지원	미관	부동산 가치	세수 확보	안전
현지 상인(비거주자)	√√√√√	√√	√	√	√
현지 상인(주민)	√√√√√	√√√√	√√√	√√	√
주민(비상인)	√√	√√√√√	√√√√√	√√√	√
선출직 공무원	√√√	√√√	√√√	√√√√	√√√
부동산회사	√√√	√√√	√√√√√	√	√
치안공무원	√	√	√	√	√√√√√

로 프로젝트 작업 계획work plan을 짜는 데 사용되며, 분석자는 합의 형성에 얼마나 많은 시간이 필요할지와 어떤 종류의 자원(재정 및 기타)이 필요할지를 평가한다. 핵심 이슈 정리와 마찬가지로 이 작업 계획도 매우 일반적인 언급에서부터 시작해서 더 많은 정보가 제공될수록 점점 더 구체화된다.

이해관계자 식별하기

이 장의 도입부에서 언급한 바와 같이, CBA는 적절한 당사자들을 테이블에 앉히는 것을 매우 중요시한다. 많은 경우 핵심 이해관계자부터 일반 이해관계자까지 동심원 모양으로 한 번에 한 단계씩 분석을 진행하며 참여대상을 확대해 나간다(통상 이를 스노우볼snowball 접근방식이라고 한다 – 역자).

첫 번째 동심원first circle **집단**에는 주로 앞에서 언급한 유력 인사들이 포함된다. 이들은 이미 합의 형성 결과에 이해관계가 있음을 분명히 한 사람들이다. 그들은 특정한 의사결정을 막을 수 있는 힘을 가지고 있다. 그들은 지역사회에서 무시할 수 없는 지위에 있으며, 관련이 있는 특별한 전문지식을 가지고 있을 수 있다. 어쨌든 그들은 해당 이슈에 관해 분명히 중요한 사람들이다. 그들의 부재는 문제해결 과정을 어렵게 할 것이며, 그들이 적극적으로 참여한다면 상황을 진전시키는 데 도움이 될 수 있다.

첫 번째 그룹과 대화할 때, 분석자는 일반적으로 "또 누구를 만나야 하나요?"라고 묻는다. 이 질문에 대한 답이 잠재적 참가자의 **두 번째 동심원 집단**을 구성한다. 이 사람들은 합의 형성 초입 단계에서는 한 걸음 물러나 있을지 모르지만, 특정 해결책의 잠재적 반대자(또는 강한 지지자)일 수 있다.

세 번째 동심원 집단은 직접적으로 영향을 받지는 않지만 이슈의 성공적인 해결에 도움이 될 수 있는 사람들이 포함된다. 이 범주에는 해당 이슈에 대해 들어본 적이 있고, 이슈 해결에 도움을 줄 수 있다고 믿는 자원자volunteer들이 포함될 수 있다. 또한 분석자는 스스로를 대표할 수 없는 위치에 있는 개인이나 그룹을 이 집단에 포함하는 것이 필요한지를 결정할 수 있다. 예를 들어 분석자는 환경 이슈에 대한 합의 형성에서 때로는 아직 스스로 말할 준비가 되어 있지 않은 '미래 세대'의 이익을 대변하기 위해 누군가를 찾아야할 책임을 진다.

다시 말하지만 CBA는 문제의 정의 및 의사결정의 모든 측면을 투표권을 가진 사람들에게 할당하는 로버트 규칙과는 분명한 대조를 이룬다. 로버트 규칙이 비교적 예측 가능한 프로세스라는 점은 분명하지만, 중요한 이해당사자와 좋은 아이디어를 배제하는 경향이 있다.

자원 모으기

CBA는 통상 선의를 가진 사람들의 힘겨운 노력을 요구하며, 일부의 경우 약간의 재정적인 투자도 필요로 한다. 소집자는 성공적인 결과를 얻기 위해 필요한 자원, 즉 사람들과 재정을 확인하는 책임을 져야 한다. 영향분석을 진행하는 동안 소집자는 앞으로 필요할 수 있는 재정 지원의 종류를 파악하기 위해 노력해야 한다.

어떤 면에서는 사람에 대한 이슈가 가장 어렵다. 분석자는 다양한 동심원 집단의 사람들과 대화하면서 실제로 테이블에 앉아 문제 해결을 해나갈 합의 형성 그룹(협의체)의 잠재적인 구성원이 누가 되어야 할지를 늘 염두에 두고 있어야 한다.

그렇다면 어떤 사람을 모아야 할까? 분석자가 생각해야 할 중요한 질문 중 하나는 대표성representation이다. 잠재적 참가자가 얼마나 효과적으로 자신이 속한 계층이나 집단의 이익을 대변할 수 있을지, 반대로 그 잠재적 참가자가 CBA를 얼마나 효과적으로 자신이 대표하는 집단의 '구성원'에게 설명할 수 있을지 먼저 검토해야 한다. 또한 분석자는 잠재적 참가자를 선정할 때 다음과 같은 질문도 해봐야 한다. 이 사람이 우리에게 필요한 실질적인 지식을 가지고 있을까? 이 사람은 합의 형성과정에 대한 열린 생각을 가지고 있을까? 이 사람은 이 일에 참여할 시간이 있고, 헌신적으로 일할 수 있을까? 등의 질문이다.

때로는 이 역할을 수행하기에 충분할 정도로 숙련되거나 헌신적인 사람이 없는 것처럼 보일 때도 있다. 이런 경우 소집자는 그런 사람을 더 열심히 찾아야 한다! 만약 이슈가 중요한 것이라면 거의 항상 필요로 하는 누군가가 있게 마련이다.

반면, 특정 분야에서는 충분히 자격이 있어 보이는 사람이 한 명 이상 있는 경우도 있을 수 있다. 만약 그렇다면 분석자는 어려운 선택을 해야 한다. 한 가지 유용한 접근방식은 분석자가 식별된 집단 또는 계층을 대표할 수 있는 모든 사람의 이름을 나열하고 프로세스의 예상 일정표와 대조하여 해당 목록을 작성하는 것이다. 때로 (휴가 계획, 출장 약속 또는 그 밖의 다른 제한요소 등) 구체적인 상황들을 살펴보면 자격을 갖춘 일부 사람들이 필요한 수준까지 충분히 관여할 수 없다는 것이 명확해질 것이다. 그래도 여전히 특정 분야에서 자격을 갖춘 사람이 공급 과잉이라면, 분석자는 특정 집단에 비공식 회의caucus 개최를 요청한 다음 회의를 통해 자신들의 대리인을 선택할 수 있게 할 수 있다.

이러한 방식으로 소집자는 '1순위 후보'와 대체자로 목록을 구체화해나가야 한다. 이는 각 이해당사자 집단이 사실상 두 명의 공식 대표자, 즉 제1대표자front-line person와 대체자를 갖게 된다는 것을 의미한다. 만약 제1대표자가 회의에 불참하는 경우 사전에 합의된 기본 규칙에 따라 대체자가 대신 참가하게 된다.

협의체 구성원이 확정되면 그 다음으로 어떤 기본 규칙이 프로세스를 지배할 것인가에 대해 보다 큰 이슈가 제기된다. 소집자와 분석자가 잠재적 참가자들로부터 헌신을 확보하고자 한다면, 그 사람들이 헌신해야 하는 프로세스를 정확히 설명해야 힌다. (2장에서 제공된 개요는 이 작업에 도움을 줄 수 있다.) 동시에 분석자는 작성된 일련의 기본 규칙을 제안하고 지속적으로 수정한다. 여기에는 협의체가 어디에서 얼마나 자주 만날 것인지, 제안된 일정표와 협의체 구성원들에게 부과된 특정 책임과 같은 것들이 포함된다. 테이블에서 행위를 통제하는 명확한 규칙이 있는가? 각 회의 후에는 누가 의제와 짧은 경과 보고서를 작성하는가? 모든 회의가 직접 대면으로 진행되는가, 아니면 온라인으로도 진행되는가? 제1대표자들과 그들의 대체자들은 어떻게 협력하는가?

이미 프로젝트 작업 계획에서 언급했듯이, 분석자가 테이블에 앉을 팀을 구성하는 동안에도 그는 앞으로 소요될 가능성이 있는 자원에 주목해야 한다. '합의 형성'이라는 용어는 광범위한 활동을 포괄한다. 넓은 의미에서 소집 기능은 소소한 것에서부터 거대한 것까지 매우 다양할 수 있다. 스펙트럼의 한쪽 끝에는 아주 작은 활동들, 말하자면 20통의 전화나 이메일 교환, 몇 번의 후속 대화 등이 있을 수 있다. 이런 종류의 활동은 거의 대부분 자원자들에 의해 처리된다. 사실 기업이나 지방정부, 지역사회 조직에서 매일 일어나는 합의 형성 활동은 자원자들에 의해 수행되는 즉석ad hoc 활동이 대부분이다.

반면 우리는 글로벌 수준에서의 영향분석 준비 작업에 참여한 경험이 있다. 예를 들어, 교토 기후변화 협상에 앞서 우리는 공식 조약에 포함시킬 핵심 아이디어에 대한 합의가 이루어질 수 있는지 알아보기 위해 (정치인, 전문가, 지지자로 구성된) 전 세계 총회 소집을 도와달라는 요청을 받았다. 이 과정은 수백 번의 인터뷰가 필요했다. 이 영향분석은 궁극적으로 '다중 이해당사자 대화multi-stakeholder dialogue'라고 불리는 것으로 이어졌고, 결과적으로 성공적인 글로벌 협약을 이끌어 내는 핵심요소가 되었다.

분석자가 새로운 정보를 찾다 보면, 당면한 이슈가 너무 복잡하고 자원자들만으로 처리하기에는 너무 많은 이해당사자 집단이 개입되어 있음을 알게 되는 경우가 있다. 이 경우 분석자는 소집자나 이해 당사자들에게 전문 조정자 또는 촉진자를 고용하는 것이 좋겠다고 조언할 수 있다. 이는 사전 진단 비용이 발생함을 의미한다. 이렇게 복잡한 경우에는 회의 계획이나 보고서 작성 같은 추가적인 전문서 비스가 필요할 수 있는데, 이 역시 사전 비용으로 처리해야 한다. 그 래도 다행인 것은 이슈가 더 클수록 재정적 지원을 받을 곳이 더 많 아진다는 점이다.

만약 당신의 이슈나 갈등이 중립적인 서비스를 제공하는 전문 가의 서비스를 필요로 한다고 판단한다면, 도움받을 곳은 얼마든 지 있다. (당신의 지역전화번호부를 확인해보라. 갈등해결협회Association for Conflict Resolution, 미국변호사협회 분쟁해결 분과American Bar Association's Section on Dispute Resolution, 분쟁해결을 위한 CPR 연구소 CPR Institute for Dispute Resolution는 모두 좋은 출발점이며, 많은 민간 회 사들도 유사한 서비스를 제공하고 있다.) 또한 그러한 서비스 비용은 프 로젝트 작업 계획에 포함되어야 한다.

위에서 언급했듯이 프로젝트 작업 계획은 시간이 지나고 소집자 가 작업을 진척시키는 동안 점점 더 구체화된다. 최종 형태의 계획 은 중요한 일정milestone의 구체적인 날짜까지 적시된 명확한 일정표 를 포함해야 한다. 여기에는 사전 비용이 포함된 합리적인 세부 예 산과 그 충당 계획도 포함되어야 한다. 또한 당사자들이 특정 사항 을 문서로 작성하지 않기로 약속하지 않는 한, 모든 당사자들이 합 의한 기본 규칙과 기타 절차적 문제를 서면으로 작성해야 한다.

소집 단계에서의 목표는 효과적인 업무 수행이 가능할 만큼 충분히 견고하면서도 창의적인 문제해결을 가능하게 하는 느슨한 구조를 만드는 것이다. 영향분석이 끝났을 시점에는 인터뷰에 응한 모든 사람에게 비교적 짧은 문서(10~15페이지 이하)로 된 검토 보고서가 제시되어야 한다. 분석자는 제시된 자료를 바탕으로 합의 형성 활동의 진행 여부에 대해 소집자에게 매우 구체적인 권고를 할 수 있어야 한다. 만약 대답이 '그렇다'라면 분석자는 초대할 사람들의 상세 목록과 작업 계획, 예산 그리고 작성된 기본 규칙들을 보다 구체적으로 제시할 수 있어야 한다.

블레인 사례에서 소집 및 재소집하기

이제 블레인 사례에서 소집이 어떻게 전개되는지 살펴보자. 이를 통해 소집이 진행되는 방식에 대해 알아본다.

앞서 소개한 시나리오에서, 마이크(블레인 시장)가 그의 친구이자 후원자인 빌(지역 대기업의 CEO)에게 마을의 200주년 기념행사를 조직해달라고 부탁한 것을 기억할 것이다. 소집자의 기준을 되돌아보면(71쪽, 〈소집자 찾아내기〉 참조), 빌은 마이크가 문제해결을 위한 협의체 소집에 도움이 되는 4가지 요건 중 3가지를 가지고 있다. 빌은 지역유지들을 잘 알고 있고, 그에 걸맞은 지위를 가지고 있다(지역 유지들은 거의 틀림없이 빌의 전화에 답할 것이다). 문제는 그가 200주년 기념행사에 대한 접근법에서 결격 사유가 있다는 점이다. (사실 빌의 즉각적인 반응에서도 알 수 있듯이, 그는 200주년 기념행사에 대해 많이 생각해본 적이 없다!) CBA을 위한 4번째 요건, 즉 CBA에 대한 이해가 있어야 한다는 점에서 빌은 자격요건을 충족시키지 못한다.

4개 중 3개의 조건은 나쁘지 않다. 그리고 앞으로도 살펴보겠지만, 빌의 한 가지 단점도 커버할 수 있는 자원이 존재한다는 점도 알게 될 것이다. 첫 번째 대화 후 일주일 지난 시점에서 마이크와 빌의 대화에 주목해보자.

마이크   우리 기념행사는 어떻게 돼 가나요?

빌   글쎄요, 마이크. 제가 예상했던 것보다 더 어렵네요.

마이크   뭐가 문제인가요?

빌   저는 과거의 특별한 행사에서 사람들을 모으는 데 도움을 준 몇 명의 친구들에게 전화를 걸었어요. 그들은 회의에 끝까지 참석하거나, 기꺼이 돈을 보태줄 만큼 의지가 있는 것 같아요. 하지만 당신이 말했던 사람들 중 일부, 즉 역사위원회나 이와 유사한 일에 자원봉사하겠다고 당신에게 편지를 썼던 사람들은 이번 기념행사를 돕는 것에 관심이 없는 것 같아요. 아니면 그들이 나와 함께 일하는 데 관심이 없을 수도 있어요. 그들 중 몇몇은 자원봉사 등록을 하기 전에 여러 종류의 보장을 원하는 것 같아요.

마이크   어떤 것들이요?

빌   음, 역사위원회 그룹의 빈스Vince라는 친구는 나에게 우리 마을의 역사를 '미화sanitize'하지 않겠다는 약속을 하라고 했어요. 그게 도대체 무슨 말이냐고 물었더니, 그는 마을의 역사를 진심으로 축하하려면 노동자와 노동조합 등에 대해 다뤄야 한다고 말했어요. 나는 그에게 파업 노동자striker들을 축하하는 퍼레이드는 본 적이 없다고 말했지요.

마이크   [웃음]. 진짜 자본가처럼 말했네요. 좋아요. 무엇을 말하려는지 이해했어요. 청소년과의 코니와는 연락했나요?

빌   아니요. 사실대로 말하면, 코니에 대해서는 까맣게 잊고 있었어요.

마이크   그럼, 코니에게 전화해보세요. 사람들 말에 의하면 코니가 전에 일했던 지역 대학에서 사람들을 모아서 훌륭하게 일을 처리한 적이 있다고 하더군요. 사실 그것 때문에 우리가 코니를 고용한 거구요. 저는 코니가 당신을 도와줄 수 있을 거라고 확신해요.

다음 날, 빌은 청소년과에 전화를 걸어 코니에게 메시지를 남겼다. 코니는 한 시간이 안 되어 전화를 했고, 지역 커피숍에서 점심을 먹으면서 회의를 하기로 했다. 빌은 코니와 함께 샌드위치를 먹고 커피를 마시면서 블레인 200주년 위원회를 발족시키는 문제에 대해 이야기했다.

빌   그래요, 바로 그겁니다. 저는 시장을 실망시키고 싶지 않지만, 이 기념행사에 대해 기분이 썩 좋지는 않아요.

코니   제가 볼 때 당신은 프로세스의 총책임자 역할을 할 수 있는 적임자라고 생각해요. 마을의 많은 사람들이 당신을 알고 있고 존경하는 걸요. 하지만 당신은 위원회의 의제를 정하거나 모든 사람들의 의견을 들을 수 있는 적임자는 아닐 거예요. 이런 공적인 프로세스public process에서는 모든 사람들의 의견을 들을 필요가 있어요. 저에게 맡겨주세요!

빌 저는 기념행사가 왜 이렇게 복잡해야 하는지 모르겠어요. 그냥 파티일 뿐인데. 우리는 목표와 예산을 갖고 있어요. 우리가 그 일에 뛰어들어서 잘 마무리하면 되는 거잖아요.

코니 하지만 이미 그렇게 작동되지 않는다는 것을 아셨잖아요? 빈스와 같은 일부 사람들은 당신이 보는 것과 같은 방식으로 이 사안을 바라보지 않아요. 그리고 자원자들도 자원봉사 등록을 서두르지 않을 겁니다.

빌 그래서 당신은 어떻게 했으면 좋겠어요?

코니 제 말을 들어보세요. 우선, 제가 이 일에 어느 정도 시간을 투자해야 하는지 마이크에게 확인해볼게요. 당신도 이미 연락했던 사람들에게 다시 전화를 걸어서 제가 이 일을 도와줄 거라고 말하고, 그들에게 30분 정도만 시간을 내달라고 부탁하세요. 그들에게 도와주시면 정말 감사할 거라고 코니가 말했다고 말씀해보세요. 당신이 동의하신다면 저도 그들에게 전화해서 그들의 지혜를 빌려 위원회가 앞으로 어떻게 나아갈지에 대한 로드맵을 만들도록 할게요.

빌 마다할 리가 있나요. 그들 모두에게 다시 전화할게요. 그리고 내 비서를 통해 당신 이메일로 연락처를 남기도록 할게요.

코니 좋습니다. 그럼, 당신부터 시작할까요, 빌? 이 기념행사에 대해 당신이 말한 내용은 비밀로 유지될 것이고, 제가 방금 말한 로드맵에 반영될 거예요.

빌은 코니와 함께 일하기로 합의했다. 그는 코니에게 진행 상황을 정기적으로 업데이트해줄 것과 2주 후에 정리한 것을 요약해달라고 부탁하면서, 기꺼이 코니의 첫 인터뷰 대상자가 돼주었다. (코니는 인터뷰하면서 많은 메모를 했다.) 빌은 사무실로 돌아온 후, 시장이 원래 그에게 알려준 모든 사람들과 다시 연락을 취했고, 코니가 곧 그들에게 전화할 것이라고 말했다. 모든 사람들, 심지어 빈스조차도 코니와 대화할 의사가 있어 보였다.

다음 2주 동안, 빌은 코니로부터 진행 상황을 이메일로 보고받았다. 코니는 빌의 목록에 있던 모든 사람들을 직접 만나거나 전화로 이야기를 나눴다. 또 새로 추가된 몇 명과도 이야기를 나누었는데, 빌이 아는 사람도 있었고 그렇지 않은 사람도 있었다. 몇 명이 빌에게 전화를 걸어 무슨 일을 도우면 되는지 물었다. 빌은 자신과 코니가 새로운 접근법을 시도하고 있으며 그들이 도와준다면 감사할 것이라고 답했다.

2주가 지나고, 빌과 코니는 점심을 먹기 위해 다시 만났다. 코니는 자신이 지난 2주간 이해관계자 '동심원 그룹'별로 어떻게 지혜를 모으고 사람을 소개받으면서 작업을 진행시켜 나갔는지를 설명했다. 코니는 빌에게 '영향분석'이라고 부르는 초안을 보여주면서, 그것이 그녀가 만나거나 연락한 사람들과 함께 공유하며 정리한 것이고 계속 발전시켜 갈 것이라고 덧붙였다. 그 내용은 다음과 같다.

블레인은 6월에 200주년을 기념하는 행사를 개최할 것이다. 마을 회의에서는 200주년 기념행사를 개최하기 위해 5,000달러의 예산과 블레인 200주년 위원회의 설립을 승인했다. 마이크 시장은 축하 행사를 조직하는 임무를 맡았다. 시장은 빌에게 위원회를 조직하고 그 일이 성공적으로 마무리되도록 책임져 달라고 요청했다.

많은 집단들이 기념행사에 관심을 표명했다. 대부분의 이해관계자들은 그들의 마을을 자랑스러워하고 있으며 그 기념행사가 그러한 자부심을 반영하고 있는지 확인하고 싶어 했다. 그러나 이 행사를 잘 치르기 위해 필요한 퍼레이드, 지역 신문 홍보, 불꽃놀이, 카니발, 특별 마을 회의, 케이블 TV쇼 또는 위의 몇 가지가 조합된 세부적인 프로그램에 대해서는 상당한 의견 차이가 존재했다.

또한 기념행사에서 어떻게 마을의 역사를 다뤄야 하는지에 대해서도 상당한 의견 차이가 존재했다. 전통주의자 그룹에서는 역사적인 요소는 전적으로 긍정적으로 표현되어야 하기 때문에 과거의 모습은 긍정적이고 진보적인 모습에 한정해서 다뤄져야 한다고 믿고 있다. 그들은 마을의 역사를 오로지 축하를 위해서만 사용되기를 원한다.

반면, 근대주의자 그룹에서는 마을의 역사를 교육적인 목적으로 사용해야 한다고 믿고 있다. 그들의 견해에 따르면, 블레인은 그동안 역할이 무시돼온 집단(아메리카 원주민, 이민자, 여성 등)이 마을 발전에 기여한 바를 인정해야 한다는 주장이다. 근대주의자 그룹에 속한 많은 사람들은 '미화하지 않은' 접근법이 필요하다고 생각한다.

일부 사람들은 기념행사를 치르기 위해 기꺼이 기부를 약속했지만, 행사의 메시지가 '적절'해야 한다는 조건을 내걸었다. (위의 설명에서 보았듯이, 사람들은 각기 다른 방식으로 행사를 정의하고 있다.) 5,000달러의 예산만으로는 기념행사 비용을 충당할 수 없기 때문에 추가적인 민간 모금 활동이 필요하며, 이를 위해 이 조건을 충족하는 것이 매우 중요해졌다. 몇몇 사람들은 블레인의 이미지에 나쁜 영향을 줄 수 있기 때문에 '싸구려' 행사를 대충 치르느니 아무것도 안 하는 편이 낫다고 주장하기도 한다. 반대로 스펙트럼의 다른 쪽 끝에서는 재정적인 제약이 있는 상황에서 200주년 기념행사에 너무 많은 세금을 지출해서는 안 된다고 생각하는 사람들도 있다.

기념행사와 관련한 다른 우려들도 있다. 기념행사가 열릴 후보 장소(기념행사장, 고등학교 축구 경기장, 퍼레이드 경로, 그 외 행사장 등)에 인접한 지역의 주민들은 소음과 쓰레기, 교통 문제를 일으키지 않아야 한다는 점을 강조했다. 마을의 치안공무원들은 불꽃놀이에 대해 염려하고 있다고 기록되어 있다. 교육청은 원칙적으로 200주년 기념행사를 지지하지만, 블레인의 학교 아이들을 가르치는 일 이외의 다른 활동에 자원을 사용하는 것에는 동의할 수 없다고 시장에게 통보했다.

코니는 빌에게 영향분석 초안의 사본을 건네주었다. 이는 자신이 알아낸 것을 요약한 이른바 '이해당사자 관심 지도'로서 구체적인 예시는 105쪽의 표와 같다.

빌은 코니의 진단을 읽고 그녀가 정리한 표를 관심 있게 훑어보았다. 그런 다음 다시 테이블 위에 내려놓았다. 빌은 비록 희미하게 미소를 띠고 있지만, 두통이 오는 것처럼 눈 주위가 아팠다.

이해당사자 관심 지도

핵심 이해당사자	핵심 이슈				
	축제성 행사	교훈적 행사	블레인 홍보	비용 최소화	안전
전통주의자	√√√√√	√	√	√	√
근대주의자	√√	√√√√√			
지역 상인	√√√√	√	√√√√	√√√	√
지역 주민/납세자 (간접 참여자)	√√√	√√√	√√√	√√√√	√√√√
선출직 공무원	√√√√	√√	√√√√√	√√√	√√√
교육청	√	√√√√√	√	√√√	√
치안 공무원	√	√	√	√	√√√√√

빌　흥미롭네요, 코니. 하지만 이 표로부터 제가 확인할 수 있는 것은 현재 행사 준비 상황이 아무것도 합의되지 않은 빌어먹을 난장판이라는 것이네요. 그 근대주의자와 전통주의자들 때문에요!

코니　[웃음] 좋아요. 아마도 표에 있는 복잡한 체크 표시들만 보면 난장판처럼 보일 수도 있어요, 빌. 하지만 제가 느끼기에는 여기서 당신이 해야 할 일이 꽤 많은 것 같아요. 사람들은 많은 것들에 내해 합의하지 않았지만, 그래도 대부분 기념행사가 성공하기를 희망하고 있어요. 당신이 해야 할 일은 이러한 사람들과 집단들을 하나로 모아서 그 에너지를 사용할 수 있는 방법을 찾는 것이에요. 동시에 유별난 반대 그룹들을 계속 집중해야 해요. 당신이 늘 해오던 익숙한 방식 대신에 제가 소개한 새로운 방식으로 일을 진행시킬 의지가 있다면 저는 당신을 도울 수 있을 거예요.

빌   솔직하게 말할게요. 6월이 되려면 얼마 남지 않았어요. 당신이
     제안한 방식대로 일을 진행한다면, 이 기념행사를 계획하는 데
     200년이 더 걸릴지도 모르겠다는 생각이 드네요. 하지만 마이
     크 시장이 당신을 많이 신뢰하고 있고, 또 솔직히 말해서 제 방
     식대로 진행한다 하더라도 멀리 가지 못할 것 같다는 생각이
     들어요. 그래서 저는 당신과 함께 새로운 방식으로 프로세스를
     진행시킬 용의가 있습니다. 하지만 당신이 궤도를 벗어나고 있
     다고 생각하면 저는 언제라도 주의를 줄 거예요.

코니   당연하지요.

추진할 것인가? 아니면 추진하지 않을 것인가?

이제 소집 단계의 마지막 국면, 즉 합의 형성 접근법으로 추진할
지 말지를 결정해야 한다. 그 결정은 소집자가 다음 4가지 질문에 대
해 '그렇다Yes'라고 말할 수 있어야 내릴 수 있다.

• 우리는 이해관계자들을 참여시킬 수 있을까?
• 우리는 이 프로젝트를 위해 필요한 자원을 충분히 가지고 있는가?
• 시간은 충분한가?
• 우리는 잠정적인 기본 규칙에 대해 합의했는가?

이 사례에서는 빌과 코니가 가장 많이 등장한다. 그리고 가장 중요한 점은 빌을 비롯한 핵심 인물들이 합의 형성 과정에 개방적인 태도를 보인다는 것이다. (물론 빌은 여전히 결과를 보고 판단할 것이다.) 코니는 주요 이해당사자 집단을 파악했으며, 각 집단을 대표할 자격이 있고 헌신적인 사람들(제1대표자와 대체자)을 얻을 수 있다고 확신하고 있다. 기념행사 그 자체를 위해 돈을 지불하는 것과 관련해서는 여전히 해결해야 할 과제가 남아 있지만, 코니는 합의 형성 과정을 위한 자원을 모으는 문제는 크게 걱정하고 있지 않다.

시기 이슈도 매우 중요하다. 연장될 수 없는 6월 마감 시한을 불과 몇 달 남겨둔 상황에서, 블레인 200주년 위원회는 머지않아 합의를 도출해야 한다. (코니가 이전에 경험한 지역 대학에서의 합의 형성 경험은 일정에 대한 압박이 없었다.) 마지막으로, 코니는 빌과 다른 이해관계자들로부터 들은 것에 근거해서 프로젝트 작업 계획과 일련의 기본 규칙을 마련해야 하고, 그들로부터 그 두 가지에 대한 동의를 얻어내야 한다.

다음 장에서 우리는 이른바 '촉진자 리더십'의 실제 모습에 초점을 맞출 것이다. 협의체가 합의에 이르기 위해서는 누군가가 촉진자 또는 조정자 역할을 수행해야 할 뿐 이니라 그 외의 다른 중요한 역할들도 수행해야 한다. 따라서 합의 형성을 위한 협의체의 첫 번째 공동 작업은 역할과 책임을 적절하게 배분하는 것이 될 것이다.

4장

/

새로운 리더십과
과제의 배분

앞 장에서 우리는 로버트 규칙 하에서의 집단 동학group dynamics
에 대해 설명하였다. 즉, 로버트 규칙은 합의 형성과는 거리가 먼 의
회에 적합한 프로세스에 불과하다는 점이다.

더 나아가 CBA를 로버트 규칙과 구별 짓는 또 다른 방법은 참가
자들을 살펴보는 것이다. 참가자들이 어떤 역할을 하는지, 각자의
책임은 무엇인지, 가장 중요하게 생각해야 할 리더십이 어디에서 나

오고 어떻게 실현되는지를 살펴보아야 한다.

로버트 규칙을 따르는 표준 회의 절차에서는 사실상 단 4가지 유형의 행위자만을 상정한다. 일반 대중, 심의기구(집합적으로 한 명의 행위자로 고려), 진행자(또는 의장) 그리고 일부 경우에 해당하는 의사법 전문가가 그들이다.

이들의 역할과 책임을 간략하게 살펴보면 다음과 같다. 일반 대중은 어떤 결정에서 최소 한 발짝 이상 떨어져 있는 존재이다. 일반 대중은 마을 회의와 같은 심의기관의 결정에 순응하거나 불응하는 식으로 단순히 반응할 뿐이다. 예를 들어, 만약 대중이 하나 또는 그 이상의 이슈에 대해 대단히 화가 났다면 그들은 투표를 통해 심의기구의 구성원을 변경할 수 있다. 심의기구는 로버트 규칙에 명시된 엄격한 대본에 따라 제안하고 처리하는 역할을 담당한다. 진행자는 영화감독이 제작진을 총괄하는 것처럼 그 대본을 집행하는 역할이며, 과제를 나누어주고 속도를 조절하면서 언제 진행해야 하는지도 결정한다. 의사법 전문가는 (때로는 조정자 같기도 하지만 항상 그런 것은 아니다) 조직 내에서 규칙 전문가 역할을 하는데, 이 행동은 규칙 안에서는 허용되지만 저 행동은 그렇지 않다고 마치 축구경기의 심판처럼 개입하는 일을 담당한다.

이러한 역할들 대부분은 수동적이다. 유권자들은 가끔씩 투표에만 참여한다. (또한 많은 이들은 전혀 투표에 참여하지 않는다.) 심의기구 구성원들은 그들에게 주어진 과제를 해야 하지만, 또 많은 이들은 그렇게 하지 못한다. 심의기구의 일부 구성원이 발의안을 제시하고 그것을 발표하고 옹호하면, 다른 일부 구성원들은 그것에 대한 반대 의견을 표시할 수 있다. 의사법 전문가들은 어느 쪽이든 증거를 요구할 것이다. 그러나 심의기구 구성원 대다수는 단순히 무슨 일이 일어났는지 듣고 반응하기만 한다. 게다가 그들의 옵션은 로버트 규칙에 의해 엄격하게 제한된다.

의사법 전문가는 기본적으로 요청이 있을 때만 말을 할 수 있다. 그는 절차상 문제에 대한 의견을 물어봤을 때 '호루라기를 부는 것'과 같은 행동을 취한다. 야구에서 포수가 주심에게 타자가 스윙을 했다고 항의할 때 1루 또는 3루 심판의 역할을 생각해보자. 1루 또는 3루 심판은 요청이 있을 때만 타자의 스윙 여부를 판단한다. 이와 마찬가지로 의사법 전문가가 토론에 적극적으로 개입하는 일은 거의 없다.

이제 가장 활동적인 행위자인 진행자만 남았다. 진행자는 실제로 자신의 스타일에 따라 회의의 속도나 어조, 심지어 의제까지도 어느 정도 통제할 수 있다. 비록 회의의 전 프로세스에는 수십 명 또는 수백 명의 참가자들이 참여할 수 있지만, 실제로 무언가를 주도하거나 아이디어를 내거나 해결책에 기여하는 것은 소수의 참가자들이다. 사실 활동적인 참가자나 수동적인 참가자 모두 비교적 적은 선택권만 가지고 있다. 비록 그들이 원한다 하더라도 책임을 질 수 없다. 그들은 로버트 규칙에 의해 지배되기 때문이다.

더 많은 행위자를 게임에 참여시키기

CBA는 더 많은 사람들이 적극적인 문제해결 역할을 맡기를 요구한다. 그들에게 무슨 일이 일어나고 있는지 알게 하고, 그 문제에 대한 해결책을 찾는 일에 관여할 수 있게 부추긴다. 그들은 매우 유연한 방식으로 그런 일들을 수행한다. 종종 과제(및 그 일에 책임이 있는 그룹)가 중복되기도 한다. 동일한 개인이 합의 형성 과정에서 서로 다른 지점에서 서로 다른 역할을 수행할 수도 있다. CBA에서 최고의 목표는 테이블에서 최상의 아이디어를 얻고 가능한 한 가장 창의적인 방법으로 그 아이디어들을 결합하는 것이다. 프로세스는 이러한 총체적인 목표에 맞게 조정된다.

더 많은 사람들을 참여시키는 것은 좋은 아이디어를 발굴하고 공감대를 형성시킬 가능성을 증가시킨다. 또한 작업의 부하를 더 넓게 분산시키는 효과도 있다. 여기서 중요한 것은 문제해결에 적극적이고 효과적으로 참여하는 것이 일반적으로 로버트 규칙을 단순히 따르는 것보다 더 많은 노력을 필요로 한다는 사실이다.

CBA에서의 참여자들은 누구일까? 다음은 그 예시 목록이다. 상황에 따라 이러한 행위자 또는 범주 중 일부가 생략되거나 다른 행위자가 포함될 수도 있다.

- 수집자(또는 주문자)
- 분석자
- 이해당사자(또는 집단의 구성원)
- 협의체(또는 합의 형성 그룹, 이해당사자 대표)
- 집행위원회(또는 운영위원회)
- 의장

- 프로세스 관리자(또는 촉진자)
- 서기(기록자)
- 소위원회(또는 하위 그룹)
- 전문가 자문위원

합의 형성 과정에서 맡을 것으로 예상되는 책임에 중점을 두면서 각각의 역할을 살펴보자. 전형적인 합의 형성 프로세스 진행 중에 나타날 수 있는 대략적인 순서대로 행위자들을 제시하였다.

소집자와 분석자

3장에서 이미 소집자의 역할에 대해 상세히 설명하였으므로 여기서는 그 역할만 요약할 것이다. 소집자는 대화를 주도하고, 해결 가능성을 평가하며(때로는 자체적으로, 때로는 숙련된 분석자의 조언을 받아서), 필수 참가자를 식별하고, 최초의 공식회의 일정을 잡기 전에 몇 가지 중요한 내부 일을 처리한다.

이해당사자 또는 집단의 구성원

논리적으로 이해당사자 또는 집단의 구성원이 행위자 목록에 먼저 표시되어야 하는 경우도 있다. 적어도 그들 중 일부는 소집자가 나타나기 훨씬 이전부터 현장에 있었다고 볼 수 있다. 반면에 3장에서 설명한 것처럼 소집자와 분석자는 때로 아직 자신을 대변할 수 없는 (미래 세대와 같은) 집단을 식별해서 그들을 포함시키는 중요한 역할도 해야 한다.

각 이해당사자 집단(또는 이해당사자 범주)이 개인별로 구성되어 있고, 이해당사자의 수가 매우 적은 분쟁을 상상할 수 있다. 이러한 경우에는 이해당사자와 협의체(합의 형성 그룹) 간에 완전한 일대일 중첩이 있을 수 있다. 다음에 다시 설명되겠지만, 이 경우 별도의 집행위원회가 필요하지는 않다. 그러나 대부분의 주요 공공 분쟁은 그렇게 단순하지 않다. 대부분의 경우 많은 수의 집단을 포함하며, 각 집단은 몇 명 이상의 사람들을 포함하고 있다. 일부 집단에는 (다른 집단과의 '균형' 문제가 발생하더라도) 테이블에 둘 이상의 대표가 필요할 수도 있다. 예를 들어 이해관계자 집단이 5개 있고 각 집단 내부의 이해관계 스펙트럼을 잘 반영하기 위해 4명의 대표가 요구된다면, 그 결과 테이블에는 총 20명의 대표자가 있어야 한다.

일반적으로 모든 이해당사자와 집단의 구성원들은 합의 형성 절차를 준수하고, 합의 형성 활동에 대해 가능한 한 많은 것을 배우도록 권장된다. 원칙적으로 그들은 테이블에서 직접적으로 자신의 의견을 말하도록 권장하지 않는다. 그 대신 공식 또는 비공식 대표를 통해 의견을 전달하도록 권장된다.

우리가 '대표represent'라는 단어를 사용할 때, 반드시 '선출된 사람elected by'을 의미하는 것은 아니다. 그러나 누군가가 "나는 X집단을 대표한다"고 말할 때 그 진술이 유효하기 위해서는 일반적으로 투표를 거치는 것이 나을 수 있다. (이는 소집자가 확실히 확인해야 하는 사항이다.) 그러나 우리가 '말하는 스타일'로 요약하는 또 다른 유효한 대표 유형이 있다. 약간 이상하게 들릴지 모르지만, 사실 꽤 흔한 것이다. 민간 부문의 사례를 인용하자면 다기능 태스크포스가 소집될 때 해당 기능 영역의 책임자들은 자신의 영역에서 좋은 '감'을 가진 사람을 선택하는 경향이 있다. 제조업 위계상 장기근속자보다 높은 직급을 가진 사람들이 많이 있다 하더라도, 모든 사람들이 장기근속자가 실상을 잘 파악하고 있으며, 제조업 분야의 견해를 매우 잘 대변한다는 것을 알고 있다. 장기근속자는 제조업 동료들과 같은 '스타일로 말'한다. 동료들은 자신들을 위해 장기근속자가 테이블에 등판했다는 사실을 안다면 매우 안심이 될 것이다.

훌륭한 소집자는 장기근속자와 같은 사람을 찾는 방법과 선출된 대표들과 장기근속자와 유사한 부류의 대표들을 조합하는 방법을 잘 알고 있어야 한다.

협의체(또는 합의 형성 그룹)

협의체는 당면한 과제를 해결하기 위해 실제로 테이블에 앉는 그룹이다. 협의체는 소집자가 테이블에 초대했던 대표자 또는 특정 집단의 구성원들이 소집자의 격려와 도움으로 선택한 대표자로 구성된다.

프로세스에 있는 다른 모든 사람들은 협의체를 중심으로 활동하며, 그들의 모든 활동은 협의체가 성공하도록 돕는 것을 목표로 한다. 일단 협의체가 소집자에 의해 소집이 되면 그들은 기본 규칙, 일정 및 예산 승인, 분석자가 이미 작성한 작업 계획 초안을 확정하는 것을 포함한 실질적인 사안들을 결정한다. 그렇다고 해도 소집자는 협의체가 처음 소집될 때 일어날 수 있는 모든 일들을 예상할 수 없다. 예상치 못한 일들이 일어날 수 있기 때문에 협의체가 일을 시작하면서 새로운 규칙들이 필요할 것이다.

우리가 협의체의 중심성을 강조한다는 사실에 주목하라. 로버트 규칙의 지지자들도 의심할 여지 없이 심의기구를 행동의 중심에 둔다. 그러나 그들은 사람들을 프로세스에 종속시킨다. 반면 CBA에서는 협의체(합의 형성 그룹) 그 자체를 프로세스의 최상위에 위치시킨다.

집행위원회(또는 운영위원회)

'집행위원회'는 민간 부문의 중역 회의실을 떠올리게 한다는 점에서 다소 공식적인 용어로 느껴질 수 있다. 이에 대한 좋은 대안은 소위 임원급 결정을 내리는 그룹이 아니라 더 큰 그룹을 운영하는 데 도움이 되는 소그룹이라는 측면에서 '운영위원회'가 적절하다고 본다.

일부 협의체들은 집행위원회를 필요로 하지만, 다른 협의체들은 그렇지 않다. 일반적으로 협의체가 클수록 사전에 함께 모여서 프로세스를 '조율'할 수 있는 사람들이 필요할 가능성이 더 높다. 만약 그렇다면 전체 협의체에 의해 선택된 소수의 개인들로 구성해야 하는데, 그들이 해당 문제를 해결하려면 각각의 이해관계를 해결할 수 있는 핵심 이해당사자 집단(혹은 집단의 구성원)들을 대표해야 한다.

의장

때때로 사람들은 합의 형성이라는 문구를 들을 때, '아무도 책임지지 않는다'는 말도 함께 듣는다. 이는 전혀 사실이 아니다. 우리가

'의장'이라고 부르는 사람을 포함하여, 합의 형성 과정에는 많은 리더들이 존재한다. 우리는 '의장'이라는 용어를 각 회의를 공식적으로 주재하는 사람을 지칭하는 것으로 사용한다. 의장은 이해당사자들이 충실하게 업무에 협력하도록 도움을 주고, 경우에 따라서는 협의체의 외부 대변인 역할도 맡기도 한다.

보통 의장은 처음 단계에서 프로세스를 개시한 사람, 즉 소집자에 의해 초빙하는 경우가 많다. 의장은 과업을 완수할 수 있는 충분한 능력은 물론 소집자와 신뢰 관계가 있는 사람이 맡는 것이 보통이다. 어떤 경우 의장과 소집자는 같은 사람일 수도 있다. (물론 이 두 가지 상황 모두에서 의장이 된 사람은 널리 존경을 받거나 당파적으로 보이지 않는 것이 큰 도움이 된다.) 또한 협의체가 먼저 만들어졌을 때는 두 가지 상황 중 하나를 선택할 때까지 의장이 없는 경우도 있다.

궁극적으로 합의 형성 프로세스는 (집행위원도 겸하는) 의장을 요구한다. 그러나 우리는 다시 한번 의장이 답을 제시하지 않는다는 점을 강조하고자 한다. 테이블의 특정 절차를 제외하고, 의장은 프로세스를 관리하지 않는다. 그 대신 의장은 협의체의 안과 밖에서 프로세스의 목소리와 양심을 대변한다. 의장은 모든 가능성들을 열어둘 뿐만 아니라 프로세스에 대한 지원을 구축하기 위해 신중하게 말을 해야 한다. 이와 같은 것들은 쉽지 않은 중요한 기법들이며, 잘 습득한다면 합의 형성을 훨씬 더 쉽게 할 수 있도록 도움을 줄 수 있다.

프로세스 관리자(또는 촉진자)

프로세스의 초기 단계에서, 협의체는 대화를 관리할 사람을 특정해야 한다. 이는 의장의 역할과는 확연히 다른 역할이다.

때때로 '촉진자' 또는 '조정자'로 불리는 프로세스 관리자는 참가자들의 집중을 유지하고 합의 형성 과정이 제대로 진행되도록 책임지는 것이 주된 임무다. 다음에 프로세스 관리자에 대해 설명할 것이기 때문에, 여기서 자세한 설명을 하지는 않을 것이다.

특히 우리는 촉진자와 조정자 사이의 차이를 선명하게 구분 짓지 않을 것이다. (간단히 말하면, 촉진자는 주로 테이블을 중심으로 회의 참여자들과 면대면 회의를 진행한다. 조정자는 촉진자의 이러한 역할도 하면서 회의에 참가하는 다양한 이해당사자 집단들 사이를 오가며 테이블에서 떨어져 있는 당사자들도 다룬다.) 편의상 서로 교환할 수 있는 용어처럼 사용할 것이다.

누가 촉진자 역할을 할 수 있을까? 답은 실제 토론의 범위와 강도에 달려 있다. 만약 이미 심각한 갈등을 겪고 있는 많은 당사자들을 포함하고 있는 상황이거나 문제를 해결하기 위해 여러 번의 회의가 필요하다고 판단되면 협의체는 전문 촉진자 채용을 진지하게 고민해야 한다. 촉진자는 다른 컨설턴트와 마찬가지로 (인터뷰, 경력, 수수료 등을 토대로) 고용된다. 이때 어떤 그룹도 선택에서 압박이 있었다고 느끼지 않도록 해야 한다.

비교적 짧게 끝날 논쟁에서는 소집자나 의장이 촉진자 역할을 할 수 있다. 민간 부문에서는 이와 같은 상황이 일상적으로 발생한다. 누군가는 부서나 기능들을 아우르는 일을 해야 하고, 이를 위해 회합을 소집하고 문제를 진술하고 공유된 결론이 도출될 때까지 토론을 관리한다.

어느 경우든 협의체는 촉진자의 책임을 서면으로 명확하게 정의한 다음, 협의체의 모든 구성원들이 수용할 수 있는 사람을 선택해야 한다. (활동이 보다 광범위할 경우 집행위원회가 이 두 가지 일을 모두 처리할 수 있다.) 직무기술서를 자세하게 작성하는 것이 특히 중요하다. 그래야 이후에 혼란이 없다.

촉진자의 직무기술서 샘플은 다음과 같다.

요구사항: 전문 촉진자 또는 촉진 팀은 협의체를 지원한다. 과업으로는 회의 의제와 배경 자료 준비, 회의 중 메모 작성, 소위원회 의견 조정, 회의 요약 준비, 모든 그룹 심의의 전반적인 관리 등이 포함된다. 반드시 관련된 훈련과 경험이 있어야 한다. 좋은 유머 감각은 덤이다!

서기

협의체는 누가 기록을 담당할 것인지, 다시 말해 이해당사자 대표자들이 모일 때마다 서면 개요를 작성할 서기를 결정해야 한다.

협의체에 의해 합의된 기본 규칙에 따라 기록 업무는 몇 가지 고유 기능으로 구성될 수 있다. 대부분의 회의에서 협의체 구성원들에 의해 생성된 아이디어가 실시간으로 플립 차트flip chart에 기록됨으로써 토론에 집중하는 데 도움을 줄 수 있다. 아마도 당신은 누군가가 큰 종이에 가장 흥미로운 아이디어를 적은 다음 벽에 붙이는 상황을 본 적이 있을 것이다. 우리가 말하는 것이 바로 이것이다.

또한 당신은 서기가 마치 재주 많은 만화가나 예술가처럼 여러 가지 색의 마커와 귀여운 삽화 그리고 많은 화살표와 3차원 감탄사를 사용하여 토론 내용을 '포착capture'하는 상황을 경험했을 수도 있다. 우리의 경험에 의하면 이런 서기들은 비록 재능은 있지만 다소 산만할 수 있다. 협의체 구성원들은 자신과 자신의 아이디어가 어떻게 묘사되고 있는지 확인하기 위해 곁눈질하며 지켜볼 것이기 때문이다. 단순히 기록하는 것이 아닌, 편집하는 것처럼 비춰질 수 있기 때문이다.

서기가 토론을 주도하기 시작하면 무언가 잘못되고 있음을 의미한다. 목표는 가능한 한 가장 융통성이 많은 언어로 분명하고 단순하게 핵심 개념을 묘사해 벽에 붙이고, 이미 제안된 아이디어들을 바탕으로 토론이 진전될 수 있도록 하는 것이다. 사람들은 이미 발언한 내용이 큰 글자로 벽에 붙어 있으면, 스스로 반복해서 말하거나 다른 사람의 의견을 다시 말하는 경향이 줄어든다. 서기는 참가자들의 솔직한 논평을 듣고, 이러한 논평의 원래 버전을 명확히 드러냄으로써 요점을 만들어 간다.

장비가 방해가 되어서도 안 된다. 큰 협의체의 경우 모든 구성원이 새롭게 생성되고 있는 회의 결과를 쉽게 볼 수 있도록 컴퓨터로 메모를 작성해 곧바로 프로젝터로 보여주는 방식이 유용할 수 있다. 경험에 의하면 최고의 서기는 눈에 띄지 않아야 한다는 것이 일반적인 법칙이다.

누가 서기 역할을 할 수 있을까? 서기는 전문적인 촉진자 팀의 유급 멤버일 수도 있고, 집행위원회의 자원봉사자일 수도 있다. 모든 경우에 서기의 핵심 기술은 대화를 따라가면서 진행되고 있는 대화의 내용을 간단한 단어나 문구로 전환하는 능력이다. (읽기 쉽게 필기하는 능력도 직무의 일부분이다.)

주목해야 할 것은 서기는 혼자 행동하지 않는다는 점이다. 협의체 구성원은 구성원의 견해를 정확하게 반영하고 있는지 확인하기 위해 기록물을 주기적으로 검토해야 한다.

실시간 문서화 외에도 서기는 각 회의 후에 간단한 개요서를 작성하는 책임을 진다. 일반적으로 이러한 요약에는 특정 입장을 개인에게 귀속시키지 않고, 주요 합의 사항과 미합의 사항만 적시한다. (사람들이 '회의록'만 보고 구성원들에 대한 선입견을 가질 수 있기 때문에 그러한 요약이 항상 가장 어렵다.)

자원봉사자가 서기 역할을 하는 소규모 협의체는 다음 두 가지 이슈에 주목해야 한다. 하나는 서기가 녹초가 되어 힘들어 하고 있는지 살피는 것이고, 다른 하나는 서기의 임무를 정치적 이유 혹은 다른 이유로 순환시킬 필요가 있는지 점검하는 것이다. 다시 말해 만약 기록 기능이 문제가 되기 시작했다면 무언가를 바꿔야 한다.

소위원회

소위원회(또는 하위 그룹, 태스크포스, 그밖에 당신의 협의체가 소집하기로 선택한 그룹)는 몇 가지 역할을 할 수 있다. 가장 중요하게는 아이디어 제안 또는 사실을 확인하는 역할을 할 수 있다. 새로운 제안의 출처, 가능한 해결책, 충돌하는 데이터의 주의 깊은 요약과 같은 것들이다. 이는 대규모 합의 형성 활동에서 특히 중요하다. 다양한 이해당사자 집단의 여러 대표를 하위 그룹으로 보내 그들에게 특정 관심사를 밀도 있게 검토하도록 할 수 있기 때문이다. 이 토론의 결과물은 전체 협의체에서 발표하기 위해 촉진자 또는 집행위원회에 의해 병합되고 정제될 수 있다.

큰 협의체의 맥락에서 가장 자주 볼 수 있는 소위원회의 두 번째 역할은 역할을 쪼개어 보다 전문적인 작업을 수행할 수 있다는 점이다. 예를 들어 대규모 합의 형성 활동에서 모든 구성원이 예산을 관리하는 책임을 갖는 것은 이치에 맞지 않다. 협의체는 효율성을 위해 주요 이해당사자 범주의 구성원이 참여하는 예산 소위원회를 설립할 수 있다. 또는 집행위원회나 운영위원회에 이러한 책임을 부과할 수도 있다.

전문가 자문위원

우리는 로버트 규칙과 합의 형성 접근법 사이의 주요 차이점을 간접적으로 완화시켜주는 한 무리의 사람들을 남겨두었다. 로버트 규칙의 세계에서는 이 사람들을 '감정인expert witnesses'이라 부르며, CBA에서는 이들을 '전문가 자문위원expert advisors'이라고 부른다.

감정인들은 종종 기술적 강점 또는 결함으로 인식되는 사항에 근거하여 제안된 법률이나 규정에 찬성하거나 반대하는 증언을 하도록 요청받는다. 그러나 그들이 테이블에서 일어나자마자 다른 측에 고용된 또 다른 감정인이 자리에 앉아 방금 말한 것과 정반대의 말을 하기도 한다(혹은 그렇게 말하는 것처럼 보인다). 이러한 상황은 때로 '결투하는 과학자들dueling scientists'이라는 문구로 요약된다. 결국에는 비전문가들이 손을 들어 "글쎄, 이 이슈의 기술적 강점을 파악할 수 없으니 결정하기 위한 다른 방법을 찾아봅시다" 하고 말하는 것으로 끝이 난다. 만약 해당 이슈의 핵심이 기술적인 고려사항이라면 결과는 재앙으로 이어질 수 있다.

반면, 전문가 자문위원들은 자신들의 전문지식을 협의체 구성원 모두가 동등한 접근 권한을 갖는 테이블에 펼쳐놓는다. 이 이야기의 핵심은 공유된 정보의 기준선을 확립하고 거기서부터 출발해야 한다는 것으로 요약된다. CBA에서는 비록 사실을 다르게 해석하더라도 기본 사실에 대한 논쟁을 넘어서기 위해 노력해야 한다. 즉 먼저 일련의 질문들에 합의하고 자문위원을 함께 선택한 다음 해당 자문위원이 제공하는 정보를 듣고 사실과 이해당사자의 관심사를 모두 수용하는 솔루션을 만들어내는 것이다.

블레인으로 돌아가기

다시 상상의 도시 블레인으로 되돌아 가보자. 빌은 코니가 막 시작된 합의 형성 활동을 다음 단계로 전환하는 데 필요한 작업을 하도록 승인했다. 이는 코니가 이미 확인한 4명의 핵심 참가자들을 테이블에 데려오는 것을 포함한다. (물론 빌은 5번째 핵심 참가자다.) 코니의 격려로 빌은 코니가 작성한 개요서 사본을 각 참가자들에게 보냈다. (이 시점에서 코니와 빌은 사람들이 공유 지점보다는 의견 충돌에 초점을 맞출 수도 있다고 우려해 코니가 작성한 표는 공유하지 않기로 결정했다.)

빈은 동봉된 편지에서 그들이 보는 코니의 분석 초안은 말 그대로 초안에 불과하며, 더 많은 토론을 위한 효과적인 출발점이 되기를 바란다는 점을 강조했다. 빌은 다음 주 화요일 저녁, 시청 지하 회의실에서 이 네 사람을 회의에 초대했다.

놀랍게도 4명 모두 빌의 편지를 받자마자 빌의 사무실로 전화를 걸어 그의 제의를 수락한다고 알렸다. 심지어 그들 중 2명은 빌에게 일이 잘 진행된 것을 축하한다고도 했다.

우리는 이미 3장에서 이 사람들을 만난 적이 있다. 그들은 다음과 같다. ('보스'가 되기를 좋아하는 빌과 합의 형성자로서 자신을 보는 코니처럼 그들에게도 각자의 역할과 스타일에 부합하는 이름을 지어주었다.)

- **빈스**는 투표를 신뢰한다. 그는 51%를 미국적인 방식으로 보고 있으며, 투표가 끝없는 토론을 중단시킬 수 있고 강한 리더의 독주를 제한하는 좋은 방법이라고 본다.
- **샐리**Sally는 단순한 것을 좋아한다. 프로세스가 그녀의 취향에 맞지 않고 너무 복잡해지기 시작하면 사람들에게 자신이 정치의 황금률이라고 생각하는 것, 즉 'KISSKeep it simple, stupid.(단순하게 해, 멍청이들아)'를 강력하게 상기시킨다.
- **랠프**Ralph는 더 많은 연구를 선호한다. 그는 주위 사람들에게 보이는 것만큼 간단한 것은 없다는 점을 끊임없이 상기시킨다. 섣불리 판단하면 잘못된 판단으로 빠질 위험이 높다고 경고한다.
- **몰리**Molly는 도덕주의자다. 그녀는 도덕적 공백 상태에서 어떤 중요한 결정도 내려서는 안 되며, 세상의 모든 일들이 반드시 도덕적으

로 옹호될 수 있는 결과로 귀결되지 않는다고 생각한다.

다음 그림은 블레인 사례에 등장한 인물들을 나타내며, 이는 누가 어떤 성격을 가지고 있는지 파악하는 데 유용할 것이다.

블레인 200주년 위원회 위원의 역할 및 특성

약속한 회의 시간인 화요일 저녁 7시, 모든 사람들이 윙윙거리는 형광등 아래 큰 회의 테이블 주위에 앉아 있었다. 빌은 이 자원자들이 모두 제 시간에 등장해서 일할 준비가 되어 있다는 사실에 기분 좋게 놀랐다. 그는 개회를 선언했다.

빌   모두 참석했으니, 시작해야 할 것 같네요. 오늘 밤 와줘서 고맙고, 또 이 프로세스를 도와주기로 동의해주셔서 감사합니다. 자기소개부터 시작합시다. 제가 먼저 할게요. 저는 여러분 모두가 들어본 적이 있는 블레인 제조회사를 운영하고 있습니다. 코니의 문서에 설명되어 있듯이 마이크 시장이 저에게 200주년 기념행사를 도와달라고 요청해서 이 자리에 있게 됐습니다. 마이크는 또한 제게 파트타임으로 코니를 파견해주었어요. 여러분이 이미 보았듯이 코니는 우리가 앞으로 어떻게 해나가야 할지에 대한 몇 가지 흥미로운 아이디어를 갖고 있어요. 코니, 이 자리에서 그 이야기를 해주시겠어요?

코니   예. 먼저, 저는 지역 대학에서 일했었고, 지금은 시청 청소년과에서 프로그램을 운영하며 학교와 공원 부서와의 연락 담당자 역할을 하고 있어요.

제가 대학에 있는 동안, 저는 어려운 내부 거버넌스 문제를 해결하기 위해 노력했어요. 그러는 동안 저는 '합의 형성 접근법' 또는 간단히 CBA라고 불리는 프로세스에 익숙해졌어요. 그것이 마이크가 저에게 현재의 일을 제안한 이유라고 생각해요. 그는 문제를 해결하는 것을 좋아하는 누군가를 주변에 두는 것이 좋겠다고 생각했다더군요. 그래서 빌이 저에게 참여를 요청했을 때 마이크는 흔쾌히 승낙했고, 저 역시도 기꺼이 참여하게 되었습니다. 그 이후로 저는 여러분 모두를 포함한 많은 사람들과 이야기를 나누었고 빌이 여러분 각자에게 보낸 개요서의 초안을 작성했어요.

아마도 테이블에 앉아 있는 순서대로 자기소개를 할 텐데 각자 200주년 기념행사가 어떻게 치뤄지면 좋겠는지 각자의 생각을 말씀해주시면 좋겠습니다.

빈스 음, 그 말은 제가 다음 차례라는 뜻이죠? 저는 빈스예요. 그리고 여러분 중 몇 명은 저를 이미 알고 있을 거예요. 저는 여러분이 믿든 안 믿든 수술을 하고 가끔 왕진도 하는 의사예요. 그래서 저는 많은 시간을 단조롭게 지내요.

저는 역사 애호가이고 제 가족도 2세대 동안 이 지역에 살고 있기 때문에 지역사회 활동에 시간을 내는 것이 중요하다고 생각해요. 그래서 저는 역사위원회에서 12년 동안 봉사해왔습니다. 코니, 당신의 질문에 답하기에 앞서 저는 솔직히 200주년 기념행사를 위한 활동에 약간은 회의적이예요. 제가 빌에게 처음 전화로 이에 대해 말했듯이, 저는 우리 역사에 대한 어떤 종류의 미화에도 관여하고 싶지 않아요. 그래서 저는 코니가 쓴 글을 읽으면서 기뻤습니다. 전통주의자와 근대주의자들에 의해 제기된 모든 이슈를 담고 있었기 때문입니다. 제가 볼 때 저는 확실히 근대주의자인 것 같아요. 그런데 아무도 전에는 저를 그렇게 부른 적이 없어요!

저 역시 이런 합의 형성 과정에 대해 약간 우려되는 점이 있다는 점을 먼저 말씀드려야 할 것 같아요. 저는 우리가 이런 일을 처리하기 위해 사람들을 공직에 앉히고 세금을 내고 있다고 생각하는 경향이 있어요. 저는 기본 규칙으로 사람들의 논의가 필요하다고 제기한 이슈에 대해 투표에 붙여야 한다는 데 동의합니다.

코니 완벽해요. 그 다음으로 자기소개를 해주시겠어요, 샐리?

샐리 글쎄요. 우연이라고 생각하지만, 전통주의자인 제가 근대주의자 옆에 앉았네요. 저는 샐리구요, 저의 남편은 이 주에서 가장 큰 소수파 종교인 제1침례교회First Baptist Church에서 목사를 맡고 있어요. 저는 성직자 지원 협회를 운영하고 있는데, 당신들도 알다시피 도시의 모든 종교 지도자들을 도우려는 자원봉사 그룹이에요. 그래서 저는 여기저기 많이 돌아다녀요.

그리고 또 저는 흑인이기 때문에 고정관념에 대해서도 많이 알고 있어요. 아마 여러분들은 흑인 여성이 여기에 통tub을 두드리며 들어와서, 이 기념행사에서 과거의 부당함을 다뤄야 한다고 주장할 거라고 생각하셨을 거예요. 그러나 저는 기념행사를 그렇게 보지 않아요. 저는 우리가 오래된 불만을 가진 그룹의 집합으로서가 아니라 공동체의 일원으로서 전진해야 한다고 생각해요.

이 프로세스에 대해 저는 많이 알지 못하기 때문에, 열린 마음을 유지하려고 해요. 하지만 저는 어떤 이유로든 일을 너무 복잡하게 만들어서 사업이 진행되는 것을 막는 사람들을 많이 봐

왔어요. 저는 마을에서 일할 때마다 항상 사람들에게 "단순하게 해"라고 말해요. 외람된 말씀이지만, 코니. 저는 당신이 일을 너무 복잡하게 만들고 있는 것은 아닌지 약간의 우려가 있어요.

코니 [웃음] 자, 여러분, 저는 합의 형성 프로세스를 잘 모르는 것이 이 테이블에서 문제가 되지 않다고 생각해요. 그리고 당신이 보는 대로 말해줘서 고마워요, 샐리. 자, 다음은 누구 차례죠?

랠프 저인 것 같네요. 저는 랠프이고, 학교 교육감입니다. 저는 교육감이라는 지위 때문에 많은 사람들을 만나게 됩니다. 빌의 회사는 수년간 학교 시스템을 매우 적극적으로 지원해주었어요. 그리고 코니는 아이들을 직접 다루는 부서들을 좋은 협력 관계로 만드는 데 훌륭한 역할을 해왔어요.

빈스와 샐리 사이쯤에 제가 앉았어야 했는데요. 저는 빈스의 말에 동의하는 편입니다. 이 200주년 기념행사는 어쨌든 부끄러워할 것 없이 블레인에 대한 진짜 이야기를 들려줄 좋은 기회라고 생각해요. 만약 우리가 역사를 기념하고자 한다면, 저는 사람들에게 진정한 역사를 알려야 한다고 생각해요.

프로세스에 대해서는 글쎄요, 저는 샐리가 말한 것처럼 일을 복잡하게 만드는 것을 좋아하는 사람들 중 한 명인 것 같아요. 저는 솔직히 어떤 이슈의 복잡성을 이해하지 못한다면, 아마 올바른 답을 얻을 수 없을 것이라고 생각해요. 저는 차라리 천천히 가더라도 바로잡는 편이 낫다고 생각해요.

샐리 그러니까 당신 말의 의미는 저 같은 사람들이 일을 그르치는 경향이 있다는 말씀이신가요?

코니　우와, 진정하세요. 의장님, 지금이 기본 규칙 #1을 적용할 때인 것 같아요.

빌　아, 물론이죠. 코니와 저는 이 회의에 앞서 기본 규칙을 정했습니다. 그것은 바로 회의 의장인 제가 집행하기로 되어 있는 것이에요. 우리는 '불쾌함을 느끼지 않고 의견 차이를 인정agree to disagree without being disagreeable'해야 해요. 그리고 저를 잘 아는 분들은 샐리를 포함해 이러한 규칙을 따라야 하는 사람들 중 제가 가장 힘들 거라는 사실을 알고 있을 거예요. 하지만 일단 이 규칙에 따르도록 합시다. 그리고 우리가 그렇게 하기로 결정했다면, 다른 규칙들에 대해서도 동의할 수 있을 거예요.

코니　잘 말씀하셨습니다, 의장님. 다음은 몰리인가요?

몰리　마지막 자기소개인 만큼 최선을 다할게요. 저는 몰리예요. 저는 정보화 시대에 블레인이 유명해진 이유인 인폼드 시스템 Informed Systems의 인사 책임자예요. 직장에서 저는 20대에서 40대에 이르는 직원들이 협력하며 일하게 만들기 위해 노력해 왔어요.

저 또한 블레인의 노인들을 위한 서비스에도 깊게 관여하고 있어요. 저는 식사 배달 서비스Meals on Wheels의 책임자였고, 최근에는 노인들을 위한 3곳의 주택단지를 관리하는 비영리 단체인 블레인 레지던스Residences의 의장을 맡았어요.

저는 제가 전통주의적인 것과 근대주의적인 것에 대해 어떻게 생각하는지 잘 모르겠어요. 제가 그 부분에 대해 많이 생각해 보지 않았기 때문이죠. 그러나 저는 옳은 일을 한다는 관점에서 세상을 바라보는 경향이 있는데, 그것은 제 기준에서는 아주 명백해요. 제 말은 일단 거기에 들어가서 잘 알아본 다음 옳은 방향으로 일하는 것이에요.

저는 당신 둘이 제안하는 이 프로세스에 대해 특별한 느낌을 가지고 있지는 않아요. 제가 차선책의 일종인 타협하기 싫다는 것만 빼면 말입니다.

코니 그게 바로 우리가 피하려고 최대한 노력하는 것이에요. 고마워요. 몰리.

빌, 저는 당신이 한 번 더 이야기할 필요가 있다고 생각해요. 당신이 자기소개를 한 후에 제가 질문을 했기 때문에 당신 의견은 듣지 못했거든요. 당신은 200주년 기념행사가 어떻게 이루어져야 한다고 생각하나요?

빌 절 놓아주지 않는군요, 코니. 좋아요. 비즈니스적인 관점에서 보면 저는 이 회의의 의장이기 때문에 모든 사람들이 최종 결정을 내리기 위해 저를 주시하고 있다고 생각해요. 그런데 코니는 이미 나에게 이번 프로세스의 의장은 생각이 달라야 한다고 충고했어요. 솔직히 말해서 적어도 지금까지 제가 이해한 바로는, 이 프로세스 자체에 대한 의구심이 남아 있어요. 우리가 뭔가를 할 수 있는 시간이 불과 두 달밖에 남지 않았고, 시장은 우리를 의지하고 있다는 점을 분명히 했어요. 솔직히 고백하자면, 저는 몇 주 전에 빈스에게 처음 전화를 했었는데 통화가 끝날 때쯤 그가 이 일을 돕고 싶어 할 가능성이 없다고 확신했어요. 전혀 승산이 없었어요. 그건 엄청난 손실이죠. 다른 분들도 마찬가지지만, 빈스는 이 마을에서 큰 영향력을 행사하는 우리 지역의 저명한 향토 사학자잖아요.

제 의견을 말하자면, 저는 우리가 실제 마을 주민들에게 내놓아야 할 것과 관련해서는 샐리가 말한 것에 더 가깝다고 생각해요. 저는 옷장에서 많은 해골들을 꺼내 그걸로 퍼레이드하는 꼴은 볼 수 없어요.

샐리 맞아요. 그 해골들은 옷장 속에 내버려둬야 해요.

코니 알겠어요. 저는 이 대화에서 우리 각자가 테이블에 가져와야 하는 것을 잘 드러냈다고 생각해요. 이 시점에서 저는 여러분들이 이 문제에 더 파고들어 각자의 입장에서 다투는 것을 원하지 않아요.

대신 제가 하고 싶은 말은 일정과 중요한 단계, 예산 등에 초점을 맞춘 예비 작업 계획을 검토하는 것이에요. 또한 저는 우리가 합의 형성 과정을 시작하면서 누가 무엇을 할 것인지에 대해 약간의 합의를 구하고 싶어요. 마지막으로 기본 규칙에 대해 말씀드리고 싶은 게 있어요. 빌과 저는 이미 우리가 여러분에게 말씀드린 것에 합의했고, 여러분들도 이에 기꺼이 수용할 것으로 믿어요. 그런데 우리가 합의해야 할 것들이 더 있어요.

다음 한 시간 동안, 이 위원회는 야심 차지만 실행 가능한 코니의 작업 계획을 검토했다. 그들은 그 후 시장으로부터 전체 활동을 이끌어야 하는 임무를 부여받은 빌이 의장으로서 회의를 계속 진행해야 한다는 데 동의했다. 코니가 서기의 역할을 설명하자 몰리는 자진해서 그 일을 맡겠다고 나섰다. 코니는 촉진자의 역할을 설명했고 참석자들은 만장일치로 코니가 분석자에서 촉진자로 전환해야 한다는 데 합의했다. 빌과 랠프는 모든 사람들이 합의한다면 예산 소위원회를 구성할 것을 제안했지만, 빈스의 발언 직후 전체 위원회의 동의 없이는 어떠한 지출도 해서는 안 된다는 점을 확인하고 그렇게 하기로 했다.

위원회는 다음과 같은 기본 규칙에 합의했다.

- 빌은 의장으로서, 위원회를 대표하여 언론에 발언할 수 있는 유일한 사람이다. 다른 사람들은 자신의 견해에 대해 원하는 사람과 대화를 할 수 있지만, 테이블에 있는 다른 사람들의 의견을 대표하지는 못한다.
- 랠프의 촉구에 따라, 위원회는 스스로를 일종의 공적 기구로 간주하여 회의 공개법에 따라 모든 회의 결과를 공지하기로 합의했다. 빌은 이에 대해 '구경거리가 될 가능성'이 높아질까 우려했지만, 랠프는 교육감으로서 해석이 분명치 않은 상황에서 법을 어기는 위험을 감수할 수 없다고 말했다. 어쨌든 그는 대부분의 경우 언론에 회의 내용이 나오지 않도록 하는 가장 확실한 방법은 그것을 공지하는 것이라고 지적했다. 참관인(언론 또는 여타의 사람들)은 환영하지만 테이블에서 말하는 것은 허락되지 않는다.
- 위원회는 모든 회의를 온라인이나 원격 회의가 아닌, 직접 만나서 하는 면대면 회의로 진행하기로 합의했다. 빈스가 "나는 사람들의 눈을 보는 것을 좋아한다"고 그 이유를 설명했고, 참석자들은 이에

합의했다.

- 참석자들은 코니가 각 회의에서 결정한 것에 대해 간결한 회의록을 작성해야 한다는 것에 동의했다. 모든 사람들이 심도 있게 회의록을 검토할 기회를 가진 후에, 회의록은 영구적인 기록의 일부로 남게 될 것이다.

위원회는 다음 주 화요일 저녁에 다시 만나기로 합의했다. 코니는 자신이 다음 회의에서 기념행사의 잠재적인 주요 테마에 중점을 둔 15분간의 프레젠테이션을 준비하기 위해 (빈스가 회원인) 역사위원회를 초대할 수 있는지 물었다.

"그들이 '기념행사'라는 단어에 유념한다면" 하고 샐리가 말했다.

"아, 그럴 겁니다." 빈스는 감정을 자제한 중립적인 어투로 대답했다. "그리고 우리는 또한 역사에 대해서도 유념할 겁니다."

랠프도 다양한 기준과 관점을 도모한다는 점에서 이번 주가 끝나기 전에 고등학교의 블레인 역사 교육 모듈 사본을 모든 위원회 구성원들에게 전달하기로 했다. 그는 그것이 "역사 과목에서 사용하는 좋은 모듈"이며, "많은 시간을 투자한 것이다"고도 말했다. 빌은 마을의 치안 부서에 통상적인 퍼레이드와 기념행사를 위해 협조를 요청해야 하는지 궁금하다고 말했고, 위원회는 다음 주 회의에 경찰서장을 초대하는 것에 합의했다.

리더십에 관한 성찰

방금 제시된 대화의 하위 텍스트 중 하나는 리더십과 관련이 있다. 비즈니스적 맥락에서, 빌은 사람들의 의견을 듣고 사람들에게 자신의 결정을 알리는 데 익숙하다. 그리고 그가 자금줄을 쥐고 있기 때문에 빌의 말은 법이고 그의 결정은 자동으로 이행되었다.

빈스의 의견, 즉 "우리는 사람들을 공직에 앉히고 그들에게 세금을 지불해 이와 같은 일을 처리하게 한다"는 생각은 공공 부문에 어울리는 것이다. '리더십'은 힘든 결정을 내리는 것 아닌가? 해리 트루먼Harry Truman의 책상에 있는 "결정은 내가 한다"는 작은 글귀처럼 적어도 이론상으로 사람들은 "어뢰를 쏴라, 전속력으로 전진하라!"라고 말하면서 어려운 결정을 내리는 강인한 작은 남자의 이미지를 좋아한다.

그러나 사람들은 트루먼이 자신의 시대에 대중적으로 인기를 끌지 못했고, 간신히 재선에 성공했다는 사실을 잊고 있다. 사실 하향식 리더십의 상황에서 우리는 우리가 선출한 사람이나 최종 의사결정권을 행사한 사람이 책임을 짊어지기를 원한다. 만약 그들이 다른 길로 간다면, 우리는 그들을 '독재자'라고 부르거나 '폭정'을 하고 있다고 말하면서 그들을 흔들거나 권좌에서 내려오기 위해 시도할 것이다.

또한 하향식 리더십은 우리가 참여하려는 동기를 제거한다. 하향식 리더십은 오늘날 많은 공개 토론의 특징인 환멸과 무관심의 소용돌이를 부채질한다. 심지어 '환멸과 무관심을 촉구'하는 "투표하지 말라"는 냉소적인 범퍼 스티커를 접하는 일도 생긴다.

CBA 맥락에서의 리더십은 다르다. CBA는 충분한 정보 제공을 통해 자신의 선택이 무엇을 의미하는지 잘 이해하도록 시도하고, 각각의 가능한 옵션의 장점을 평가하는 데 도움을 주며 서로에게 유리한 패키지를 찾도록 격려한다. 2장에서 언급한 '촉진자 리더십'이라는 개념은 우리가 구원자나 목자로 생각하는 지도자의 이미지와 대조된다. 촉진자 리더십은 사람들에게 멍에를 씌우거나 끄집어내려 하지 않으며, 자신이 이미 결정한 곳으로 몰아가려 하지 않는다. 대신 성공적인 리더는 결정에 의해 가장 큰 영향을 받을 사람들이 체계적이고 의식적인 성찰 과정을 통해 엄밀한 판단을 할 수 있도록 장려한다.

촉진자 리더십은 "착하게 보이는 것" 혹은 "공정하게 보이는 것"과는 거리가 멀다. 대신 최고의 결과를 위해 늘 집중하는 것 그 자체이며, 이는 모든 이해당사자들이 공정하고 효율적이며 현명하다고 여기는 합의에 도달하는 것을 의미한다. 더 나아가 이러한 합의는 좋은 해결책의 마지막 특징인 지속가능성도 함께 갖게 될 것이다. (공정하고, 현명하며, 효율적인 해결책은 꾸준히 지속될 것이다.)

이런 종류의 해결책에 도달하는 것은 결코 쉽지 않다. 사람들을 생경하고 때로는 불편한 프로세스로 끌어들이지만 스스로 가치 있다고 느끼게 하며(그들을 속이는 것이 아니라 실제로 가치 있게 만드는 것이다), 새로운 발상을 시도하게 한다. 또한 가능한 광범위하게 권력을 공유하는 것도 포함된다. 이에 대해 현실에 존재하는 대부분의 리더들은 이상하다고 느낄 것이다. (내가 당선됐잖아? 그렇다면 대부분의 사람들보다 내가 더 잘한다는 말 아닌가?) 권력을 공유하는 것은 사람들이 자신의 미래에 대해 책임을 지도록 만드는 중요한 부분이다. 이는 진정한 방식으로 모든 시민들이 중요한 역할을 한다고 믿었던 민주주의의 기원으로 되돌아가는 것이다. 5장에서 우리는 좋은 아이디어가 다른 좋은 아이디어와 함께 제기되고 토론되면서 다듬어지는 문제해결 과정의 핵심에 들어갈 것이다. 우리는 또한 블레인 200주년 기념위원회가 과제 수행과 합의 형성 과정에 팔을 걷어붙이기 시작했다는 소식도 듣게 될 것이다.

5장

/

촉진의 중요성

앞에서 설명한 바와 같이 CBA는 세심한 준비를 필요로 한다. 이해관계자를 식별하고, 문제를 정확하게 평가하고, 작업 계획과 예산을 검토하고, 사람들이 테이블에서 함께 일을 시작할 수 있도록 최소한의 기본 규칙을 설정한 다음, 이해관계자들이 실질적으로 협의체 활동에 동참하도록 해야 한다. 일단 사람들이 테이블에 앉으면 그들에게 역할을 배분하고 책임도 부여해야 한다.

비유적인 의미에서 보면 '테이블 셋팅table-setting'은 문제해결 과정의 모든 것이라 해도 과언이 아니다. 해결책이나 합의에 대한 공감대를 이끌어내기 위해 사람들은 어떻게 대화를 시작해야 할까?

모든 합의 형성 과정은 똑같지 않다. 매우 성공적인 숙의 사례들을 거슬러 올라가면 광범위한 맥락에서 성공적인 합의 형성을 위한 숙의의 8가지 요소를 확인할 수 있다. (블레인 사례에서 구체적으로 묘사되는 바와 같이) 숙의의 8가지 요소가 이 장의 핵심이다. 우선 숙의를 지배해야 할 어조와 그러한 어조를 불러일으키는 마음가짐에 대해 살펴보자.

문제해결 사고방식 구축하기

간단히 말해서 테이블에 있는 사람들은 가능한 한 빨리 문제를 해결하려는 마음가짐으로 전환되어야 한다. 모두가 처음부터 그런 마음가짐으로 테이블에 나온다고 가정하는 것은 비현실적이다. 사람들은 합의 형성 과정이 실질적으로 진전되는 것을 보면서 시간이 지남에 따라 점점 더 '믿게 된다.' 승자가 모든 것을 갖는다는 대립적인 사고방식, 즉 로버트 규칙에 익숙한 사람들이 테이블에 나온다고 가정한다면 소집자와 촉진자의 우선적 목표는 사람들의 마음을 새로운 방향으로 여는 것이 되어야 한다.

이를 달성하는 한 가지 방법은 활동의 궁극적인 목표를 분명히 하는 것이다. 이 중 일부는 소집 단계에서부터 이미 진행되어야 하며,

테이블의 그룹 세팅에서도 진행될 필요가 있다. 간단히 말해서 이 지점의 목표는 공감대를 형성하는 것이다. 당면 목표를 설명하고 강조하고 강화해야 한다. 공감대 형성은 "내가 이기고, 네가 진다"는 것을 의미하지 않는다. 우리 모두가 앞으로 나아간다는 것을 의미한다. 공감대 형성은 또한 일방이 근소하게라도 다수를 차지하기 위해 결탁한 다음 패배 후 분노한 소수파를 무시한다는 것을 의미하는 것이 아니다. 모든 사람(또는 거의 모든 사람)을 만족시킬 만한 해결책을 집합적으로 찾는다는 것을 의미한다.

문제해결 사고방식을 구축하기 위한 두 번째 방법은 프로세스 자체를 분명히 하는 것이다. 사람들은 대화에도 구조가 있다는 확신을 필요로 한다. 그 구조는 이 장은 물론 이후에도 자세히 설명될 것이다. 개괄적인 의미로 말하자면, 촉진자는 그 과정에서 무엇을 기대해야 하는지 협의체 구성원에게 알려야 한다.

사람들이 문제해결 사고방식을 할 수 있도록 도와주는 세 번째 핵심 방법은 초기의 우려에 대한 대립되지 않는 진술을 이끌어내는 것이다. 4장에서 우리는 코니가 어떻게 이를 성취했는지 살펴보았다. 코니가 회의 참석자들에게 던진 질문은 다음과 같은 것들이었다. 당신이 읽은 개요서나 우리가 나눈 개별적인 대화에 기초해, 당신의 개인적인 출발점은 무엇인가요? 당신은 200주년 기념행사를 어떻게 생각해왔고, 제안된 합의 형성과정에 대해 어떻게 생각하고 있나요? 코니는 어느 정도 운이 좋았다. 아무도 테이블에서 다른 사람의 의견을 무시하는 행동을 하지 않았기 때문이다. 비록 한두 번 위기의 순간은 있었지만, 테이블의 모든 사람들 심지어 회의론자들조차 크게 대립하지 않고 200주년 기념행사에 대해 그들의 견해를 말했다. 한두 사람이 비효율성에 대해 불평하거나 선출된 공무원들이 왜 문제를 해결하지 않았는지 물어보았지만, 모든 사람들은 새로운 프로세스를 시도해보려는 의지가 있어 보였다.

또한 코니는 문제해결 사고방식을 구축하는 데 도움을 줄 수 있는 두 가지 작업을 수행했다. 먼저 코니는 모든 사람들에게 대략 동일한 발언시간을 할애해 다른 사람의 의견을 듣게 했다. 처음부터 하나 또는 그 이상의 그룹이 회의 분위기를 지배하며 그들의 이익에 맞게 진행될 거라고 결론짓게 하는 것만큼 나쁜 것은 없다. 이런 분위기로 인해 '탄압받는 소수oppressed minority'가 나중에 전체 프로세스를 망칠 수 있기 때문에 애초부터 이런 일이 일어나지 않도록 하는 데 힘써야 한다.

둘째, 코니는 모두진술에 제한을 두었다. 이 말은 약간 이상하게 들릴지도 모른다. 방금 전까지 우리는 CBA가 듣는 것이 전부라고 말했다. 그렇다. 그러나 CBA는 새로운 제안들을 창안하는 것에 관한 접근법이다. 앞서 우리는 선출직 공무원과 같은 특정 부류의 사람들이 어떤 입장을 공개적으로 수용하고 나서면서 그 입장을 고수하는 경향이 있음을 언급했는데, 설사 그 입장이 합리적이지 않은 경우에도 그들은 그 입장을 유지한다. 그러므로 테이블에서 각자가 모두진술을 하면서 개인이나 집단이 절대주의적이고, 타협적이지 않은 방식으로 이야기하는 것을 피하도록 하는 것이 목표가 되어야 한다.

당신은 테이블에 있는 사람들이 "나에게 중요한 것은 이것이다"라고 말하길 원한다. 그러나 당신은 그들이 계속해서 다음과 같이 말하는 것은 원하지 않는다. "나머지 사람들이 무엇을 중요하게 생각하는지에 대해서는 신경 쓰지 않아요. 앞으로도 그럴 거고요."

우리는 이런 종류의 '절대주의'가 뿌리내리기 전에 싹을 자르는 것에 대해 이야기하고 있다. 초기 단계에는 의외의 곳에서 절대주의가 나타날 수 있다는 것을 명심하자. 만약 누군가가 싸우겠다고 작정하고 테이블에 나왔다면, 다음 회의 날짜를 정하는 것처럼 간단한 일조차 그 사람을 궁지에 몰아넣을지 모른다. 촉진자는 이렇게 회의가 진행되는 것을 중단시켜야 한다. (프로세스 가장 초기 단계부터 촉진자가 수행하는 중요한 역할에 주목하자.) 이제 우리는 다음 단계로 겉보기에는 '협상 불가능'해보이는 초기의 요구를 해소하기 위한 더 많은 아이디어를 제시하고자 한다.

다시 말하지만, 우리가 강조하고 싶은 것은 신뢰를 쌓고 협의체 전체가 앞으로 나아가기 위한 올바른 마음가짐을 키우는 것이다. 지금부터 성공적인 숙의의 8가지 요소에 대해 읽으면서 문제해결 사고방식을 구축하기 위해 각각이 어떠한 기회를 제공할 것인지 생각해보기로 하자.

합의를 향한 8단계

각각의 합의 형성 과정은 그 나름의 독특한 과정을 갖추고 있다. 그럼에도 거의 모든 성공적인 CBA 스타일 숙의에는 8가지 특징이 있다. 일어날 가능성이 높은 대략적인 순서로 행동 원칙을 제시하면 다음과 같다.

1. 비판적이지 않는 방식으로 숙의를 추구한다.
2. '창안inventing'과 '약속'을 구분한다.
3. 적절한 경우 소위원회를 만들어서 전문가의 의견을 구한다.
4. 단일 텍스트 절차single-text procedure를 사용한다.
5. 필요에 따라 의제 및 기본 규칙을 수정한다.
6. 숙의를 끝내기 위한 마감 기한을 정한다.
7. 사전에 관계를 구축한다.
8. 상호 이익을 강조한다.

비판적이지 않는 방식으로 숙의 추구하기

사람들은 건설적인 방식으로 협력하는 것에 동의해야 한다. 코니와 빌은 그룹의 첫 회의에 대비해 예비 기본 규칙을 정했을 때 '불쾌함을 느끼지 않고 의견 차이를 인정'한다는 단 하나의 원칙만을 확고히 하기로 결정했다. 합의 형성은 서로에게 '친절'을 베푸는 것이 아닌 상대방의 동기나 성격을 공격하지 않는 것에서부터 시작한다. 요점은 실질적인 이슈에 대해 의견 차이가 있더라도 상대방을 의도적으로 모욕적이지 않은 방식으로 대하는 것을 의미한다.

이와 관련하여 올바른 '듣기'와 '말하기'에 주목할 필요가 있다. 대부분의 사람들은 듣는 기술을 연습하지 않는다. 그렇기 때문에 그들은 다른 사람의 말을 잘 듣지 못한다. 더 나은 청취자가 되는 한 가지 방법은 상대방의 입장을 정확하고 간결하게 다시 말하려고 시도하는 것이다. 만약 당신이 상대방이 만족할 만한 수준으로 상대방의 입장을 정리해낸다면 당신은 잘 듣고 있는 것이다.

동시에 당신은 자신을 잘 드러내야 한다. 만약 당신이 올바르게 말하지 않는다면 당신이 대표하는 집단은 물론 자신의 이익도 옹호할 수 없다. 만약 누군가가 당신이 말한 것을 요약하거나 '되받아치려고' 한다면 그들이 제대로 이해했는지부터 확인해야 한다. 이는 앞에서 설명한 '탄압받는 소수' 문제를 피할 뿐만 아니라 최종 합의에서 당신의 이익이 충분히 반영될 수 있도록 돕는다. 로버트 규칙에 의거한 토론에서는 사람들이 때로 자신의 동기를 숨김으로써 자신의 이익을 최대화하려고 한다. '투명성'을 요구하는 CBA에서는 그렇지 않다. 당신이 투명할수록 더 좋아질 것이고, 솔직하다고 해서 불이익을 받지 않을 것이다.

같은 논리로 사람들은 이유를 제시함으로써 합의 형성에 건설적으로 참여한다. 이는 무엇을 의미할까? 회의 참석자들은 그들의 입장position과 실익interest을 구별하는 법을 배워야 한다. (CBA는 사람들의 실익을 위해 봉사하는 것이다.) 누군가 강력하게 어떤 요구 조건(입장)을 말할 때 그들은 실제로 당면한 문제에 대해 유일한 혹은 최선의 해결책이라고 생각하고 있는 것을 제시하는 것이다. 회의 참석자들이 들어야 하는 것은 요구 조건(입장)의 이면에 있는 이유(실익)이다. 회의 참석자들은 문제에 대한 개인의 인식은 물론 '최상의' 해결책에 대한 근거를 분명히 들을 필요가 있다. 그것은 (1) 개인들로 하여금 스스로에게 무엇이 중요하고 무엇이 중요하지 않은지를 정확하게 파악하게 하고, (2) 회의 참석자 전체적으로 참석자 개개인들의 이익을 이해하게 함으로써 또 왜 그들이 중요하다고 인식하는지를 알게 됨으로써 서로에게 유리한 다양한 해결책의 문을 열 수 있게 하기 때문이다.

4장의 끝부분에 설명된 블레인 사례에서 첫 회의가 끝났을 때 코니가 200주년 기념행사를 언제 개최해야 할지에 대한 일정 문제를 회의에서 논의하기로 했다고 상상해보자. (물론 코니가 상당히 숙련된 촉진자라고 가정한다면 이 이슈가 그렇게 빨리 제기되지는 않을 것이다.) 코니가 회의에서 다음과 같은 몇 가지 가능성을 제시하는 것이다. 6월 학교 학기가 끝나기 전, 많은 사람들이 휴가를 떠나기 전, 6월 실제 마을 탄생 기념일, 7월 4일경 독립기념일 주간 등.

대화는 다음과 같이 이어질 수 있다.

코니 여러 옵션들이 있는데요. 어떤 일정을 더 선호하시나요?

랠프 제 생각에 이것은 생각할 필요도 없는 것 같아요. 학교 부모님들의 지원과 참여가 필요하니, 기념행사는 늦어도 6월 초에 진행할 필요가 있어요.

빌 미안해요, 랠프. 7월 4일 주말이 어떨까요. 모든 사람들이 불꽃놀이와 같은 큰 파티를 기대하고 있기 때문에 기념행사를 그때 여는 것이 가장 합리적이에요. 저를 믿으세요. 사람들은 불꽃놀이를 보기 위해 여기 남거나 아니면 마을로 돌아올 거예요. 일거양득인데 무슨 말이 더 필요해요.

빈스 실례할게요, 여러분. 아무도 말하지 않으니 제가 역사적인 관점에서 한마디 목소리를 내겠어요.

코니 무슨 말이에요, 빈스?

빈스 200주년 당일이 아닌 다른 날에 200주년을 기념하는 것 자체가 말이 안 되는 일이지 않나요. 공식행사는 반드시 마을 탄생 기념일에 해야 해요. 여러분들은 생일이 아닌 날에 생일 축하 파티를 하시나요? 2월에 '대통령의 날'을 지정했을 때 무슨 일이 일어났는지를 보세요. 사람들은 링컨과 워싱턴에 대해서는 까맣게 잊고 쇼핑몰로 향했어요. 제 이야기의 요점은 이 일이 잘되기 위해서는 사람들이 이번 행사에 대한 진정한 연관성을 느낄 필요가 있다는 것이에요.

샐리 이 회의장에서 다른 사람들보다 더 활발히 기금 활동을 하고 있는 사람으로서 말하자면, 날짜와 관련해서 정말 중요한 것은 다른 행사들과 충돌을 일으키지 않아야 한다는 점이에요. 진짜 생일인지 아닌지에 상관없이, 다른 행사와 일정이 겹친다면 이 행사를 망칠 수도 있어요. 같은 날 다른 누군가가 더 멋진 프로그램을 개최한다면, 관객은 나뉠 테고 모든 노력은 수포로 돌아가겠죠.

코니 몰리? 당신은 어느 쪽에 더 무게를 두시나요?

몰리 사실 특별한 의견은 없어요. 다만 우리가 행사를 준비할 수 있는 충분한 시간을 가지는 것이 좋다고 생각해요. 7월이 5월이나 6월보다는 훨씬 편해 보여요. 그리고….

코니 그리고 또 무엇이 있나요?

몰리 아무것도 아니에요. 만약 우리가 이처럼 작은 이슈에 대해 이렇게 의견이 달라서 다툰다면, 우리는 멀리 가지 못할 것 같아요.

코니 좋은 지적이에요. 우리의 기본 규칙은 불쾌함을 느끼지 않고 의견 차이를 인정하는 것이에요. 그러나 저는 우리가 서로의 관심사를 모으고 있는 만큼 옥신각신하지는 않았다고 생각하고 싶어요. 왜 데이트 상대를 고를 때에도 가장 우선시하는 내용들이 각자 다르잖아요. 몰리, 당신이 서기가 되기로 했으니 플립 차트에 지금 나온 의견들을 기록하는 것이 좋겠어요. 그리고 여러분, 만약 제가 뭔가 잘못 이해하고 있다거나 몰리가 정확하게 기록하지 않는다고 생각하시면 언제든지 말씀해주세요.

첫째, 만약 우리가 이 일에 많은 노력을 기울인다면 모든 사람들이 우리가 많은 참가자를 원한다는 사실에 동의할 것이라고 생각해요. 둘째, 궁극적으로 무엇이 되든 상관없이 우리는 사람들이 이 일과 역사적으로 연관되어 있다고 느끼기를 원해요. 그리고 우리는 많은 주민들이 이 행사에 참여할 수 있도록 다른 행사들과 충돌하지 않는 날짜를 원하며 더 나아가 우리는 마을의 공식적인 탄생 기념일을 지키려고 노력해야 해요. 셋째, 진행 중인 다른 사업이나 행사와 함께함으로써 어느 정도 기대 이상의 성과를 올리게 된다면 이 또한 합리적인 일이 되겠지요. 넷째, 우리는 기념행사를 높은 수준으로 치르고 싶어 해요. 만약 너무 빠른 날짜로 정해서 높은 수준을 유지하지 못한다는 걸 알면 아마 그렇게는 하고 싶지 않을 거예요.

일정 문제를 계속 고민해봅시다. 제 느낌인데 어떤 사람들은 다른 사람들보다 일정에 대해 더 민감하게 느끼는 것 같아요. 그래도 우리는 뭔가 해결 방법을 찾을 거예요.

코니가 각 입장의 이면에 있는 실익들을 어떻게 찾으려고 하는지 주목하자. 또한 코니가 어떻게 각 개인들의 입장과 실익을 분리시키려고 하는지 그리고 어떻게 여러 가지 관심사를 하나의 실익으로 모이게 하는지(예: 참여자 수)에도 주목하자. 그것은 사람들로 하여금 그들의 실익을 포기하라고 요구하는 것이 아니다. 그렇게 하는 것은 결코 합의 형성의 목표가 아니다. 오히려 더 큰 그림의 일부로 자신들의 특별한 실익을 바라보도록 해야 한다.

'창안'과 '약속' 구분하기

CBA에서 절대적으로 중요한 부분은 테이블에서 좋은 아이디어를 얻는 것이고, 좋은 아이디어는 많을수록 좋다. 프로세스는 결국 종료되어야 하지만 일반적인 원칙은 가능한 한 오랫동안 선택을 미루면서 계속 더 좋은 아이디어를 만들어내도록 해야 한다는 사실이다. 창안은 '안전한' 프로세스를 필요로 한다(사실이 그렇다!). 사람들은 그들이 완전히 지지하지 않더라도 혹은 그들이 대표하는 집단이 거부할 수 있다 하더라도 자발적으로 아이디어를 낼 수 있어야 한다. CBA에서는 브레인스토밍 정신으로 자유롭게 발언하기 때문에 그 누구도 감수할 것을 강요받지 않는다.

창안 프로세스의 또 다른 특징은 다양한 패키지 옵션packging options과 관련이 있다는 점이다. 합의 형성은 개척 시대의 물물교환과 약간 비슷하다. 즉 각 거래당사자가 제한된 수의 상품만을 테이블로 가지고 왔다면 거래가 어려워진다. 그러나 각자 다양한 종류의 상품을 테이블 위에 올려놓을 수 있다면 협상bargaining은 모든 사람들에게 훨씬 더 만족스러운 것이 될 수 있다. "나는 이것과 이것 그리고 이것을 당신의 저것과 저것 그리고 저것과 교환하겠다."

CBA의 특징은 패키지가 여전히 유일한 옵션(선택사항)이라는 점이다. 사람들은 단순히 찬반투표를 하기 위해 테이블에 나오지 않는다. 사람들은 대화가 끝날 때까지 좋은 아이디어들을 모으고 흥미로운 방법으로 조합하고 또 재조합한다. 즉 패키지를 만드는 것이다. 브레인스토밍처럼 패키지를 만들 때 아이디어를 내는 것은 책임commitments을 요구하는 것과 별개로 유지되어야 한다.

마지막으로 창안 단계에서 '만약?What if?' 게임을 하는 것도 도움이 된다. 이 게임은 국경 무역업자들처럼 단순히 패키지를 검증하는 하나의 방법이다. 한 무역업자가 다른 무역업자에게 이렇게 물어볼 수 있다. "만약 내가 이것, 이것 그리고 이것을 한다면?" CBA에서라면 다음 형태를 취할 가능성이 높다. "만약 협의체가 이것과 이것 그리고 저것을 한다면? 당신의 관심사를 충족시킬 수 있을까? 그렇지 않다면 패키지를 더 매력적으로 만들기 위해 무엇을 바꿔야 할까?" 분명 촉진자는 다양한 '만약?'을 만드는 데 중요한 역할을 한다. 그러나 테이블에서 좋은 변화가 일어나고 있다면 개별 당사자들이 자신들의 '만약?'을 창안하고 제시하지 못할 이유가 없다.

이제 블레인의 200주년 기념위원회Blaine's Bicentennial Committee, BCC가 어떻게 창안에 참여하는지 엿보기로 하자. '전통주의자' 대 '근대주의자' 이슈가 다소 가열됐다고 가정해보자. 교육감인 랠프와 의사이자 역사학자인 빈스는 근대주의자라는 것을 기억하자. 즉 그들은 왜곡되지 않은, 교육적이고 있는 그대로의 블레인의 역사를 제시하기 원하는 반면 전통주의자인 자원봉사 코디네이터 샐리와 CEO 빌은 긍정적이고 낙관적인 기념행사를 원한다. (인적자원 책임자 몰리는 이 주제에 대한 의견은 표명하지 않았다.)

랠프와 빈스는 BCC가 고등학교 강당에서 열리는 블레인 마을의 과거와 역사의 주요 장면을 담은 인상적인 프레젠테이션 행사를 후원하자는 아이디어를 갖고 있다. 그들은 특히 1890년대의 유명한 살인사건과 1930년대의 섬유 노동자 파업을 포함시킬 것을 구상하고 있다. 그들은 또한 역사학자를 고용해 각각의 장면에 역사적 맥락을 이해하도록 돕는 첨부 자료도 준비하기를 원했다. 이 자료는 저녁 행사에서 배포될 것이다. 빈스는 역사위원회로부터 그와 같은 행사를 성공시키기 위해 무슨 일이든 하겠다는 약속을 이미 받아놓은 상태이다.

그 외에도 랠프는 강당과 케이블 방송 무대에서 블레인의 역사를 바탕으로 한 퀴즈쇼와 블레인의 미래에 대한 패널 토론 등 두 가지 추가 이벤트를 고려할 가치가 있다고 확신하고 있다. 그는 3번의 저녁 행사(인상적인 프레젠테이션 행사 포함) 진행 순서가 마을의 과거를 이해하고 미래를 향해 나아가는 것을 표현할 것이라 믿고 있다.

한편 빌은 퍼레이드와 불꽃놀이를 위해 계속 로비를 해왔는데, 가급적이면 마을 200주년 기념 행사가 7월 4일 독립기념일 행사와 함께 치러지는 것이 좋겠다고 보고 있다. 그는 평소보다 더 인상적인 불꽃놀이를 하기 위한 폭약 세트와 보다 화려한 퍼레이드를 위한 장식 차량 준비를 위해 많은 예산을 책정하고 싶어 한다. (블레인에서 퍼레이드는 통상 고등학생과 참전 용사Veterans of Foreign Wars, 정치인 일부만 참여한다.)

또 다른 전통주의자인 샐리는 퍼레이드와 불꽃놀이에는 문제가 없지만, 하루 종일 계속되는 야외 행사와 공예 박람회가 더 중요하다고 생각한다. 샐리는 블레인 마을 역사의 주요 인물을 연기하기 위해 전문 배우들을 고용하는데 드는 비용을 알아보았다. 샐리가 말한 것처럼 이 인물들은 시대 의상을 입고, 행인들과 '캐릭터'로 이야기하며 때로는 더 공식적이며 드라마틱한 무대를 만들 수도 있다.

여전히 전통주의 대 근대주의 논쟁에 특별한 관심이 없는 것처럼 보이는 몰리는 마을 웹사이트의 업그레이드를 구상하고 있다. 현재 이 사이트는 블레인 마을 역사에 대해 단 한 단락만 할애하고 있다. 몰리는 최근 회의에서 왜 우리의 시간과 돈을 전 세계 사람들이 접근할 수 있는 무언가에 투자하지 않는지 질문했다. 예를 들어 웹사이트는 인쇄물과 달리 비교적 저렴한 기술을 사용해 젊은 사람들을 열광시킬 수 있으며, 앞으로 몇 년에 걸쳐 이 프로젝트를 지속적으로 업그레이드하고 확장하는 것을 지원할 수 있다고 주장했다. 몰리는 이에 필요한 프로그래밍 비용을 할인된 가격으로 추진할 수 있으며 심지어 무료로 진행할 수도 있을 것으로 보고 있다.

코니는 시청 지하 회의실에서 열린 BCC의 3번째 회의에서 이와 같은 다양한 옵션들을 요약 정리했다. 몰리는 코니가 말할 때 그 내용을 바로 플립 차트에 기록하고 벽에 게시했다. 코니는 다음과 같이 토론을 시작했다.

코니 그래요. 우리 테이블에는 아이디어가 많군요.

빌 너무 많아서 문제지요.

코니 왜 그렇게 말하시나요?

빌 음, 한마디로 이 모든 것을 하기에는 시간이 충분히 많지 않아요.
3일에 걸친 공연을 준비하는 것과 실제로 소시지를 빠르게 만들
어내는 것은 완전히 달라요. 분명히 말하지만 제가 알기로 이 일
들은 양이 엄청나요. 게다가 우리는 이 옵션 대부분을 감당할 수
없어요. 우리는 시청으로부터 5,000달러의 지원금만 약속받았
다는 점을 기억하세요. 우리에게 민간의 기부가 필요하다는 것
은 분명해요. 솔직히 이중 일부 계획은 절대 민간 기부자들과는
함께 진행할 수 없어요. 살인사건과 파업이라뇨? 말도 안돼요.

샐리 맞아요. 그건 너무 우울한 경험이에요.

빈스 글쎄요. 저는 카니발 놀이기구 사이에서 벅스킨 삼각 모자를
쓰고 걸어 다니는 사람들을 모두가 좋아할 거라 생각하지 않아
요. 그건 그렇고 행사가 있는 날에 만약 비가 억수같이 쏟아지
면 어떡하죠? 따로 무슨 계획이 있는지 누가 설명해줄 수 있나
요? 비가 온다면 퍼레이드도 취소될 거고 공원에 전시한 공예
품도 철수할 거에요. 버스킨을 쓴 사람들도 없을 테고 불꽃놀
이도 취소될 거예요. 아무것도 없어요.

몰리 저도 동의해요. 뭐, 그때는 플러그를 연결해 저의 펫pet 프로젝
트를 보는 거죠. 웹사이트에는 비가 올 일이 없을 테니까요.

빌 서버가 다운되지 않는 한 그렇겠죠. 근데 그럼 아무것도 없잖
아요.

랠프 이 시점에서 저는 분명 3일 연속되는 프로그램에 얽매이지 않는다고 말할 수 있어요. 지난번 회의에서 이 테이블에 앉은 사람들은 재미있는 이벤트와 미래를 전망하는 행사 콘셉트에 찬성한다는 주장을 했었어요. 만약 사람들이 퀴즈 쇼나 패널 토론을 싫어하지 않는다면요. 좋아요. 제 접시에서 두 개의 고민거리가 줄어들었네요.

코니 좋아요. 여러분들이 거침없는 의견을 내는 것을 듣고 있자니 약간 좌절감이 느껴지네요. 사람들은 이번 기념일을 축하하면서 교육적인 이벤트도 진행했으면 하고 바라는 것 같아요. 사람들은 떠들썩한 행사를 원하지만 동시에 의미 부여도 바라거든요. 이런 것들이 아직 서로 어울리지 않는 것 같아요. 동시에 우리 모두는 지금 남은 시간과 예산 제약을 고려할 때 모든 것을 할 수 없다는 것을 알고 있어요.

빈스 음. 몰리가 저와 랠프와 함께한다면 고등학교에서 인상적인 프레젠테이션을 진행하는 것에 대해 기쁘게 생각할 거 같아요. 적어도 한 가지 이벤트는 정하고 시작하는 것이 좋지 않을까요.

코니 와우! 천천히 해요, 빈스! 어떤 이벤트를 정하자고 투표할 수는 없어요. 우리는 지금 여전히 브레인스토밍하는 중이에요.

빈스 [웃음] 어쨌든 시도해볼 가치는 있잖아요.

코니 제가 제안하려고 했던 것은, 우리가 이 모든 아이디어들 가운데 여러분들이 하고자 하는 것을 충족시키면서도 감당할 수 있는 실행 가능한 방법으로 어떤 패키지를 만들 수 있을지에 대해 생각해보자는 것이에요. 그런 방향의 아이디어를 갖고 계신

분 있으신가요?

빌   음. 아마도 우리는 두 가지 방법 중 하나 혹은 둘 다를 생각해
봐야 할 것 같아요. 첫째, "A열에서 하나, B열에서 하나"를 선택
하는 방식을 생각해볼 수 있어요. 빈스와 랠프가 말하고 있는
것들과 샐리와 제가 추진하고 싶어 하는 것들 중에서 말이죠.
저도 정확히 무엇을 의미하는지는 모르지만, '실내'에서 교육적
요소를 포함하는 기념행사를 하는 방법을 찾아볼 수 있을 것
같아요. 물론 그 반대가 될 수도 있구요. '일거양득Two mints in
one'이라고 하죠.

코니   그 둘 중 하나 또는 둘 다는 어떻게 생겼을까요?

빌   이런, 코니. 전 잘 모르겠다고 이미 말했잖아요. 아마 2일짜리
행사를 생각한다면, 첫째 날은 실내행사로 둘째 날은 실외행
사를 진행하는 것으로 생각할 수 있어요. 둘째 날에는 비가 올
때를 대비한 대체 계획이 있어야겠죠. 아마 '밤-낮-밤night-day-
night' 계획이 될 수 있겠네요. 심각한 것들로 시작해서 샐리가
말하는 것들 중 일부를 진행하고 불꽃놀이로 마무리하는 거예
요. 말 그대로.

코니   재밌네요. 꼭 '밤-낮-밤' 문구를 적어놓으세요, 몰리. 일종의 사
건 흐름 같은 접근이네요.

빈스   음, 빌의 말을 되받아치는 건 아니지만, 빌은 우리가 모든 일을
할 수 있는 형편이 안 된다는 점을 지적한 것 같은데요.

코니   저는 빌이 그런 의미로 말했다고 생각지 않아요, 빈스. 그리고
어떤 경우든 저는 우리가 아직까지는 예산에 매달려야 한다고

생각하지도 않아요.

만약 우리가 생각하는 올바른 행사 아이템들을 결정하고 나서, 물론 모든 것을 할 수는 없겠지요, 그때 우리가 비용을 계산해서 각 행사에 대한 특정한 종류의 지원을 붙이면 어떨까요? 제 말은 어떤 이벤트는 공공 자금만 지원받고, 다른 이벤트는 민간 지원을 받을 수도 있는 거잖아요. 우리가 그런 방식을 찾아봐야 하지 않을까요? 적어도 시도는 해볼 수 있잖아요?

빈스 악의는 없었어요.

빌 맞는 말씀입니다. 어떤 옵션을 제외해야 한다면 공명정대하게 결정해야 한다고 생각합니다.

코니 맞아요. 그리고 저는 빌이 제시한 다른 아이디어, '일거양득' 아이디어로 되돌아가고 싶어요. 저도 몰리가 그렇게 적어놓은 것을 봤어요. 랠프, 당신이 고등학교에서 상연될 공연dramatic presentation에 재미있고 긍정적인 부분과 함께 좀 더 의미를 담은 내용을 포함시킨다고 생각해보세요. 그렇게 할 수 있을까요?

랠프 흠. 노래를 부르는 몇몇 초등학생들을 포함시킬 수 있을 것 같아요. 고등학교 댄스 동아리 회원을 어느 정도 모을 수도 있고요. 미래에서 오늘을 되돌아보는 퀴즈쇼 같은 것도 만들 수 있죠. 제가 드라마클럽 고문에게 우리와 함께 보조를 맞춰 줄 수 있는지 물어볼께요. 그녀는 꽤 유능해요. 아마 블레인의 연극 배우들도 초대할 수 있을 거예요.

코니 샐리, 만약 더 축제적인 성격을 띤 이벤트 중 일부를 낮 행사시간에 어떤 형태로든 진행한다면 어떨까요?

샐리 그거야말로 제가 보고 싶은 것들이네요. 전부는 아니고, 부분적으로는 가능해요.

코니 음, 알겠어요. 그 부분에 대해 계속 집중할게요. 우리가 그 방향으로 계속 간다고 하면 실제 낮에 개최될 행사에 대해서도 계속 고민해볼 필요가 있어요. 몰리, 우리는 웹사이트 같은 최신 기술에 대해 충분히 이야기하지는 않았어요.

몰리 저도 알고 있어요. 그 이슈에 관한 한 제가 소수자라고 생각해요.

코니 그래요, 하지만 그거 아세요? 저는 하루 종일 아이들과 함께 일하기 때문에 아이들이 온라인에서 얼마나 많은 시간을 보내는지 알고 있어요. 또 웹사이트가 전 세계 사람들이 우리 마을에 대한 첫인상이 될 수 있다는 점도요. 그래서 랠프와 빈스가 저녁 공연과 관련된 내용으로 자료를 만들어주면 그것을 웹사이트 콘텐츠로 사용하는 방법이 어떨까 하는 생각이 드는데요.

몰리 '블레인 마을의 과거 모습들' 같은 것을 말씀하시는 건가요?

코니 맞아요. 그리고 웹사이트의 목적에 잘 들어맞는지 확인하기 위해 프로그램이나 소책자 만드는 작업에 몰리 당신이 직접 참여하면 어떨까요?

몰리 흥미롭네요. 효과가 있을 것 같아요. 역사물을 두 번 활용하도록 합시다. 사실 빈스와 역사위원회가 원한다면 웹사이트에 텍스트뿐만 아니라 시각 자료도 더 많이 넣을 수 있어요. 비용도 저렴하고요. 게다가 확장성도 있어요. 아이디어가 인기를 얻고 사람들이 더 접속하고 싶어 한다면 말이지요. 또 행사 자료집에서 사람들을 웹사이트로 안내할 수도 있어요. "그림을 포함해 더 자세한 내용을 보시려면 www.townofblanie.org를 클릭하세요."

빈스 저는 늘 다 된 밥에 재 뿌리는 사람이 되고 싶지 않지만, 정확성을 기하기 위해 계속 이의를 제기할 거예요. 만약 우리가 진실과 '유쾌한 대화' 중에 하나를 선택해야 한다면, 저는 제가 무엇을 선택해야 할지 알 것 같아요.

코니 맞아요. 그 말은 우리가 그러한 상황으로 가는 것을 피해야 한다는 뜻이겠죠. 그리고 제 생각에 모든 사람들은 포기하고 싶지 않은 일종의 마지노선bottom-line을 가지고 있다고 생각해요. 여러분 모두 수고하셨어요. 오늘 밤 우리가 이야기한 것들을 요약해서 다음 회의 전에 배포해 드리겠습니다.

소위원회를 만들어 전문가 의견 구하기

블레인의 준비위원들이 행사 계획에 어느 정도 진전을 보이고 있으므로, 이제 CBA 숙의의 핵심 요소 목록으로 돌아가보자. 4장에서 우리는 소위원회의 활용에 대해 간략하게 다루었다. 자격을 갖춘 개인에게 예산 관리 등 일상적인 관리 업무를 위임하는 것 외에도 소위원회는 전문가 조언을 토론에 끌어들이는 도구 역할을 할 수 있다. 우리는 이미 특정 당파적 논점을 제시하도록 역할을 부여받은 감정인과 테이블의 모든 사람이 속도를 낼 수 있도록 돕는 전문가 자문위원을 구분했다. 많은 CBA 활동 중 특히 매우 복잡한 분쟁에서 소위원회의 활동은 전문가 자문위원의 활용을 중심으로 진행된다.

이러한 목적을 위해 효과적인 소위원회를 구성하는 첫 번째 단계는 공동 사실조사joint fact-finding에서 다룰 의제를 만드는 것이다. 간단히 말하자면 미리 만들어진 여러 질문들을 묻고 그에 대답하는 것이다. 예를 들면 다음과 같은 것들이다.

- 우리가 반드시 알아야 할 사실들facts은 무엇인가?
- 우리를 위해 누가 사실조사를 해야 한다고 생각하나?
- 사실조사자는 어떤 방법을 사용해야 한다고 생각하나?
- 예정된 사실조사 활동이 끝났지만 여전히 공백이나 불확실성이 존재한다면 무엇을 해야 할까?

이슈가 복잡할수록 기반 지식의 공유는 더 중요해질 것이다. 현재 진행 중인 북대서양 연안 어업에 관한 논쟁이 바로 그 좋은 사례이다. 환경론자들은 어획량 조절을 통해 어족 자원을 보호하기 원하는 반면 어부들은 그들의 생계를 보호받기 원한다. 이 어려운 주제에 대한 합의 형성은 모든 당사자들이 받아들일 수 있는 일련의 기준선들을 만드는 데 달려 있다. 가장 중요한 사실은 어류 개체 수가 감소하는지 유지되는지 아니면 증가하는지 확인하는 것이다.

합의된 기간 동안 합의된 샘플링 방법을 사용한다고 가정했을 때 우리는 어떤 쪽의 추정치를 최종적으로 받아들여야 할까? 누가 보트에서 샘플링을 해야 할까? 샘플링 절차는 변하는 환경 조건(예를 들어 물의 탁도turbidity를 변화시키거나 지역의 생태학적 균형을 방해하는

심한 폭풍 등)에 대응해 변경되어야 할까? 어부들에게 '중립적인' 보트와 나란히 샘플링할 수 있도록 허용하거나 장려할 수 있을까? 우리가 원하는 만큼 분명한 결과가 나오지 않을 경우 결과 해석은 누가 담당해야 할까?

이런 것들 때문에 올바른 전문가 선발이 매우 중요하다. 대체로 협의체(합의 형성 그룹)에서는 자신들이 원하는 사항과 필요한 일을 잘 정리한 다음, 촉진자가 그 일에 적합한 (그리고 이용 가능한) 후보 목록을 만들도록 하는 것이 타당하다. 모든 당사자들이 동의하는 한 후보자가 있을 때 그 전문가가 임무의 정의에 대해 '재검토push back'할 수 있도록 허용해야 한다. (전문가는 협의체가 미처 생각하지 못한 사항에 대한 뭔가를 알고 있을 가능성이 매우 높다.) 또한 그 시점에서는 다소 수정된 사실조사에 합의하는 것도 합리적일 수 있다. 만약 자원(예산)에 여유가 있다면, 1가지 이상의 사실조사 활동을 병행하는 것도 효과적일 수 있다.

이는 소위원회의 3번째 역할을 가져온다. 바로 전문가 견해의 요약 초안을 작성하는 것이다. 만약 CBA 그룹에 50명이 있고, 5명의 전문가가 2, 3가지 핵심 사항에 대해 광범위한 데이터를 수집했다면, 50명 모두가 수집된 모든 증거를 검토하는 일은 비현실적이다. 오히려 모든 이해당사자들을 대표하도록 신중하게 선정된 소위원회가 전문가들과 함께 앉아 관련 연구 결과를 요약하는 것이 보다 합리적일 것이다.

소위원회가 그들이 들은 것에 대한 대안적인 해석을 내놓을 가능성도 있으며, 그것은 매우 바람직한 일이다. 상위 기구가 감당할 수 있는 범위 내에서라면 실제 누군가에게 불공평하게 차별적이라는 인상을 줄 수 있는 좁은 범위의 해석보다는 명백하게 포괄적이고 광범위한 해석을 제공하는 편이 낫다.

이 지점에서 한 가지 주의해야 할 것은 아무리 훌륭한 소위원회라도 상위 기구의 숙의에는 참여할 수 없다는 점이다. 때때로 합의 형성자들은 함정에 빠지기도 한다. 그들은 다음과 같은 생각을 할 수 있다. '우리는 최고의 전문가들을 고용했고 그들은 아주 잘 해냈어. 우리의 뛰어난 소위원회는 열심히 듣고, 과제를 잘 수행했으며, 설득력 있는 해석을 내놓았어. 우리가 할 일은 그 해석을 승인하는 거야.'

하지만 전혀 그렇지 않다. 상위 기구가 해야 할 일은 뛰어난 소위원회의 훌륭한 업무를 지속시키고, 그 초안을 다양한 '만약의 상황what-ifs'에 적용해본 다음 혹시 다른 형태의 정밀 조사가 필요한지 결정하는 것이다. 어떠한 전문가 또는 전문가 집단도 모든 해답을 갖고 있지 않으며, 어떤 소위원회도 그보다 상위 기구의 의사결정을 대체할 수 없다.

블레인 200주년 위원회(BCC)의 사례로 잠시 돌아가보자. 위원회는 모든 당사자들에게 어필할 수 있는 패키지를 찾으려고 노력하면서 숙의 중에 있다. BCC는 4번째 회의에서 (기존 예산 소위원회 외에) 두 개의 소위원회를 신설하기로 결정했다. 빌은 두 소위원회에 '실내Indoor'와 '야외Outdoor'라는 완전히 중립적인 이름을 붙였다. 실내 소위원회는 고등학교 공연을 역사적으로 의미 있게 구성하면서도 재미있게 꾸미는 방법을 찾는 임무를 맡았다. 빈스(근대주의자)와 빌(전통주의자)이 위원으로 참여했다. 몰리는 이 공연물이 궁극적으로

웹 버전 형태로 나와야 하므로 자신이 실내 소위원회 회의에 참여할 수 있는지 물었고, 위원회는 이에 동의했다.

야외 소위원회는 샐리(전통주의자)와 랠프(근대주의자)로 구성되었고, 야외 행사/퍼레이드/불꽃놀이 제안들을 검토해 달라고 요청받았다.

두 소위원회는 모든 비용 관련 정보를 취득하는 즉시 예산 소위원회(빌과 랠프)에 전달하기로 합의했다. 빌과 랠프는 개별 행사들이 더 구체화될수록 비용 추정이 더 구체화될 수 있을 것이라는 가정 하에 전체 계획의 예상 비용에 대해 전체 위원회에 제출할 보고서를 작성하기로 합의했다.

의장인 빌은 회의를 소집했다. 몇 가지 위원회 내부의 일상적인 문제를 처리한 후 빌은 코니에게 의사봉을 넘겼고, 그녀는 소위원회 활동 결과를 보고하도록 요청했다.

코니 먼저 실내 소위원회부터 시작할게요. 빌과 빈스, 누가 먼저 시작할까요?

빌 좋아요. 빈스가 우리 아이디어의 개요서를 나눠 드리고 있지요. 많은 일이 있었지만 짧게 요약하자면, 우리가 실내 행사를 하루로 제한한다고 가정할 때 몇 가지 방법이 있어요. 하나는 스트레이트 드라마straight drama(뮤지컬과 대비하여 노래가 거의 없는 연극 - 역자)와 비슷한 형식으로 가는 것입니다. 다른 하나는 혼합 백mixed bag으로 여러 종류의 프로그램을 혼합해서 추진하는 것입니다. 양쪽 모두 장단점이 있어요.

예를 들어 스트레이트 드라마는 강력하고 교육적이지만 오래 집중하기가 어려워요. 상황에 따라 전문 배우나 가수들을 고용할 수 있다는 점에서 더 많은 시간과 비용이 필요하지만 아마추어나 학교 아이들에게 반드시 의지할 필요는 없어요. 반면 혼합 백 프로그램은 재미는 있겠지만, 학교에서 흔히 행해지는 재능쇼와 같은 프로그램들과는 달라야 하겠지요. 평범하지 않게 만들어줄 어떤 콘텐츠가 있어야 하고, 이 때문에 아마 실제 연극인들을 투입할 필요가 있을지 모르겠어요.

적어도 저는 실내 저녁 프로그램에서 소비된 돈의 일부가 다음 날 퍼레이드에서 재활용될 수 있는 방법들을 발견하기 시작했다고 말해야겠어요. 물론 저는 이 방식을 지지해요.

코니 고생했어요. 몰리가 벽에 '스트레이트 드라마'와 '혼합 백'이라고 써놓은 것을 보니 빌이 또 다른 화려한 용어를 제공한 것 같네요. 빈스는 여기에 더 추가하고 싶은 것이 있나요?

빈스 없어요. 빌이 말한 것처럼 역사위원회가 '혼합 백' 프로그램을 편안하게 하기 위해 꽤 열심히 일하고 있다는 것만 빼면 말이에요. 그들의 사고방식은 약간… 전통적일 수 있어요.

코니 몰리, 자리에 앉으셨네요?

몰리 네. 저는 실내 활동에 들어가는 콘텐츠가 뭐가 됐든 웹사이트에 담길 수 있으리라 확신해요. 저는 빈스와 함께 역사위원회 회의에 참석했고, 빈스의 의견에도 동의해요. 단지 저는 콘텐츠 중 일부는 웹사이트에서 편안하게 작동할 수 있도록 추가적인 작업이 필요하다고 생각해요. "짧을수록 좋다" 같은 것 말이에요.

코니 고마워요. 다음으로 누가 위대한 야외 소위원회 활동을 보고하나요?

랠프 우리가 합의한 대로라면 아마 저일 거예요. 샐리와 저는 제안된 모든 아이디어를 실제 추진한다면 구체적으로 어떠한 모습일지 살펴보았어요. 스프레드시트 양식으로 요약한 자료를 지금 여러분께 배포하겠습니다.

자, 여러분 왼쪽 아래에서 보고 있는 것은 우리의 선택사항이고, 위쪽을 가로질러 장단점이 적혀 있어요. 예를 들어 '퍼레이드' 항목을 보면 여러분은 개별적인 행사 그 자체로도 평가할 수 있고 또 더 큰 그림에도 잘 들어맞는지도 확인할 수 있어요. '야외 행사'와 '불꽃놀이'도 마찬가지입니다. 아마 우리가 알아내야 했던 가장 어려운 일은 야외 행사에 적용할 수 있는 옵션들을 찾아내는 것이었어요. 하루는 생각보다 길고, 채워야 할 콘텐츠도 많이 필요해요. 우리는 여러분이 흥미롭다고 생각하는 것들의 조합을 생각해냈어요. 예를 들어 전통 야구 복장을 입고 양끝이 올라간 콧수염을 기른 채 전통적인 경기를 하는 사람들이 있어요. 만약 우리가 유니폼과 모자를 제공한다면 그들은 기꺼이 우리의 오래된 블레인 비스Blanie Bees 야구팀 복장으로 차려입을 거예요. 그것 말고는 비용이 들지 않아요. 그들은 전통적인 방식의 야구를 재현하는 것을 좋아하거든요.

또 우리는 베틀이나 대장간 위에서 빙빙 도는 카딩 울carding wool 같은 옛날 공예품을 살펴보았어요. 또 스포츠에서부터 맞춤법 대회에 이르기까지 아이들이 많이 참여할 수 있는 전통놀이 목록도 작성하고 있어요. 사과 찌르기, 말굽 던지기 등도 포함해서요.

불꽃놀이는 별 문제가 없어요. 모든 사람들이 좋아하고 기념행사와 연관되어 있어요. 블레인 마을은 그것을 어떻게 활용할지 확실히 알고 있어요. 유일한 문제는 우리가 얼마나 많은 비용을 쓸 수 있는가예요. 불꽃놀이는 기본적으로 모듈식이라 언제든지 빼거나 추가할 수 있어서 거의 마지막까지 결정을 미뤄둘 수 있어요.

코니　샐리, 당신은 무엇을 추가하고 싶으신가요?

샐리　저는 랠프가 잘 요약했다고 생각해요. 물론 전체 그림을 보려면 스프레드시트를 좀 더 자세히 들여다볼 필요는 있지만요. 저는 우리가 이것들을 조사하면서 제 생각이 진일보했다는 것을 인정해야 할 것 같아요. 저는 우리가 야외 축제 행사를 역사적으로도 의미 있는 방식으로 연계해야 한다고 생각하기 시작했어요. 그렇지 않다면 그냥 평범한 또 하나의 야외 행사가 되겠죠?

빈스　당신이 그렇게 말해줘서 기뻐요, 샐리. 당신이 이야기하지 않았다면 제가 말했을 거예요. 저는 사실 블레인 비스가 컴톤 코메츠Compton Comets(블레인 비스의 라이벌 야구팀 - 역자)나 다른 어떤 팀과 경기를 한다는 아이디어가 마음에 들어요. 블레인 비스가 언제 시작되었는지, 왜 이 팀이 30년대에 해체됐는지 등을 알려주는 작은 프로그램을 만든다면 누구든 아주 좋아할 거예요. 화려하지는 않지만, 관심 있는 사람들에게는 의미 있는 내용이 될 것 같아요.

저는 더 큰 문제가 있다고 생각해요. 나쁜 뜻은 없어요, 코니. 당신이 실내와 야외 소위원회로 나눈 방식은 모든 것을 하나로 묶을 수 있는 기회를 놓칠 수도 있다고 생각해요. 빌은 그것에 대해 암시했어요. 예를 들어 실내 소위원회 공연에 참가하는 아이들은 퍼레이드 차량에는 올라갈 수 없잖아요.

빌   맞아요. 두 개를 다 할 수는 없지요.

코니   전혀 기분 나쁘지 않아요, 빈스. 저는 여러분들이 확실히 올바른 방향으로 가고 있다고 생각해요. 모두가 작은 통합보다는 큰 통합이 낫다고 생각하는 것 같아요. 앞으로 나아갈 때 명심합시다.

빌, 이제 예산을 말할 시간인가요?

빌   음, 지금 나눠줄 예정이지만 어떤 것에든 실제 비용을 산정하기에는 아직 너무 일러요. 어떤 경우 우리가 한계를 설정하고 사람들에게 그것을 지키도록 요청해야 할 것이 있어요. 예를 들어 실내 공연의 경우 자원봉사자로 충당하는 방안에서부터 본격적인 전문 프로덕션 섭외까지 범위가 너무 넓어요. 게다가 후자의 경우에는 잠재적인 수익성도 기대해볼 수 있어요.

제가 전에 말했듯이 분명히 민간 지원이 필요할 거예요. 멋진 불꽃놀이만으로도 우리는 전체 예산의 2~3배를 지출해야 해요. 만약 우리가 이 모든 훌륭한 아이디어들을 실행하고 싶다면 더 많은 돈과 시간을 들여야 해요.

코니   아직까지 모든 게 불분명하기 때문에 비용을 산출할 수 없다는 문제가 있지만, 그럼에도 우리는 약간의 민간 자금을 모아야 한다는 점에는 동의하고 있어요. 우리는 이미 민간으로부터 자금 지원을 받을 수 없는 이벤트에 대해서는 공공예산을 사용하기로 이야기했어요.

저는 오늘 회의에서 다시 한번 발전 가능성을 보았습니다. 여러분들도 그러셨기를 바랍니다. 이 시점에서 제가 한 가지 프로세스를 제안해도 될까요? 제가 여러분들에게 개별적으로 연락해서 몇 가지 사항이 첨부된 개선안을 작성해보는 건 어떨까요? 만약 다음 회의에서 우리가 말하고 있는 이벤트들의 범위를 정확히 규정할 수 있다면, 아마도 자금 조달에 필요한 몇몇 좋은 목표들을 확인할 수 있을 것 같아요. 예를 들어 블레인 비스와 관련된 프로그램은 회사의 후원을 받을 수도 있고, 게임을 위한 프로그램은 지역 인쇄소 중 한 곳에서 기부받을 수도 있을 거예요.

분명 우리는 앞으로의 일을 예단하고 싶지는 않은 것 같아요. 잘될지 아닌지를 기준으로 행사 목록을 정하고 싶지는 않아요. 하지만 만약 불꽃놀이로 기념행사가 끝나기를 원한다면 그리고 그 불꽃놀이가 잘될 거라고 생각한다면 우리는 그런 종류의 일부터 시작해야 할 거예요.

단일 텍스트 절차 사용하기

코니의 마무리 진술은 우리 목록의 다음 항목인 '숙의에 집중하기 위한 단일 텍스트 사용하기'를 예고하는 말이다.

당신이 상상할 수 있는 것처럼 이 모든 창안하기와 패키징, '만약에'what-if' 용법을 사용한 최종 결과로 엄청나게 많은 양의 이야기를 들을 수 있었다. 결국 누군가는 사람들이 이해할 수 있는 방식으로 제안된 아이디어들을 일목요연하게 정리해야 한다.

우리는 이 목적을 위해 '단일 텍스트 절차single-text procedure'라고 알려진 것을 추천한다. 각 이해관계자 집단을 초대해 스스로 제안서를 작성하는 대신 촉진자에게 단일 텍스트를 작성하도록 하는 것이다. 이는 여러 관점을 결합해 하나의 문서로 통합하는 작업으로 이 문서는 상위 기구에 의해 검토되고 토론되고 수정된다. 그것의 일부 버전은 결국 지속적인 토론의 중심이 된다.

어떻게 이 중요한 텍스트를 얻을 수 있을까? 기본적으로 촉진자는 각 이해관계자 집단과 개인적으로 만나 '이상적인 패키지'에 대한 그들의 생각을 끄집어낸다. 이때까지만 해도 이해관계자들은 사실 조사와 토론을 통해 배운 것을 가지고 모두진술에서 말한 것 중 몇 가지 정도는 변경하기를 바라지만, 여전히 자신만의 이해관계 기반의 관점을 지니고 있을 것이다. 구체적으로 촉진자는 그룹 A와의 회의 뒤에 단일 텍스트 작업 요약을 한다. 그런 다음 촉진자는 그룹 B와 토론하기 위해 '새로운' 초안을 가져간다. 촉진자는 그룹 B로부터 의견을 듣고 단일 텍스트를 수정한 다음 새로 통합된 텍스트를 손에 들고 그룹 C를 만나러 간다. 이런 방식으로 단일 텍스트는 발전되어 가는 것이다.

일반적으로 촉진자는 도중에 여러 개의 초안을 공유하지 않는다. 대신 이전의 모든 회의에 근거한 통합 초안을 완성한 후 브레인스토밍을 위해 다음 그룹에게 통합 버전을 건네준다. 때로는 브레인스토밍을 전체 회의에서 행하는 경우도 있지만, 이 경우 2가지 종류의 문제를 야기할 수 있다. 첫째, 비효율적일 수 있고 둘째, 특정 제안이 특정 개인이나 그룹에 귀속된다는 것을 구성원들이 알게 되어 프로세스를 복잡하게 만들 수 있다. 만약 그룹 A가 그룹 B가 좋아하는 것에 반대하는 것으로 기록되어 있다면, 그룹 B에서 나온 것으로 알려진 훌륭한 해결책조차 거부될 수 있다.

반면 그룹 B는 사실조사와 창안의 결과로서 사고의 큰 진전을 이루었을지도 모른다. 아마도 그룹 B의 구성원들은 이제 그들의 이전 사고방식에서 벗어나야 할 필요성을 느끼지만, 그 사실을 반드시 알리고 싶지는 않을 수도 있다. 단일 텍스트로 공유된다면 귀속되는 일 없이 새로운 아이디어를 더 쉽게 받아들일 수 있다.

단일 텍스트 국면에서 기본 규칙 중 결정적인 것 하나는 '비판을 보류하고 제안된 개선 사항에 중점'을 두는 것이다. 만약 합의 형성 그룹이 일을 잘 수행했고 촉진자도 자신의 역할을 잘 수행했다면, 그 단일 텍스트는 전체 합의 형성 그룹의 많은 구성원들이 행복하거나 기뻐할 수 있는 어떤 것이어야 한다. 따라서 도전은 이제 아무도 쫓아내지 않지만 혹시라도 기뻐하지 않을 잠재적인 구성원을 회의장에 데려오기 위해 무엇을 바꿔야 하는가로 요약된다.

때로 유보적 태도는 텍스트의 내용보다는 텍스트 내용 외부의 것과 더 관련이 있다. 어떤 사람들은 상황이 바뀌면 어떤 일이 일어날지 궁금해할 수 있다. 회의론자들은 아마 이렇게 말할지도 모른다. 오늘 우리 모두는 이 문서를 좋아할지 모른다. 그러나 만약 그 문서 뒤에 있는 가정들이 틀린 것으로 판명된다면 어떻게 될까? 이러한

상황과 비슷한 것 하나를 인용한다면 이런 것이다. '만약 좋은 날씨에 배팅했는데 미친 듯이 비가 온다면?'

이러한 종류의 우려를 해결할 수 있는 한 가지 방법은 '조건부 옵션'을 패키지의 일부로 포함하는 것이다. 미래에 대한 다른 관점은 'if…, then…' 시나리오로 제시된다. 만약 이것이 일어난다면 그때는 다음과 같이 계획을 수행하기로 합의하는 것이다. (예상되는 사태의 수와 복잡성에 따라 부록으로 단일 텍스트에 첨부할 수 있다.) 이러한 접근 방식은 예상되는 사태가 실제 일어날 거라고 믿지 않기 때문에 합의 형성 그룹의 다른 사람들을 그다지 불편하게 만들지 않는다.

코니가 블레인 200주년 위원회의 다른 5명의 구성원들과 개인적으로 대화하고, 그들을 귀속하지 않는 발언을 듣고 다음 회의에 약속한 '단일 텍스트'(이런 용어를 사용하지는 않았지만)를 작성했다고 가정해보자. 비록 앞에서 설명한 것처럼 그룹 A, 그룹 B 등으로 반복되는 프로세스를 실행하지는 않았지만, 코니는 자신이 유용한 초안을 작성했다고 확신했다. 최종 초안은 다음과 같다.

> 블레인 200주년 위원회는 시장의 승인 하에 마을의 200주년 기념행사를 계획하고 이행하는 책임을 맡고 있다. 우리는 공공예산 한도 내에서 혹은 민간 기금 모금이 가능한 범위 내에서 준비하는 축제일뿐만 아니라 교육적인 일련의 행사를 개최하기 위해 전념하고 있다. 우리는 또한 이러한 행사들을 현재와 미래 세대에 유용하게 쓰일 수 있는 방법으로 기록하는 데 전념하고 있다.

우리는 현재 두 번의 연속적인 저녁 행사와 낮 행사를 예상하고 있다. 첫날 저녁은 고등학교 강당에서 인상적인 공연을 올릴 예정이며, 아마 전문 배우와 비전문 배우, 가수 모두를 포함한 다양한 공연진들이 출연할 것이다. 그 내용은 지금도 보완되고 있으며, 블레인 마을의 역사와 전통을 조명하고 축하하며 미래를 향한 일련의 비그넷vignette(특정한 사람이나 상황을 보여주는 삽화 - 역자)들로 구성될 것이다. 이 공연은 역사적인 의미를 담은 적절한 수준의 드라마로 구성되어 사람들의 흥미를 끌게 될 것이다.

이날 저녁의 엔터테인먼트를 위해 게시된 프로그램은 비그넷의 일부 또는 전체에 대한 보충적인 역사적 배경을 제공할 것이며, 200주년 기념식의 중요한 기념물로 기획될 것이다. 추가적으로 이날 제공된 서면 자료는 블레인 마을의 업그레이드된 웹사이트에서 적절한 설명 자료와 함께 제공될 것이다.

다음 날 행사는 시청에서 박람회장으로 향하는 퍼레이드로 시작될 것이다. 우리는 평상시보다 더 풍성한 내용을 담은 퍼레이드를 준비할 계획이다. 전날 저녁의 프레젠테이션 행사의 일부 내용이 행렬에 부분적으로 포함될 수 있다. 이처럼 특정 자료를 재사용함으로써 더 많은 시민들에게 다가갈 수 있기를 희망한다. 또한 '우리가 투자한 것 이상의 더 큰 이득'을 얻기를 희망한다.

박람회장에서 우리는 거의 하루 종일 '전통'을 주제로 한 교육적이면서도 재미있는 행사를 제공할 것이다. 여기에는 릴레이 경주에서부터 사과 찌르기, 말굽 던지기, 다양한 공예 전시에 이르는 여러 스포츠와 엔터테인먼트가 포함된다. (가능하다면 이러한 활동을 하는 리더들은 그 시대를 대표하는 의상을 입게 될 것이다.) 우리는 연령대별 철자법 대회를 진행할 계획이며, 시간이 허락한다면 블레인 상식 게임쇼도 진행할 것이다. 노점상들은 적절한 음식과 음료를 판매하도록 장려될 것이고, 스폰서들은 무료 시음 행사와 경품, 아이스크림 등을 제공할 예정이다. 오후 일정의 하이라이트는 전통적인 야구 경기다. 아마도 블레인 비스에게 의미 있는 상대인 컴튼 코메츠와의 시합이 준비될 예정이다. 이 행사는 미국 동부 전역에서 활동하고 있는 아마추어 운동선수 그룹의 봉사로 이루어질 것이다.

저녁 식사 후 휴식 시간(해가 질 무렵)에는 박람회에서 화려한 불꽃놀이가 진행될 것이다. 만약 고등학생 밴드(또는 비슷한 밴드)를 섭외하는 것이 가능하다면 불꽃놀이와 함께 애국적인 음악 공연도 펼쳐질 것이다.

블레인 마을의 '200주년 기념일'은 6월 20일인데 다행히 올해는 금요일이다. 따라서 우리의 기념행사는 20일 금요일 저녁부터 21일 토요일 저녁까지 진행될 예정이다. 우리의 희망은 일부 조기 휴가자들을 제외한 대부분의 사람들이 그 기간에 마을에 남아 행사에 참여하는 것이다. 6월 말에 기념행사를 연다는 것은 2주 후인 7월 4일 독립기념일에는 블레인에서 대규모 기념행사를 개최하지 않겠다는 것을 의미한다. 따라서 우리는 7월 4일 기념행사 예산의 일부 또는 전부를

200주년 기념행사에 할당해줄 것을 시청에 요청한다.

첨부된 예산 작업 계획표를 참조하라.

예산 소위원회 작업 계획표

행사	항목	지출	수입	민간 기부?
공연	배우 급료	1000		
	세트 비용	1000		
	시간 외 근무 수당	300		
	프로그램/기념품비	4000		기부(인쇄물?)
	입장권 수입		1500	
퍼레이드	(장식 차량)	2000		보조(장식 차량?)
	경찰 시간 외 근무 수당	1000		
	청소 비용	1000		기부(노동력?)
야외 행사/ 공예 전시	경찰 시간 외 근무 수당	2000		
	이동식 화장실 임대료	1500		
	운동 장비	500		
	야구 관련 비용	500		기부(유니폼?)
	청소 비용	1000		
	음식/음료		1000	기부(상품?)
불꽃놀이	폭약 비용	12000		보조(폭약?)
웹사이트	사진 스캔	500		기부(스캔?)
	프로그램 개발비	2000		보조(프로그램 개발?)
홍보비	신문	600		기부(광고?)
	라디오	400		기부(방송시간?)
잡비	우편료	200		
	복사비	300		
	기타	1000		
총계		32800	2500	(결정될 사항)

필요에 따른 의제 및 기본 규칙 수정하기

로버트 규칙과 구별되는 합의 형성의 또 다른 장점은 협의체가 항상 의제를 확장 또는 축소하거나 기본 규칙을 바꾸는 것에 합의할 수 있다는 점이다.

상황은 예상치 못한 특정 관심사가 포함되도록 당신의 업무를 확장해야 할 필요성이 분명해지고 있다. 자, 이제 당신의 업무를 확장해보자. (핵심 구성원을 배제하지 않는 한 당신의 업무 범위를 축소하는 것도 가능하다.) 먼저 프로세스 관점에서 제대로 작동하지 않는 것이 있는지 검토해볼 필요가 있다.

이유를 파악해 그 문제와 관련된 기본 규칙을 변경해야 한다. 예컨대 몰리가 너무 편파적인 서기라거나 혹은 너무 게으르거나, 아니면 너무 까다로운 것으로 판명되었다면? 몰리를 밖으로 내보낸 후 '강등'이라고 말하지 말고 부드럽게 '교대'라는 말로 이해시킨 다음 다른 사람으로 교체해야 한다.

이 제목에 부합하는 또 다른 문제는 늦게 파악된 이슈이다. 때로는 평가자, 촉진자, 전체 협의체가 최선을 다해 노력했음에도 핵심 이해당사자들을 제외시키는 경우가 발생할 수 있다. (가끔 당신은 당신의 문을 두드리는 그들을 발견하게 된다.) 늦게 파악되는 것에 대응하기 위한 엄밀하고 올바른 규칙은 없다. 새로운 사람을 수용하기 위해 협의체 전체가 처음부터 다시 시작할 수는 없다. 하지만 협의체는 늦은 참여자의 관심사를 파악하는 데 더 많은 시간을 할애해야 하며, 새로이 체결되는 합의에 그들의 아이디어를 적용할 방법을 찾아야 한다.

숙의를 끝내기 위한 마감기한 설정하기

지극히 자명한 것처럼 보이지만, 분명히 밝혀야 할 또 다른 점은 일정 시점에 브레인스토밍을 중단해야 한다는 것이다.

당신이 언제 그 시점에 도달했는지 확인할 수 있는 척도는 없다. 외부 마감기한이 있을 수 있다. 또 다른 경우 협의체가 특정 횟수 이상의 회의 개최는 하지 않는다는 사실을 미리 합의할 수도 있다. (그러나 문제의 범위가 사전에 완전히 정해지지 않는 한 이것은 위험할 수 있다!) 종종 협의체는 단일 텍스트가 더 나아지지 않을 것이라는 사실을 깨닫기도 한다. 이런 상황은 마지막 몇 차례의 브레인스토밍과 정교화 작업에도 실제로 내용이 크게 개선되지 않은 경우에 발생한다. 때로 단순히 협의체가 지쳤다는 이유로 토론에서 더는 진전될 것이 없다는 사실에 합의하기도 한다.

'종료'의 근거를 미리 논의해 두는 것이 도움이 된다. 우리는 끝날 때를 어떻게 알 수 있을까? 역으로 말하자면, 협의체가 지쳤을 때는 토론을 시작하지 않는 것이 좋다.

블레인 200주년 위원회는 확실한 마감일(6월 기념일 또는 그 기념일에 가까운 어떤 날짜)을 염두에 두고 기념행사 준비 작업을 시작했다. 따라서 BCC는 제한된 기간 내에 숙의를 완료해야 한다는 것을 이해하고 있다. 위원회는 또한 테이블에 앉은 각 사람들이 자신이 속한 집단의 '구성원들'에게 돌아가서 '승인'받거나, 혹은 승인에 방해되는 것이 있는지 알기 위해 시간을 확보해야 한다는 사실도 알고 있었다.

회의 초반에 코니가 재작성한 단일 텍스트를 발표한 후, BCC는 작업 계획을 구체화하고 특히 다음과 같은 영역에서 필요한 조정을 하기 위해 두 번의 회의를 더 열었다.

- 첫날 저녁의 공연 내용
- 퍼레이드 참가자
- 스포츠 이벤트 및 특색 있는 공예품
- 재정 지원(현금 기부, 후원, 할인, 현물 기부 등)

위원회의 10번째 공식회의에서 코니는 최근 수정된 단일 텍스트 문서를 나눠줬는데, 이는 지난주에 배포한 것과 크게 다르지 않다. 빌 의장과 사전 논의를 거친 코니는 이제 위원회의 숙의를 끝내는 이슈를 제기하려 한다.

코니   저는 위원회의 분위기를 알고 싶어요. 제 생각에는 이제 작업을 마무리해야 할 단계인 것 같아요. 오늘 대부분의 변경 내용은 예산을 미세 조정하는 것입니다.
　　　 사실 여러분 중 몇 명은 약간 피곤해 보여요. 저는 우리 모두가 화요일 저녁에 다시 모이는 게 좋겠다고 생각해요.
샐리   찬성이에요! 옳습니다!
몰리   전 대찬성이에요.
코니   랠프, 빌, 빈스는 어떻게 생각해요?
랠프   저는 우리가 해야 할 일을 꽤 진행했다고 생각해요. 행사까지 계속 노력하는 것은 당연하지만, 저는 우리가 내부적으로 해야 할 일이 그리 많이 남아 있다고 생각하지는 않아요. 오히려 저는 외부의 더 많은 사람들과 계획을 공유하고 우리가 논의한 것에 대해 검토해볼 때라고 생각해요.

빌 이 시점에서 저의 유일한 관심사는 예산이에요. 우리 모두 총 예산이 30,000달러 이상 든다는 것을 알았을 때 거의 까무러칠 뻔했어요. 그런데 시청에서 7월 4일 독립기념일 예산의 일부를 투입해주고, 경찰과 공공 부서가 시간을 할애하면서 많은 도움을 주었어요. 많은 수의 민간 기부자들도 찾아왔고요. 그래서 현재 6,000달러 정도 적자를 보는 수준으로 줄어들었고요, 아직도 몇몇 잠재적 후원자들이 더 있는 것 같아요. 그래서 저는 마음이 편해요.

빈스 음, 저는 그렇게 마음이 편치 않아요.

코니 당신이 우려하는 것은 무엇인가요, 빈스?

빈스 최악의 상황은 행사 날짜를 코앞에 두고 6,000달러의 적자를 메우지 못하는 거예요. 그러면 어떻게 될까요? 누군가가 큰 옵션이나 작은 옵션들을 쳐내야 해요. 솔직히 저는 제가 가장 좋아하는 행사를 취소하고 싶지 않고, 여러분 대부분도 똑같이 느낄 거라 확신해요. 최종적으로 행사를 결정하는 사람은 누구인가요?

코니 지금이 만일의 사태에 대비한 비상계획안을 검토하는 포인트가 될지도 몰라요. 현재 계획은 월말 전에 완전히 자금 지원을 받는다는 전제 하에 위원회의 만장일치 합의를 반영한 것이에요. 만약 완전한 자금 지원을 받을 수 없다면 우리는 그 상황에 대해 어떻게 대처해야 할지 정확히 파악해야 할 거예요.

빌 좋은 이야기입니다. 랠프와 저는 그동안 진행 상황을 계속 알려드리겠습니다. 저는 그 예산을 찾아낼 수 있다고 확신해요. 우리가 생각해낸 패키지는 모두를 위한 무언가를 가지고 있고, 그것이 기금 모금 측면에서 많은 도움을 주고 있어요.

샐리 그래서 지금 여기서는 무엇을 합의해야 하나요? 우리가 나가서 이 계획에 대해 논의한 다음 2주 후에 다시 모여서 우리가 듣고 토론한 것에 대해 합의하면 어떨까요?

빈스 코니, 많은 사람들이 고개를 끄덕이고 있네요. 마지막으로 당신은 제가 어떤 일을 투표에 부치는 것에 동의할 수 있나요?

코니 [웃음] 네, 저는 드디어 당신이 활약할 시간이 왔다고 생각해요, 빈스!

위원회는 코니가 작성한 비상계획안을 거수 방식으로 승인하고, 샐리가 제안한 것처럼 2주 후에 다시 모여 회의하는 방안에 합의했다. 빈스는 이 계획을 역사위원회로 가져갈 것이며 랠프는 학교 커뮤니티와 함께 확인하기로 했고 샐리는 자원봉사 네트워크와 아프리카계 미국인 커뮤니티와 소통할 것이다. 빌은 시장 사무실과 비즈니스 커뮤니티 모두와 연락할 것이고 몰리는 첨단 기술자 및 청년 전문가 집단과 이야기를 나눌 것이다.

사전 관계 구축하기

성공적인 숙의의 8가지 요소 중 사전 관계 구축하기가 아마도 가장 쉽게 느껴질 수 있다. 많은 경우 CBA는 관계에 의해 움직인다.

관계를 이해한 상태에서 관계를 구축하는 것이 중요하다.

때때로 CBA가 시작되기 전에 관계가 형성된다. 예를 들어, 그룹 A와 B에 속한 사람들은 과거에 많은 일을 함께해왔기 때문에 쌓아온 신뢰(또는 극복해야 할 불신)의 기반이 있다고 가정해보자. 만약 그룹 A와 B가 함께 '길을 달릴run down the road' 준비가 되어 있다면, 촉진자는 그룹 C와 D가 소외받지 않도록 이를 최대한 활용해야 한다.

관계를 바라보는 또 다른 방법은 '프로세스 끝에 누가 누구와 함께 일하게 될까?' 하고 물어보는 것이다. 그룹 A와 B의 구성원들이 가까운 미래에 함께 일할 것이라는 사실을 알게 되면 그들은 테이블에서 다르게 행동하는 경향을 보일 것이다. 숙련된 촉진자는 이런 종류의 미래 상황을 전향적으로 고려해야 한다.

한 가지 일반적인 오해는 테이블에 오래된 친구들이 있으면 CBA가 쉬워지고, 불구대천의 원수가 있으면 더 어려워진다고 생각하는 선입견이다. 때로는 사실일 수 있지만, 때로는 사실이 아니다. 때로는 명확하고 정반대되는 모두진술을 듣는 것이 참가자들이 상황을 더 진지하게 받아들일 수 있게 한다. 또한 때로는 오랜 적들과 함께 일할 수 있는 진정한 첫 번째 기회이기 때문에 좋은 일이 생길 수 있다.

관계는 강력할 수 있다. 그리고 우리가 6장에서 보게 될 것처럼 어떤 때는 합의 형성의 최종 단계에 내재된 다양한 압박으로부터 버텨내기 위해 관계는 강력할 필요가 있다.

상호 이익 강조하기

물론 이 주제는 이 책 대부분의 장을 관통하며, 또한 다음 장에서 주로 다룰 것이기 때문에 여기서는 핵심만을 강조하는 데 그칠 것이다.

CBA는 협의체의 모든 구성원을 위한 더 나은 해결책을 찾기 위해 구성원들의 창의력을 이끌어내는 것이다. 어떤 사람들은 제로섬, 즉 '나의 이익은 너의 손실'인 협상에 익숙해서 처음에는 테이블에 앉아도 이 개념을 이해하는 데 어려움을 겪는다. 그들은 합의 형성 과정을 '어떻게 우리 모두가 앞서 나갈 수 있지? 어떻게 패자가 없을 수 있지?'에 대해 회의적인 시각으로 대한다.

그러나 경험에서 보듯이 조건이 맞으면 상호 이익이 발견된다. 어떤 조건에서 발견될 수 있을까? 앞에서 지적한 바와 같이 다루고자 하는 도전 과제가 여러 이슈에 걸쳐 거래할 수 있을 만큼 충분히 '다양하게' 형성되어 있어야 한다. (타협compromises이 아닌 거래trade라는 점에 주목하자.) 프로세스는 능숙하게 관리되어야 하고 필요한 자원을 손에 넣어야 한다. 아마도 가장 중요한 것은 사람들이 기꺼이 불신을 멈추고 합의 형성 프로세스에 시간과 에너지를 투자해야 한다는 점이다. 사람들이 이러한 마음가짐으로 이 책에서 설명하는 단계들을 잘 따를 때 CBA는 잘 작동한다.

실제로 많은 성공 사례들이 있다. 합의 형성으로 전환한 많은 임시 회의체들이 그렇게 함으로써 개인적인 충돌을 피했고 다른 소모적인 조직적 대립도 피했다. 전통적인 '공청회 모델hearings model'에서 이 책에 기술된 협력적인 합의 형성 프로세스로 전환한 많은 지방 자치단체들이 있다. 이러한 전환을 통해 논란이 있는 시설들을 배치했고, 어려운 예산 삭감을 이뤄냈으며, 적어도 초기에는 많은 사람들이 바뀌지 않아야 한다고 생각했던 오래된 공공정책을 바꿀 수 있었다. 또한 국가정책 결정에서도 CBA 노선에 따라 운영된 사례가 있다(의회에서조차 그렇게 하지 않으면 처할 위험이 너무 많았기 때문에 때때로 초당적인 노력이 꽃을 피웠다.) 또한 1992년에 환경 및 개발에 관한 리우Rio 회의 후 전 세계 거의 모든 국가들이 기후 변화 및 생물 다양성 보호 조약에 서명했을 때처럼 CBA가 일상적인 남북 또는 동서 논쟁을 대체했던 세계적인 노력도 있었다. (당신은 2006년 출간된 《합의 형성 핸드북Consensus Building Handbook》과 이 책의 부록 G에 열거된 책에서 더 많은 성공 사례들을 확인할 수 있다.)

이러한 노력이 성공한 이유는 참가자 모두가 앞으로 나아갈 수 있는 가능성을 만들어내는 방식으로 자신의 이익을 추구하는 데 헌신했기 때문이다. 이 경우 모든 사람들은 합의가 이루어지지 않을 경우에 얻을 수 있는 것보다 더 나은 결과를 얻어낼 수 있었다. 실질적인 합의는 참가자들이 문제해결 사고방식을 채택하고 논쟁적이지 않은 방식으로 숙의했으며 공동의 사실조사에 의존하면서 다양한 브레인스토밍 및 가치 창출 기법을 활용해 거래(또는 패키지)를 창출했기 때문에 가능했다. 그들은 이타적인 이유로 이런 일들을 한 것이 아니다. 그렇게 하는 것이 그들 자신과 그들 집단에도 최선의 이익이라는 것을 깨달았기 때문에 CBA로 전환했던 것이다.

6장

/

합의에 도달했음을 확인하기

지금까지 우리가 블레인 마을의 사례와 일반적인 용어로 설명했던 것 대부분은 어떻게 숙의를 통해 가치를 창출할 것인가에 관한 것이었다. 예를 들어 블레인 200주년 위원회의 구성원들은 가능할 것 같지 않은 옵션을 만들어내 서로의 이익을 구축했다. 그들은 패키지를 생각해내는 어려운 단계를 끝냈고, 이젠 그들이 각각 자신이 속한 집단의 구성원들로부터 들은 의견을 기초로 해서 그 패키지의 최종 버전을 결정하는 단계에 있다.

그렇다면 그들의 일은 완료되었을까?

그렇지 않다.

가치 창출은 합의 형성의 한 측면에 불과하다. 중요한 것은 가치를 분배하는 과정에 있다. 합의 형성자들은 과수나무를 심었고 지금 열매를 맺고 있다. 그들은 그들에게 주어진 일을 잘 해냈고, 이미 친숙한 구성원들 사이에서 과일이 어떻게 분배될 것인지에 대한 좋은 아이디어를 공유하고 있어 별 문제 될 것이 없었다. 그러나 만약 구성원 중 일부가 과일('가치')의 묵시적 분배 방식에 동의하지 않는다면 어떻게 될까? 만약 새로운 구성원들이 나타나 그들 역시 전리품을 나눠 가져야 한다고 주장하면 어떻게 될까?

이럴 때가 CBA에서 가장 어려운 부분이다. 협의체는 실행 계획에 대한 합의에 도달하기 위해 몇 주 또는 몇 달 동안 열심히 일해 왔다. 이제 협의체 위원들이 나가서 자신이 대표하는 사람들에게 계획을 설명해야 하는데, 그들 대부분은 테이블에 있지 않았고 잠정 계획이 어떻게 구성되었는지 전혀 알지 못한다. 이 사람들 중 몇몇은 매우 힘든 요구를 할 수 있으며, 위원들은 다시 협의체로 돌아가야 할지도 모른다. 이는 다음과 같은 혼란과 의심을 불러일으킬 수 있다. 왜 빈스는 그 오래된 논쟁들을 다시 꺼내는 걸까? 우리는 그 문제를 몇 주 전에 해결했다고 생각했는데. 만약 빈스가 자신의 이익을 좀 더 챙기려고 한다면, 나도 가만 있지 않겠어!

이때가 바로 촉진자가 진정한 자신의 역할을 해야 할 때다. 촉진자는 변화된 지형을 평가해서 모든 이해관계자들을 계속 참여시킬 방법을 찾아야 한다. 촉진자는 만장일치를 꾸준히 추구해야 하지만 필요하다면 우리가 '압도적인 동의'라 부르는 것에도 만족해야 한다. 최악의 경우 촉진자는 협의체가 합의 형성에 도달할 수 없다는 것을 인정해야 한다.

이것이 바로 '결정하기'의 프로세스이다. 이 장에서 우리는 공정하고 압도적이며 호소력 있는 해결책에 도달하기 위한 3가지 기법을 강조할 것이다. 보다시피 3가지 기법은 공동 문제해결 과정에서 시도된 프로세스의 확장과 강화이다.

- 공동이익을 극대화하라
- 기록을 바로 유지하라
- 후속 조치 문제를 예측하라

우리는 블레인 200주년 위원회 위원들에게 난해한 질문 몇 가지를 던질 것이다. 그들이 대내외적인 압박 속에서 창조한 가치를 재분배해야 할 때(그리고 그들이 더 많은 가치를 창출해야 할 때) 이 일을 얼마나 잘 처리하는지 살펴볼 것이다.

공동이익 극대화하기

우리는 여기에서 이전 장에서 접했던 많은 부분을 다시 언급하게 될 것이다. 왜 우리가 이 모든 회의를 거쳤고, 논쟁에 귀를 기울였고, 소위원회를 구성했으며, 옵션과 패키지를 창안했을까? 정답은 공동이익을 극대화하기 위해서였다. 다른 말로 하자면 어떤 한 명의 당사자가 한 것보다 우리가 함께 협력하면서 더 잘할 수 있었던 것은 바로 우리 스스로 이 모든 것을 해왔기 때문이다.

5장에서 언급한 바와 같이 대부분의 사람들은 로버트 규칙이라는 틀 안에서 CBA를 바라본다. 왜 그럴까? 그들의 이전 경험은 대부분 그들의 이득이 다른 누군가의 손실이었던 '제로섬'의 세계에서 이루어졌기 때문이다. 이는 당신이 표를 미리 계산하고 표가 충분하다고 확신할 때 그 안건을 투표에 붙이고 승자가 되어 집으로 돌아가는 세상인 것이다. 그 세계에서 당신은 불만을 품은 소수에 대해 걱정하지 않는다. 결국 우리는 민주주의 세계에서 살고 있고, 그들은 패배했기 때문이다.

CBA에서 촉진자는 제로섬 사고방식을 극복하기 위해 부단히 노력한다. 그는 기회가 있을 때마다 브레인스토밍, 패키징, '만약에?' 활용법 및 그 외 합의 형성의 다른 모든 기법들이 실제로 공동이익에 도움이 된다는 점을 강조한다.

많은 경우 촉진자는 테이블에 있는 사람들이 '말하는' 유사점을 생각해내야 한다. 열렬한 스포츠 애호가들은 훌륭한 거래가 양 팀을 더 좋게 만들 수 있다는 것을 이해한다. 우표 수집가들은 훌륭한 거래가 두 컬렉션을 더 좋게 만들 수 있다는 것을 알고 있다. 촉진자는 올바른 언어를 찾아야만 하고, '성공'이 어떻게 보일지 예견해서 협의체가 그곳에 도착하기 위해 취할 수 있는 조치를 알아내도록 도와야 한다.

물론 협의체는 결과를 생산해야 한다. 합의 형성에 관한 한 사람들은 단지 상호 간에 이익이 되는 결과라는 생각만을 받아들이는 것은 아니다. 흥미로운 패키지가 이슈를 넘나드는 거래의 결과라는 사실을 알게 될 때 사람들은 기본 규범으로써 합의 형성을 가슴에 품게 될 것이다.

이제 합의 형성자들이 현장에서 돌아와 토론의 결실에 대해 거기서 들은 것들을 보고해야 하는 시점으로 빨리 넘어가자. 협의체 구성원들 사이에 잠정적인 합의가 이루어진 다음이지만 최종 결정은 내려지기 전의 시점이다. 바로 이 시점이 종종 매우 힘든 순간이다. 사람들은 몇 달 전에 이미 다루었던 주제들을 다시 언급하기 시작한다. 그들은 최후통첩처럼 들릴 수 있는 말을 협의체에 전달한다. '만약 X, Y, Z를 얻지 못한다면 우리는 여기서 나갈 것이다.'

여기서 배운 교훈과 지난 몇 주 혹은 몇 달 동안 맺어진 관계는 시험대에 오르게 된다. 촉진자는 공동이익을 극대화하기 위해 패키징 및 리패키징 프로세스를 강화해야 한다. 이때 그는 테이블에 수정된 패키지를 올려놓고 "이것을 감수할 수 없는 사람이 있습니까?(who can't live this?)"라고 묻는다.

누군가 이 질문에 응답해 손을 들 때 촉진자는 공동이익을 극대화하기 위한 다음 질문을 해야 한다. "그러면 당신이 감수할 수 있는 무언가를 하기 위해 패키지를 어떻게 강화하거나 개선하면 좋을까요? 그에 대한 당신의 제안은요?"

촉진자는 (종종 실시간으로) 반대파에 의해 제안된 개선사항을 요약하고 이러한 개선사항을 투입하는 방식으로 패키지를 정리한 후 다시 첫 번째 질문으로 돌아간다. "자, 이걸 감수할 수 없는 사람이 있습니까?"

이번에는 당연히 다른 사람의 손이 올라갈 수 있다. 촉진자는 다시 손을 든 사람에게 반대파에 대한 반대 의견만 표명하지 말고, 수정된 패키지를 자신이 수용 가능한 것으로 변경하여 제안하도록 요청한다. 그들은 다시 재수정된 패키지를 내놓고 "이걸 감수할 수 없는 사람은요?"라고 묻는다.

여기에서 촉진자는 매우 적극적인 역할을 수행하고 있다는 점에 주목해야 한다. 협의체가 결정의 순간으로 다가갈 때 이런 종류의 강력한 손길이 필요할 수 있다. 촉진자는 특정한 요구에 대해 "우리가 그렇게 할 수 없다고 생각한다. 당신이 제안하는 것을 우리가 채택한다면 우리는 너무 많은 다른 사람들을 잃게 될 것이다"라고 말할 수도 있다. 또한 촉진자는 3개의 패키지를 테이블 위에 올려놓고 참석자들의 의사를 타진해볼 수도 있다. 즉 구속력이 있는 투표가 아니라 의견 분포를 확인하기 위해 손을 들어 의사 표시를 하게 할 수도 있다.

숙련된 촉진자들은 가능한 한 빨리 이 프로세스를 시작하고 필요할 때마다 반복한다. 그들은 새로운 패키지에 대한 지원의 폭과 깊이를 측정해 테스트하고 조사한다. 그리고 가능한 많은 옵션들을 고려하도록 해야 한다. (모든 옵션 또는 가능한 많은 옵션을 사용하는 것이 공동이익을 극대화할 수 있는 유일한 방법이다.) 더욱 중요하게는 이러한 반복적인 프로세스가 누군가를 배제하기 위한 것이 아님을 명백히 하면서 개선을 추구해야 한다는 점이다.

곤경에 빠진 블레인 마을

5장에 나온 가장 최근 회의에서 200주년 위원회는 마을의 여러 집단 구성원들에게 단일 텍스트 문서를 2주 동안 배포하는 데 합의했다. 2주가 지난 후 위원회가 다시 개최되었다. 빌은 개회를 선언했고, 코니는 토론을 시작했다.

코니 그래, 밖에서 어떤 이야기를 들었나요? 누가 먼저 얘기할래요? 오늘 저녁에는 아무도 행복해 보이지 않네요. 무슨 일이 있었나요?

빌 음, 젠장, 제가 먼저 할게요. 껍질째 먹겠습니까? 아니면 벗겨내고 먹겠습니까?(You want it with the bark on, or the bark off?)

코니 네? 뭐라고요?

빌 예전 속담이에요. 좋지 않은 소식이 있을 때 껍질째, 즉 순화된 상태로 들을지 아니면 날것 그대로 들을지 묻는 거예요. 어느 쪽이든지요.

코니 그렇다면 저는 우리가 껍질을 벗기고 들을 필요가 있다고 생각하는데요. 나쁜 소식인가요?

빌 네, 맞아요. 시장이 현재 형태로는 우리 제안을 지지하지 않을 거라고 말했어요.

샐리 맙소사! 도착하자마자 끝났네요.

코니 당신은 '현재 형태로'라고 말했어요. 시장은 우리의 제안을 받아들이려면 무엇이 필요하다고 하던가요?

빌 맞아요. 확실하게 말했어요. 시장은 토요일 오전 행사를 정치인들의 연설에 할애하기를 원해요. 그 자신을 포함해서요. 시장은 연단과 연사, 리본 커팅 등을 원해요. 오전 내내 말이에요. "특히 7월 4일 공휴일 행사를 없애자고 제안한다면…" 하고 그가 단서를 달았어요.

샐리 토요일 오전이요? 그렇다면 다른 모든 행사는 그대로 두고, 제 야외행사의 절반이 정치인들의 장황한 연설로 바뀌어야 한다는 건가요? 저는 동의할 수 없어요!

코니 잠시만 계세요, 샐리. 우리가 어느 한 사람의 반응에 대응하기 전에 다른 사람들의 반응들도 듣기로 해요.

샐리 음, 좋아요. 당신이 듣고 싶다면 저도 할 말이 더 많아요.

코니 바로 그것이 우리가 여기 온 이유에요.

샐리 많은 아프리카계 미국인들이 블레인 마을의 역사를 '백인화whitewashing'하려는 것을 용납하지 않을 거라고 나에게 알려주었어요. 그들은 스스로 그룹을 조직해서 퍼레이드에서 행진할 권리를 요구하고 있어요. 또한 행사 현장에서 문학 작품을 나눠줄 부스를 설치하기를 원해요. 그들은 20년대의 유명한 린치 사건 두 번을 포함해 블레인에서 벌어진 소수공동체들에 대한 억압에 대해 자세히 설명하기를 원해요.

빌 오, 세상에! 그것도 퍼레이드 행렬의 주제가 되겠네요? '블레인 교수대hanging tree?' 내가 뭐 하나 말해볼까요. 시장이 그걸 좋아할까요?

샐리 잠시만요! 저는 제가 그것을 좋아한다고 말하지 않았어요. 저는 이런 역사적인 문제가 쟁점이 되는 것을 전혀 원하지 않아요. 지금 저는 제가 들은 것을 전달하는 것뿐이에요. 빌, 그건 그렇지만 교수대는 당신이 좋든 싫든 이 마을 역사의 일부에요.

빈스 도대체 행사의 수준을 높이려는 우리의 노력은 어떻게 된 거죠? 제 말은 지금까지 우리는 역사위원회와 이 행사에 사용될 역사적인 자료들을 의미 있게 다루는 것에 대해 이야기해왔다는 겁니다. 근데 이제 어쩌죠? 이제 우리는 어떤 별난 사람들이라도 그들이 좋아하는 어설픈 무엇이든 할 수 있게 해야 한단 말인가요?

샐리 오, 그래서 당신 말대로라면 아프리카계 미국인들과 행사를 함께하면 필연적으로 '어설픈slapdash' 것이 된다는 건가요.

빈스 대단하네요. 그래서 지금 제가 인종차별주의에 매몰된 역사학자란 말인가요? 제 아프리카계 미국인 환자에게는 말하지 마세요. 역사위원회 소속의 아프리카계 미국인 동료에게도 마찬가지예요. 그들은 이해하지 못할 거예요.

코니 진정하세요, 여러분. 여기선 아무도 그 누구의 이름을 부르지 않기 바랍니다. 브리핑을 계속 진행합시다. 빈스, 역사위원회는 우리 패키지에 대해 어떻게 생각하나요?

빈스 음, 약 5분 전까지만 해도 저는 역사위원회가 좋아하고 있다고 말했을 거예요. 근데 이제 확실하지 않아요. 우리는 어떠한 교수대도 승인하지 않을 거예요. 확실히 말씀드릴 수 있어요.

코니 음, 저는 모든 사람들에게 우리의 가장 기본 규칙인 불쾌해 하지 않고 의견 차이를 인정하는 것을 다시 한번 상기시키고 싶어요. 계속하지요. 랠프, 당신은 학교에서 무엇을 들었나요?

랠프 글쎄요, 다른 사람들만큼 드라마틱한 것은 없어요. 선생님과 장학사 중 몇 명이 타임캡슐에 대한 아이디어를 가지고 제게 왔어요. 사실 그건 강한 교육적 개념이 담긴 제안인데, 제가 생각하지 못했다는 것에 놀랐어요. 준비하고 마무리하는 데 약간의 비용은 들겠지만, 특별히 다른 문제는 없다고 생각해요. 그래서 저는 여러분들이 타임캡슐에 대한 제안을 받아들여줬으면 해요.

발생할 수 있는 또 다른 문제점은 우리가 금요일 밤 무대에서 전문 배우들과 아마추어를 섞는 데 어려움을 겪을 수도 있다는 것이에요. 우리는 연극인 노조Theatrical Guild에게 권리 포기를 구하고 있어요. 만약 그 제안이 받아들여지지 못한다면 아마추어 배우들만 출연하는 행사로 진행될 것이고, 우리의 도전적인 소재 중 일부는 소화하기 어려울 수 있어요.

빈스 훌륭하네요. 그래서 지금 퍼레이드와 현장 행사만 망친 게 아니라 모든 게 뒤죽박죽됐네요. 금요일 밤에는 종이 모자를 쓴 2학년 학생들이 작은 폭죽을 흔들며 등장할 거예요. 토요일에는 정치인들이 연설을 할 거예요. 그냥 우리는 도망쳐야 할지도 몰라요. 다른 사람이 이 빌어먹을 파티를 운영하게 내버려둡시다.

코니 기다리세요, 기다리세요! 아직 아무도 포기하지 않았어요. 몰리, 당신은 이 모든 골치 아픈 소식을 메모하려고 했잖아요. 펜을 잠시 내려놓고 웹사이트 상태를 알려주세요!

몰리 그러죠, 코니. 저는 실제로 제안된 웹사이트 업그레이드에 대해 꽤 긍정적으로 생각해요. 평소 마을 일에 관여하지 않는 사람들로부터 좋은 반응을 얻고 있어요. 그들은 모두 특별한 것을 만들기 위해 역사위원회와 기꺼이 협력할 거예요. 저는 거의 무료로 할 수 있다고 생각해요.

하지만 제가 이 테이블에서 들은 것 때문에 혼란스럽다고 말해야겠네요. 사람들이 압력을 가한다고 정말로 지금까지의 모든 노력을 창밖으로 던져버릴 건가요? 우리는 이 일을 끝까지 책임지기 위해 최선을 다하고 있지 않았나요?

샐리 오, 제발요. 설교는 하지 마세요, 몰리. 당신의 작은 웹사이트가 우리의 아이디어들 중 망쳐지지 않은 유일한 부분이에요.

몰리 음, 사실 불꽃놀이도 아직은 괜찮아요. 저는 우리가 이 테이블에 앉아 있는 동안 제가 생각했던 것을 말해야 한다고 생각했어요, 샐리.

코니 당신이 옳아요. 지금까지 우리는 모든 사람들의 이야기를 들었어요. 제 제안은 우리가….

빌 코니, 제가 프로세스에 대해서 한 가지만 더 말할 수 있을까요?

코니 물론이죠.

빌 시장이 토요일에 연설 부문을 포함하지 않은 것에 대해 저를 비난하면서, 그는 저에게 아주 분명하게 말했어요. 시장은 우리는 사실 자문위원회에 불과하고, 결국 최종 결정은 자신이 내릴 것이라고….

빈스 그래서 당신 말의 요점은 무엇인가요?

빌 제 요점은요. 시장의 말이 전적으로 맞다는 것이에요. 시장은 우리에게 도움을 요청했어요. 결국 그것은 시장의 결정이에요.

우리는 단지 시장을 돕고 있을 뿐이에요.

동시에 저는 우리가 시장을 위해 이 문제를 해결해야 한다고 느껴요. 전 우리가 부족했다고 시장에게 말하는 것이 기쁘지 않아요. 그리고 그거 아세요? 저는 사실 우리가 좋은 아이디어를 생각해냈다고 봐요. 저는 이 모든 것들이 마지막 순간에 무너지는 것을 보고 싶지 않아요. 블레인 마을은 우리가 고민한 모든 작업의 혜택을 받을 자격이 있어요. 그리고 우리에게 신뢰를 준 시장도 어느 정도 성공을 거둘 자격이 있어요.

몰리 저는 빌이 흥미로운 점을 제기한다고 생각해요. 이것은 우리가 인정해야 할 지점이에요. 우리는 이 모든 것들을 마치 우리만의 일인 것처럼 이야기해왔어요. 사실 이 기념행사는 모든 사람들의 것이에요. 우리는 우리의 선호도에 대해서는 말할 수 있지만, 다른 사람들을 막을 수는 없어요, 그렇지 않나요? 만약 샐리가 말한 사람들이 퍼레이드에서 행진하거나 부스를 설치하고 싶다면, 우리는 실제로 그들을 막을 수 없어요. 그렇지 않나요?

샐리 제 생각엔 결국 우리가 그들을 막지 말아야 한다고 말하고 싶어요.

빈스 제가 말하고자 하는 것은 역사위원회가 통제할 수 없는 것들에 대해서는 승인 도장을 찍지 않을 것이라는 점이에요. 저를 믿으세요. 그것은 재고할 가치가 없는 생각입니다.

이런 맥락에서 대화는 꽤 오랫동안 계속됐다. 코니는 모든 사람들의 이익을 이끌어내는 한편, 그들이 기존의 입장을 고수하거나 대립적 방식으로 의견 차이를 드러내는 것을 최소화하려 했다. 몰리는 플립 차트에 메모를 하고, 해당 페이지를 벽에 게시했다. 때로 누군가 몰리의 메모에 있는 단어나 구절의 수정을 요구했는데, 코니는 거의 항상 이를 승인했다.

코니는 토론이 꽤 진행되었다고 느낄 때, 토론을 앞으로 진전시키고 싶다고 선언했다. 코니는 자신의 의견을 이야기했다.

> 코니 저는 여러분들이 말하는 동안 몰리의 메모를 검토했고 협상 불가능한 것뿐만 아니라 공통 주제를 찾아내려고 노력했어요. 제가 약간 수정된 패키지를 테이블 위에 올려놓을 테니, 여러분들은 저에게 각자의 생각을 말해주세요.
>
> 토요일 행사에서 연설 부문을 포함하기로 합의했다고 가정해봅시다. 빌의 말에 따르면, 이 제안은 시장 측에서 거의 협상 불가능한 것이라고 했어요. 그런 측면에서 생각해보면, 시장은 다른 사람의 압력을 예상하고 불가피하게 순응하고 있는 것인지도 몰라요.
>
> 또 랩프의 타임캡슐을 그 부분에 넣는다고 가정해봅시다. 시장이나 다른 누군가가 그것의 일부분을 주관하게 하는 거예요. 정치인들에게 연설이 아닌 다른 할 일을 주는 거죠. 샐리가 그런 일에 진짜 관심이 없다는 것을 알아요. 모두 그것을 감수할 수 있나요?
>
> 샐리 저는 토요일 행사가 많은 수다쟁이(정치인)들에게 넘어가고 있다는 사실이 여전히 마음에 들지 않아요.

코니 저도 알아요. 그래서 아마 우리는 금요일 밤 행사를 보강하는 방법을 생각해야 할 거예요. 특히 랠프가 우리에게 연극인 노조에 대해 이야기한 것을 고려해서요. 그리고 이를 토요일 행사와 결합해야 해요.

만약 우리가 금요일 저녁 공연의 중심이 될 수 있고 동시에 토요일 연사 프로그램에도 출연할 수 있는 사람을 찾는다면 어떨까요? 예를 들어, 오랜 세월을 살아오는 동안 많은 것들을 함께 묶어낼 수 있는 어르신처럼.

빈스 재밌네요. 교육과 엔터테인먼트 주제를 결합해줄 사람이라….

코니 모두 그것을 감수할 수 있나요?

빈스 글쎄요. 여러분들이 교수대 이슈를 다루지 않았다는 것만 빼고요.

샐리 오, 제발….

코니 부탁해요, 빈스. 우리는 여기서 함께 일하고 있어요. 빌과 몰리가 지적한 것처럼 우리는 200주년 기념행사라는 맥락에서 자신의 일을 하고 싶어 하는 사람들에게 '안돼'라고 말할 권한이 없어요.

우리가 이 문제를 좀 다르게 보는 건 어떨까요? 우리 패키지가 시청, 역사위원회, 교육청과 기타 사람들이 승인한 공식적인 활동으로 구성되어 있고 여타 사람들이 스스로 행사를 만들어서 참여한다면 이를 환영한다고 말하는 거예요. 말하자면 퍼레이드 뒤에서 행진을 하거나 고등학교 강당이나 박람회장 로비에 특별히 구역을 지정해서 원한다면 부스를 설치할 수 있게 하는 거죠. 우리가 그들의 활동 위치와 기간을 알려달라고 요구해서, 그것을 종합 일정표에 포함할 수 있을 거예요. 그렇게 하면 모두 감수할 수 있지 않을까요?

빈스 그렇다면 역사위원회의 이름은 이런 종류의 비공식적인 활동에는 들어가지 않겠지요? 명확한가요?

샐리 더 중요한 것은 우리가 통제할 수 없는 것들에 우리의 이름을 빌려주어선 안 된다는 것이에요. 제 말은 아리안 국가 그룹 Aryan Nation group(백인우월주의 조직 - 역자)이 우리 앞에 나타나더라도 그 행사는 '블레인 200주년 위원회에서 개최하는 것'이 아니라는 거죠.

빌 퍼레이드의 뒤라고 했나요?

코니 정확해요. 모두 그런 것을 감수할 수 있나요?

몰리 제가 다른 제안을 할 수 있을까요?

코니 그렇게 해주세요.

몰리 제가 보기엔 이렇게 참여하려는 사람들을 환영하기 위한 노력을 해야 할 것 같아요. 우리는 웹사이트의 맥락에서 그렇게 할 수 있어요. 제 경험에 의하면, 때로 사람들은 단지 인정받고 싶어 해요.

지금 저는 샐리가 말한 사람들이나 앞으로 등장할지도 모를 사람들에 대해 알지 못해요. 하지만 우리가 어떤 식으로든 그들을 웹사이트로 끌어들이기 위해 실질적인 노력을 한다고 가정하면요? 우리는 공식적인 것과 비공식적인 것을 구별할 수 있어요. 어떤 사람들에게는 그것만으로 충분할 거예요. 그들은 비교적 나쁘지 않은 방식으로 자신의 행사를 진행할 거예요.

빌 그건 확실히 전체 웹사이트 아이디어의 기대하지 않았던 부수적인 효과가 될 수 있겠네요.

코니 고마워요. 몰리는 웹사이트를 통해 건설적인 방법으로 비공식 그룹을 환영하자고 제안했어요. 아마도 그 그룹들은 퍼레이드를 하거나 박람회장에 부스를 설치하거나, 아니면 아무것도 하지 않을 수 있어요. 그것은 전적으로 그들에게 달려 있어요. 그럼, 다시 한번 물어볼게요. 모두 지금 들은 내용을 감수할 수 있나요?

빈스 저는 잠정적으로 '예스'라고 말할게요. 만약 당신이 우리가 오늘 저녁에 이야기한 내용을 문서로 작성한다면, 저는 당신 의견을 지지하겠어요.

빌 저도요.

샐리 잠정적으로, 그래요.

랠프 제가 요구한 것도 포함됐네요.

몰리 찬성합니다.

코니 좋아요. 그러면 제가 오늘 저녁 회의에서 정리한 몰리의 메모를 활용해서 내일 요약문서를 작성할게요. 초안은 목요일 아침에 배포해드릴 겁니다. 또한 거기에는 랠프와 빌이 꽤 좋아 보인다고 말한 예산 소위원회의 최근 수치도 포함시키겠습니다.

랠프 꽤 좋은 게 아니라, 아주 좋은 거예요. 저는 경제단체에 빌의 황금 같은 손길이 닿기를 소원해요. 우리가 7월 4일 예산을 고갈시키지 않아도 돼요.

코니　음, 그건 축하해야 할 일이죠?

들어보세요, 여러분. 오늘 저녁 정말 좋은 토론을 했어요. 이번 주말에 제가 보낸 문서를 주의 깊게 검토해주세요. 만약 수정된 안에 만족한다면, 자신이 속한 집단의 구성원들과 수정안을 공유하는 것을 고려해보세요. 빌, 시간이 괜찮다면 그 안을 들고 시장님을 만나보시면 좋을 것 같아요.

다음 주 화요일 저녁에 최종 의사결정을 내릴 수 있도록 합시다. 항상 그렇듯이 제 목표는 만장일치 합의를 얻는 것이에요. 만약 초안을 읽다가 문제점이나 제안할 사항이 있다면, 제가 화요일 전에 그 내용을 포함해 테이블로 가져올 수 있도록 미리 저에게 전화해주세요.

빌　회의를 끝내기 전에, 저는 오늘 저녁 모두의 노고에 대해 개인적으로 감사를 표하고 싶어요. 저는 1시간 전에는 그렇게 확신하지 못했지만, 결국 우리가 종착역에 다다를 수 있을 거라고 생각해요. 이의가 없다면, 다음 주 화요일 오후 7시까지 휴회합니다.

기록을 바로 유지하기

이전 장에서, 우리는 메모 작성 기능의 중요성에 대해 이야기했다. 실시간 토론을 기록할 때 서기는 주요 단어나 문구에서 핵심을 포착하는 데 상당히 능숙해야 한다. 서기는 편견이 없는 것으로 보여야 하고(심의 중 치우치지 않는 것은 더욱 중요하다), 눈에 잘 띄지 않는 방식으로 기록 작업을 수행해야 한다. 만약 협의체가 '편파적인' 서기의 손에 기록 작업이 진행되는 것에 대해 염려한다면 미리 합의된 계획에 의거하여 서기의 일을 교체하는 것을 고려해볼 수 있다. 마찬가지로 서기가 지쳐 보이기 시작하면 새로운 사람으로 교체하는 것을 주저하지 말아야 한다.

앞에서 지적한 바와 같이 실시간 메모, 회의 요약 또는 단일 텍스트 문서에서 특정 의견이 개인에게 귀속되어서는 안 된다. 만장일치 또는 일반 합의점에 도달하면 항상 문서화해야 한다. 만약 누군가가 그 합의에 대해 강하게 이의를 제기한다면 그 반대 의견 또한 기록되어야 한다. "결론 X에 대한 하나의 반대가 있었고 그 내용은 다음과 같다"로 말이다.

회의 요약은 모든 회의가 끝난 후 가능한 한 빨리 모든 참가자들에게 배포되어야 하며, 어떤 사람도 난감한 일을 겪지 않는 방식으로 해야 한다. (예를 들어 이메일은 쉽지만 모든 사람이 쉽게 이메일에 접근할 수 있는 것은 아니며, 때로는 서버가 다운되는 경우도 있을 수 있다.) 협의체는 온라인 또는 다음 회의가 시작될 때 이러한 요약에 서명하도록 요청해야 한다. 또한 회의 요약의 축적이 '결정' 단계에서 유용한 도구가 될 것이라는 점을 그들에게 미리 알려야 한다. 예를 들어 특정 의사결정에 어떻게 도달했는지 설명하는 과정에서 일부 협의체 구성원들이 이의를 제기할 수도 있다. 혹은 몇 주 또는 몇 달 동안의 토론에서 다른 중요한 문제가 없었는지 단순히 확인하기를 원할 수도 있다.

마지막으로, 최종 의사결정을 내리는 회의에서의 메모와 요약은 개선되어 가는 단일 텍스트를 검토하는 도구로 매우 중요할 수 있다. 촉진자는 진정으로 협의체 구성원들이 올바르게 이해했는지 살펴야 한다.

코니가 블레인 200주년 위원회를 위해 작성한 수정 문서를 살펴보자. 5장에서 제시한 버전과 비교해보면 미묘하지만 중요한 변경사항이 있음을 알 수 있을 것이다.

블레인 200주년 위원회는 마을 회의와 시장의 승인 하에 다가오는 마을의 200주년 기념행사의 계획과 이행에 대해 시 정부에 권고안을 제공할 책임을 맡고 있다. 우리는 공공예산의 한도 내에서 혹은 민간 기금 모금이 가능한 범위 내에서 준비하는 축제일뿐만 아니라 일련의 교육적인 행사를 개최하기 위해 전념하고 있다. 우리는 또한 이러한 행사들을 현재와 미래 세대에게 유용하게 쓰일 수 있는 방법으로 기록하는 데 전념하고 있다.

우리는 현재 두 번의 연속적인 저녁 행사와 낮 행사를 예상하고 있다. 첫날 저녁은 고등학교 강당에서 인상적인 공연을 올릴 예정이며, 아마 전문 배우와 비전문 배우, 가수 모두를 포함한 다양한 공연진들이 출연할 것이다. 그 내용은 지금도 보완되고 있으며, 블레인 마을의 역사와 전통을 조명하고 축하하며 미래를 향한 일련의 비그넷들로 구성될 것이다. 이 공연은 역사적인 의미를 담은 적절한 수준의 드라마와 사람들의 흥미를 끄는 내용을 결합시킬 것이다.

이날 저녁의 엔터테인먼트를 위한 프로그램은 비그넷 일부 또는 전체에 대한 보충적인 역사적 배경을 제공할 것이며, 200주년 기념식의 중요한 기념물로 기획될 것이다. 추가적으로 행사 자료집은 블레인 마을의 업그레이드된 웹사이트에서 적절한 설명 자료와 함께 제공될 것이다.

다음 날 행사는 시청에서 박람회장으로 향하는 퍼레이드로 시작될 것이다. 우리는 평상시보다 더 풍성한 내용을 담은 퍼레이드를 준비할 계획이다. 전날 저녁의 프레젠테이션 행사의 일부가 행렬에 부분적으로 포함될 수 있다. 이처럼 특정 프로그램을 재사용함으로써 기념 행사가 더 많은 시민들에게 다가갈 수 있기를 희망한다. 또한 '우리가 투자한 것 이상의 더 큰 이득'을 얻기를 희망한다. 퍼레이드 끝 부분에는 시 정부와 협력해서 비공식 그룹이 참여하는 가운데 퍼레이드 행진 순서를 결정할 것이다.

박람회장에서 우리는 거의 하루 종일 행사가 있을 것으로 예상한다. 이것들은 몇몇 마을과 주 지도자들의 (짧은) 연설로 시작될 것이다. 우리는 전날 저녁 공연에서 역할을 담당한 특별 연사의 연설을 포함하기를 희망한다. 시장과 다른 공무원들은 블레인의 200주년을 맞아 블레인의 300주년 기념일에 개봉되는 타임캡슐을 격식을 갖춰 '묻을' 것이다. 우리는 학생들을 포함한 시민위원회가 타임캡슐의 내용을 결정하는 책임을 지게 될 것으로 기대한다. (토목용 장비가 필요한 캡슐의 실제 매장은 이후에 진행될 것이다.)

하루 종일 진행되는 행사에서 우리는 '전통'을 주제로 한 교육적이고 재미있는 행사를 제공할 것이다. 여기에는 릴레이 경주에서부터 사과 찌르기, 말굽 던지기, 다양한 공예 전시에 이르는 여러 스포츠와 엔터테인먼트가 포함된다. (가능하다면 이러한 활동을 하는 리더들은 그 시대를 대표하는 의상을 입게 될 것이다.) 우리는 연령대별 철자법 대회를 진행할 계획이며, 시간이 허락한다면 블레인 상식 게임쇼도 진행할 것이다. 노점상들은 적절한 음식과 음료를 판매하도록 장려될 것이고, 스폰서들은 무료 시음 행사와 경품, 아이스크림 등을 제공할 예정이다. 오후 일정의 하이라이트는 전통적인 야구 경기다. 아마도 블레인 비스에게 의미 있는 상대인 컴톤 코메츠와의 시합이 준비될 예정이다. 이 행사는 미국 동부 전역에서 활동하고 있는 아마추어 운동 선수 그룹의 봉사로 이루어질 것이다.

저녁 식사 후 휴식 시간(해가 질 무렵)에는 박람회장에서 화려한 불꽃놀이가 진행될 것이다. 만약 고등학생 밴드(또는 비슷한 밴드)를 섭외하는 것이 가능하다면 불꽃놀이와 함께 애국적인 음악 공연도 펼쳐질 것이다.

블레인 마을의 실제 '200주년 기념일'은 6월 20일인데 다행히 올해는 금요일이다. 따라서 우리의 기념행사는 20일 금요일 저녁부터 21일 토요일 저녁까지 진행될 예정이다. 우리의 희망은 일부 조기 휴가자들을 제외한 대부분의 사람들이 그 기간에 마을에 남아 행사에 참여하는 것이다. 우리가 6월 말에 기념행사를 연다는 것은 2주 후인 7월

4일 독립기념일에는 블레인에서 대규모 기념행사를 개최하지 않겠다는 것을 의미한다. 따라서 우리는 7월 4일 기념행사 예산의 일부 또는 전부를 200주년 기념행사에 할당해줄 것을 시청에 요청한다.

블레인 200주년 위원회는 임시 자문위원회이다. 우리의 역할은 본질적으로 조언이다. 그에 따라 우리는 시장의 승인을 받아 공식적인 활동 프로그램을 개발했다. 동시에 우리는 다른 집단들이 200주년 기념행사에 참여하고자 한다는 사실을 알고 있다. 우리는 위원회의 공식적인 승인이나 역사위원회 및 교육청과 같은 다른 참여기관의 승인을 이들 비공식 그룹들에게는 주지 않을 것이지만, 우리는 그들만의 방식으로 200주년 기념행사를 축하할 수 있도록 돕기 위해 노력하고 있다. 우리는 업그레이드된 우리의 웹사이트에서 그들의 의견을 표현할 수 있도록 모든 노력을 다할 것이며, 그들이 마을의 큰 기념행사에 참여할 수 있는 방법들을 제안할 것이다. 그들은 퍼레이드 행진 순서가 끝나고 난 뒤 박람회장의 특별 지정 구역에 자리잡게 될 것이다.

첨부된 예산 작업 계획표는 (1) 시청 보조금, (2) 개인 기부금, (3) 마을 회의 승인액 5,000달러를 반영해 개정되었다. 작업 계획표에서 분명히 알 수 있듯이 우리의 제안은 손익분기점을 기준으로 구성되었으며, 식품 및 음료 판매비, 입장료 수익의 부족 부분을 상쇄할 수 있는 작은 예비비(1,000달러)를 포함하고 있다.

개정 예산 계획표

행사	항목	지출	수입	민간 기부?
공연	배우 급료	1000		
	세트 비용	1000		
	시간 외 근무 수당	300	300	학교 기부
	프로그램/기념품비	4000	4000	프린트 기부
	입장권 수입		1500	
퍼레이드	(장식 차량)	2000	2000	보조
	경찰 시간 외 근무 수당	1000	1000	시청 기부
	청소 비용	1000	1000	시청 기부
연설/기념식	AV 시스템 임대	1000	1000	개인 기부
	무대/깃발/배너	1000		
	타임캡슐 장소비	500	500	개인 기부
야외 행사/ 공예 전시	경찰 시간 외 근무 수당	2000	2000	시청 기부
	이동식 화장실 임대료	1500		
	운동 장비	500		
	야구 관련 비용	500	500	개인 기부
	청소 비용	1000		
	음식/음료		1000	
불꽃놀이	폭약 비용	12000	12000	5000 독립기념일 예산 재분배 7000 개인 기부
웹사이트	사진 스캔	500	500	개인 기부
	프로그램 개발비	2000	2000	개인 기부
홍보비	신문	600	600	개인 기부
	라디오	400	400	개인 기부
잡비	우편료	200		
	복사비	300		
	기타	1000		
번역누락			5000	
총계		35300	35300	

후속 조치 문제 예측하기

공정하면서도 호소력 있는 해결책에 도달하기 위한 우리의 마지막 기법은 '후속 조치 문제 예측하기'라는 문구로 요약될 수 있다. 우리가 결정의 내용이 아니라 결정을 내리고 난 후에 공개되는 프로세스에 대해 이야기하고 있다는 점에 특별히 주목하라.

블레인 200주년 위원회는 중요한 잠재적 문제점 하나를 예견하고 효과적으로 이를 해결했다. 즉 협의체의 본래 성격이었던 자문 역할에 대한 문제이다. 공공 부문의 CBA는 거의 항상 자문 의견을 이끌어내며, 그런 다음 결정을 내리고 이행할 공식적인 권한을 가진 개인이나 기관에게 넘겨져야 한다. 어떤 사람들은 이것이 합의 형성의 중요성을 약화시킨다고 생각하지만 우리는 그 반대라고 주장한다. 아무도 협상을 통한 합의안을 받아들이도록 강요받지 않을 것이기 때문에, 올바른 해결책을 제공하고 압도적인 호소력을 발휘하는 것이 훨씬 더 중요하다고 생각한다.

그래서 많은 CBA 프로세스에서 이해당사자 대표자들은 소집자에게 전달되는 합의를 도출하기 위해 노력한다. 제안을 실행할 것인지 여부는 소집자의 결정이다. 그러나 CBA의 결과가 사실상 최종 결정인 비영리법인 이사회 같은 사례도 있다. 그러한 상황에서도 합의에 도달하는 과정(그리고 구성원들과 함께 추인하는 과정)은 정확히 동일하다. 다만 후속 조치 프로세스는 구성원에게 다시 확인할 필요는 없다. 그럼에도 이러한 확정적인 CBA 활동에 참여한 사람들도 참여하지 않은 사람들이 자신들의 결정에 어떻게 반응할지에 대해 염려할 수 있다.

CBA가 제안서를 작성할 때, 후속 조치 문제라는 항목에 포함되는 또 다른 이슈는 선례 문제이다. 특히 공식적인 합의가 그들의 선례가 될 가능성에 대해 면밀히 조사해야 한다. 어떤 경우에는 협의체가 "이런저런 맥락에서 이런저런 협의체에 의해 도달한 이 합의는 그 이후의 상황에서 선례가 될 수 없다"라고 공식적인 언명을 합의안에 삽입할 수 있다.

마지막으로 합의는 성공적으로 이행될 수 있는 최상의 기회를 제공하는 방식으로 구성되어야 한다. (실행은 다음 장의 주제이다.) 예를 들어 분쟁 해결을 위한 메커니즘이 합의안에 구축될 필요가 있다. 우리는 이 점의 본질을 포착하기 위해 '거의 자기강제적인'이라는 표현을 사용한다. "이 합의를 이행하는 과정에서 누군가가 진행 상황에 대한 문제를 제기한다면, 우리는 다음과 같이 처리할 것을 제안한다"라고 적시된 문장이나 단락이 합의서 어딘가에 포함되어 있어야 한다. 이는 합의문 이면에 존재하는 합의 내용을 사람들에게 알리는 가장 효과적인 방법이다.

코니는 블레인 200주년 위원회의 다음 회의에서 선례 설정과 자기강제 이슈를 설명했다. 위원회는 이 프로세스가 선례가 되도록 의도한 것이 아니라고 주장하는 문구를 문서 끝에 추가하는 것에 합의했고, 이행 단계 동안 분쟁해결을 위한 메커니즘도 확립하였다.

그런 다음, 거수를 통해 위원회는 만장일치로 그 합의를 승인했다. 회의가 휴회된 후, 빌과 빈스는 코니와 함께 테이블에 머물렀다. 그 장면으로 가보자.

빌 코니, 당신이 해냈어요.

코니 우리 모두가 해낸 것이에요, 빌. 어쨌든 불꽃놀이가 실제로 시작되려면 아직 갈 길이 멀어요!

빌 당신이 수정한 초안에 대한 시장의 반응에는 아무 문제가 없어 보여요. 그리고 만약 다른 생각을 가진 누군가가 난데없이 나타난다면, 그것을 다룰 여러 방법들도 마련했다고 생각해요.

빈스 저도 당신을 축하해주고 싶어요, 코니. 저는 오늘 저녁 이 프로세스에 대해 뭔가 정말 큰 충격을 받았다고 말하고 싶어요. 당신도 알아차렸겠지만, 저는 항상 테이블에 있는 사실을 받아들이고 그 사실에 근거해 투표하는 걸 지지했던 사람이에요. 저는 투표가 가장 중요하다고 여겨 왔어요. 그런데 오늘 저녁의 투표는 거의 뒤풀이처럼 느껴졌어요.

코니 맞아요. 투표는 기본적으로 합의에 도달하기 위해 열심히 일한 것에 대한 비준이었기 때문이에요. 승자와 패자를 가려내기 위한 것이 아니에요. 그것은 상호 이익을 만들어가는 연합 전선을 제시하는 방법이었죠.

숙의가 의사결정의 시작이듯 의사결정은 실행의 시작이다. 코니가 빌에게 지적했듯이 단순히 결정했다고 해서 (심지어 만장일치라 하더라도) CBA가 끝나는 것이 아니다. (불꽃놀이 전에 또 다른 불꽃놀이가 있을 수 있다!) 많은 경우 합의 형성자들은 합의를 이행하도록 요청할 것이며, 이는 다음 장의 초점이 될 것이다.

7장

/

'거의 자기강제적인'
합의서 작성하기

계획을 세우고 그 계획에 대한 잠정적인 합의에 도달하는 것은 성공적인 합의 형성 과정의 거의 전부라고 할 수 있다. 그러나 많은 경우 여기에서 그치지 않는다. 협의체(합의 형성 그룹)는 여전히 프로세스의 이행 단계에서 여러 도전을 극복해야 한다. 간단히 말해 협의체는 이행 과정에서 잠재적인 장애물을 예상해야 하며, 그러한 장애물에 대응하기 위한 합의된 방법을 준비해놓아야 한다. 그렇지 않으면 그 합의는 압박을 견디지 못할 수 있다.

좀 더 긍정적으로 말하면, 협의체는 그들의 합의가 견고한지 확인해야 한다. 그렇지 않으면 불가피한 압박이 가해졌을 때 합의는 도전에 직면할 가능성이 높다. 우리는 그러한 합의를 '거의 자기강제적인 nearly self-enforcing' 합의라고 표현한다. 즉 패키지는 모든 구성원들이 실패보다는 성공적이라고 보는 방식으로 구성되어야 한다. 그들이 약속을 지키도록 호되게 야단칠 우월한 권위가 필요하지는 않다. 그들은 모두 같은 방향으로 나아가고 있고, 그곳에 그들의 가장 큰이익이 있다는 것을 알고 있기 때문이다. 그리고 어느 누구도 확실하게 미래를 예측할 수 없기 때문에 각 합의는 사람들이 다시 모일 수있는 방법을 제공하고, 만약 예기치 않은 일이 일어난다면 언제든지해당 합의를 수정할 수 있어야 한다.

'거의 자기강제적인' 강력한 합의를 만들기 위한 단계는 다음과같다.

1. 해당 이해관계자 집단의 구성원들에 대해 점검 책임이 있는 대표자를 보유한다
2. 자신의 이름으로 최종 합의서에 서명하고 이행 책임을 지는 대표자를 보유한다
3. 공식화: 즉 기존 법률, 규제 또는 행정 메커니즘을 활성화하여 협의체의 권고를 공식적이고 '합법적인' 조치로 전환한다
4. 적절한 모니터링 절차를 설계한다

더불어 성공적인 합의 형성 과정에 참여한 사람들은 자신이 배운 교훈을 평가하기 위한 단계를 수행해야 하며, 해당 교훈이 미래의 합의 형성자들에게 제공될 수 있는 방식으로 전달되도록 해야 한다.

우리는 이 단계들을 차례대로 살펴볼 것이다. 먼저 CBA 프로세스 마지막 단계의 심리 상태를 살펴보자.

탈진과 방어기제: 이행에 대한 2가지 위협

합의 형성 과정이 완성에 가까워지면서 여러 가지 심리적인 거부감이 작동될 수 있다. 가장 일반적인 2가지 부정적 요인은 탈진과 방어기제이다.

탈진은 선의의 자원자들이 그들이 예상했던 것보다 훨씬 더 많은 일을 하도록 요청받았다고 느낄 때 발생하는 경향이 있다. 그들이 3개월 동안 매주 화요일 저녁마다 만났다고 상상해보자. 잠정적인 합의를 도출하기 위해 맹렬히 싸웠고, 이는 엄청난 감정적인 손실을 가져왔다. 해결책이 손안에 들어온 것 같은 상황에 되면 그들은 CBA라는 부담을 내려놓고 그들의 삶으로 돌아갈 권리를 찾은 것처럼 느낄지도 모른다.

탈진의 경고 신호는 무엇일까? 어느 정도 예상되는 것들이다. 변덕스러움, 미해결된 문제를 서둘러 넘겨 해결된 것처럼 행동하려는 태도, 참석자 감소, 추가 회의 일정의 어려움, 추가적인 임무를 하겠다고 나서는 자원자의 감소 등이 그것이다. 의장과 촉진자 모두 이러한 경고 신호를 주시하고 정면으로 대응할 준비를 해야 한다. 이 시점에서 엉거주춤하기에 협의체는 너무 멀리 왔고, 너무 많은 것을 투자했다.

여기서 필요한 것은 현재까지의 진행 상황에 대한 검토("우리가 시작했을 때 어디에 있었는지 생각해보라!") 또는 정확히 무엇이 남았는지에 대한 명확한 진술이다(일반적으로 사람들은 알려진 것보다 알려지지 않은 부담에 직면하는 것을 더 어려워한다). 아마 최종 단계가 끝날 때까지 그러한 진술을 반복해야 할 수도 있다("A, B, C 단계를 포함해 아직 해야 할 일이 남아 있으며, 협의체 구성원들만이 그것을 끝낼 수 있는 유일한 사람들이다.").

두 번째로 주의해야 할 점은 방어기제이다. 특히 협의체의 결과물에 대한 비판에 지나치게 민감한 경우이다. 이 장의 다음 섹션에서 보겠지만, 이행 단계는 CBA 프로세스의 결과물을 실제 세계로 가져와 엄밀한 검증을 받아야 하는 시점이다. 당신이 합의 형성 과정에 참여하지 않았던 사람들에게 의견을 요청할 때 항상 긍정적인 반응만 돌아오는 것은 아니다. 실제로 그러한 반응은 사기를 떨어뜨리거나 화나게 할 수 있다. 특히 정치나 다른 종류의 공공 프로세스에 관여해본 적이 없는 협의체 멤버들에게는 더욱 그러하다.

당신이 만들어 낸 합의에 대한 비판을 듣는 것은 누군가가 당신 자녀에게 흠잡는 것을 듣는 것과 같다. 협상가들은 고된 노력의 결실이 비판받을 때 쉽게 발끈하거나 방어적이 될 수 있다. 다시 말해서 CBA에서 방어기제는 특히 의장, 촉진자 또는 다른 리더들이 경계해야 하는 것이다. 당신이 해낸 일과 그것에 투자한 것을 자랑스럽게 생각하는 것은 좋다. (실제로 다음에 명확히 밝히겠지만, 최종 합의를 확약했다는 의미에서 우리는 그 일에 투자했다고 말할 것이다.) 그러나 균형을 맞출 필요가 있다. 사람들이 당신이 도출한 합의에 응답할 때 너무 방어적인 자세를 취하면서 다른 사람들의 의견을 듣지 않는 것은 바람직하지 않다.

점검

점검, 즉 추인은 전체 CBA 프로세스의 가장 중요한 요소 중 하나다. 이는 협의체(합의 형성 그룹) 멤버들이 각각의 집단 구성원들에게 그들의 결과물을 다시 가져와 각 구성원과 함께 '점검'하는 순간이다. 만약 구성원들이 합의를 추인하기로 결정했다면 협의체는 분명히 실행 가능한 해결책을 제시한 것이다. 만약 구성원들이 추인하지 않는다면, 협의체는 부족한 해결책을 낸 것이 된다.

어떻게 협의체가 부족한 해결책을 내게 될까? 예측 가능한 시나리오를 상상하는 것은 어렵지 않다. 테이블에 앉아 있는 사람들이 매우 어려운 질문에 대해 오랫동안 묘책을 찾기 위해 열심히 노력했다고 가정하자. 그들이 투입한 모든 시간과 에너지를 고려할 때 그들은 아무 성과 없이 끝나기를 원하지 않을 것이다. 합의를 이끌어내기 위한 노력으로 협상 그룹 구성원들은 그들이 대표하고 있는 사람들의 입장에서 벗어나 일종의 중간지대를 표류하기 시작한다. 그렇게 하는 것의 위험성은 그들이 대표하는 집단의 이익을 대변하는 것을 그만두게 된다는 점이다.

이러한 이유로 각 협상가는 해당 집단의 추인을 구하기 위해 제안된 합의서 사본을 자신이 속한 집단의 구성원에게 가져와 이를 점검하는 프로세스가 필요하다. 많은 경우 집단의 구성원들은 이에 대해 서로 다르게 생각할 수 있다. 또한 집단마다 서로 다른 추인 프로세스를 주장할 수 있다. 다양한 추인 방법을 모든 이해당사자가 사전에 이해하고 승인하는 한 추인 방법이 집단마다 다른 것은 문제될 것이 없다. 약간 다르게 표현하자면 각자 자신이 속한 집단 구성원의 지지를 확인하기 위해 사용하고자 하는 방법에 대해 테이블의 모든 사람들에게 설명할 필요가 있다는 것이다.

물론 대표자들canvassers은 이러한 약속대로 이행해야 한다. 그들은 실제로 그들이 약속한 일을 해야 하고, 그들이 각각 구성원들과 토론에서 확인했을 수 있는 중대한 우려 사항을 테이블에 다시 갖고 와야 한다.

이전 장에서 우리는 '빨리 가기 위해 천천히 가는 것'의 필요성에 대해 이야기했다. 이는 여기서도 적용된다. 때때로 점검 단계를 서둘러 지나가도록 유혹하기 때문이다. 위에서 제기된 2가지 심리적인 문제, 즉 탈진과 방어기제를 떠올려보자. 탈진은 협상가가 다음과 같이 말하게 한다. "오, 이런 젠장. 저는 커피숍에서 샐리와 존 그리고 교회에서 밥, 슈퍼마켓에서 말리와 이야기했어요. 그런데 아무도 도출된 합의에 대한 그 어떤 강한 인상도 가지고 있지 않아요, 이제 그만 할래요!" 반면 방어기제는 협상가가 다음과 같이 말하는 원인이 될 수 있다. "음, 제가 이야기한 저 세 사람 중 두 사람은 우리의 제안을 싸구려 취급했어요. 테이블의 복잡한 이슈에 대해 전혀 모르고 있다는 것을 증명하는 것이지요, 이제 그만 할래요!"

　불충분한 증거에 기초하거나 감정에 사로잡혀 있을 때 승리를 선언하는 것은 위험하다. 각 협상가들은 자신이 대표하는 집단 구성원들의 반응을 냉정하게 받아들이고, 새로운 합의가 얼마나 많은 지지를 이끌어낼 수 있는지를 파악해야 한다. 또 협상가들은 테이블에서 자신의 집단이 합의 이행을 성공시키기 위해 노력할 것이라고 다른 사람들에게 정직하게 말할 수 있어야 한다. 이를 통해 합의가 거의 자기강제적으로 시행되게 해야 한다. 그렇지 않다면 협상가들은 특정 집단의 구성원들을 참여시키기 위해 무엇을 변화시켜야 할지 솔직하게 말해야 한다. 그런 다음, 협의체 차원에서 그러한 요청을 처리하는 방법을 결정해야 한다.

　상황의 특성에 따라 점검 프로세스를 보강하기 위해 협의체가 취할 수 있는 여러 조치들이 있을 수 있다. 우선 테이블 위의 합의에 대해 생길 수 있는 잠재적인 반대 의견을 알아보는 것이다. 그래야 그러한 반대를 다루는 방법을 찾을 수 있다. 당신이 결정했지만 실제로는 이익이 없을 수 있거나 당신이 알지도 못하는 다양한 이해당사자들이 밖에 있을 가능성이 충분히 있을 수 있다.

　때로는 지역신문사에 합의 초안을 넘기는 것이 (공공 영역에서의 CBA일 때) 도움이 될 수 있다. 단 그 지역 신문이 이 방식으로 돕는 데 합의할 것이라고 가정할 때만 해당한다. (그러나 많은 지역 신문사들은 그렇지 않을 것이다.) 때로는 웹사이트나 대량 메일(서면 또는 이메일)도 유사한 목적을 달성할 수 있다. 물론 당신이 이 길을 간다면 당신은 이러한 배포 방식이 얼마나 유효한지 알고 싶어할 것이다: 이럴 경우 '당신이 선택한 소통 방식으로 누구에게 연락이 닿지 않을 것 같은가' 라는 질문을 해보아라. 어떤 신문들은 특정한 부류의 사람들에게만 접근하는 경향이 있다. 통상적으로 이메일은 젊고 상대적으로 여유 있는 사람들에게 전달되는 경향이 있다. 반면 우리가 조직 내에서 CBA에 대해 이야기하고 있다면 모든 관련 구성원들과 직접 소통하는 것은 훨씬 더 쉬운 일이다.

또한 당신은 뉴스 배포의 순서를 정하는 것에도 주의해야 한다. 친분이 있는 집단의 유력 구성원들은 기본적으로 지역 신문이나 웹사이트 또는 이메일을 통해 계획을 접하기보다는 그들 자신의 대표자로부터 제안된 해결책에 대해 먼저 들어야 한다.

최종 합의 확약하기

점검 프로세스는 기존 제안을 추인하는 데 도움이 될 수 있다. 혹은 기존 제안에 변화가 필요하다면 또 한 번의 비준 과정이 필요할지 모른다.

어느 경우든 다음 단계는 최종 합의에 전념하는 것이다. 여기서 필요한 것은 협의체 멤버들의 개인적인 확약이다. 무엇보다 협의체 멤버들이 합의 형성 과정에서 도출된 합의에 자신이 대표하는 집단 구성원들을 공식적으로 구속할 수 없다는 점을 강조할 필요가 있다. 대부분의 경우 비록 그들이 집단의 공식적인 대표자로 지명되었다 하더라도 그렇게 할 권한을 가지고 있지 않다. 예를 들어 임시 주민 집단의 대표는 해당 집단의 구성원들을 특정 합의에 구속시킬 수 없을 뿐 아니라 설사 그 대표가 그러한 시도를 한다 하더라도 아무런 강제력이 없다. (앞에서 지적한 바와 같이, 자기강제적 메커니즘이 목표이다.) 대신에 협의체의 각 멤버가 합의안에 대한 지지를 확약하는 것은 다음 두 가지를 달성하기 위한 것이다. (1) 모든 협상가들이 집단 구성원들의 지지를 구하고 관련 이슈를 협상 테이블로 다시 가져온다는 측면에서 자신이 약속한 바를 실제로 이행했음을 확인하고, (2) 각 대표들이 공개적으로 일어서서 합의를 지지할 것임을 서면으로 확인하는 것이다.

'확약 메모'를 작성할 때 올바른 어조를 취하는 것이 매우 중요하다. 한편으로 당신의 협의체는 로버트 규칙의 경직성, 형식성, 법률주의를 피하고 싶었기 때문에 합의 형성 접근법을 채택했을 가능성이 높다. 따라서 그 결정은 비공식성을 옹호하고, 난해한 법률 용어를 사용하지 않아야 한다. 다른 한편으로 합의를 이행하는 것은 매우 진지하고 심각한 일이다. 메모가 어떤 형태를 취하든지 간에 그 심각성을 반영해야 한다.

블레인 마을 사례로 점검하기

블레인 200주년 위원회(BCC)로 다시 돌아가서 위원회의 제안이 어떻게 진행되고 있는지 살펴보자.

독자들은 BCC 위원들이 각자 그들이 대표하는 구성원들에게 돌아가 피드백을 받고, 계획을 변경했다는 것을 기억할 것이다. 촉진자 코니의 도움으로 위원회는 테이블에서 개정된 버전을 완성했고, 마침내 그 개정안을 만장일치로 승인했다.

실제의 경우라면 프로세스는 여기에서 끝났을 수도 있다. 그러나 이해를 돕기 위해 코니가 점검과 확약이라는 공식적 절차가 필요하다는 것을 위원회에게 알렸다고 상상해보자. 또한 코니가 위원회의 위원들에게 자신이 대표한 집단의 구성원들과 함께 점검해야 할 사항을 서면으로 요청했다고 상상해보자. 대화는 다음과 같이 진행된다.

코니　테이블을 한 바퀴 돌면서 여러분 각자가 밖에 나가서 무엇을 승인받고자 하는지 그 계획을 작성해서 발표하도록 합시다. 그런 다음 그 계획을 몰리에게 전달하면, 몰리가 하나의 문서로 묶을 거예요. 거기에 여러분들이 이름 첫 글자를 서명해주세요. 빌, 의장님께 먼저 부탁드려도 될까요?

빌　글쎄요. 저는 정말로 이미 필요한 일들을 거의 다 끝냈다고 생각해요. 하지만 이렇게 적었어요. "나는 시장과 만나서 그가 합의 초안의 최신 버전에 서명하도록 하겠다. 합의안은 시장이 중요하다고 생각하는 다른 정치인과 거물들에게 그 계획을 알리는 것도 포함하고 있다. 다른 한편, 우리 회사를 포함한 6명 정도의 민간 기부자들에게 기념행사의 특정 부분에 그들의 기부금을 사용할 계획임을 서면으로 확인받도록 하겠다."

코니　훌륭해요. 그런데 이건 공개 문서잖아요, 빌. 저는 몰리에게

'정치인과 거물pols and bigwigs'이라는 용어를 '정치 지도자들 political leaders'로 바꿔달라고 요청할게요.

빌 [웃음] 좋아요. 제가 직접 바꿀게요. 시장님도 저의 진의를 아실 거예요.

빈스 시계 방향으로 진행된다면 제가 다음이겠네요. 저는 "나는 이 계획을 승인하기 위해 역사위원회의 공식 투표를 요청할 것이다"라고 적었어요. 그다지 복잡하지 않아요.

코니 복잡하지 않더라도 매우 중요해요. 다음, 랠프?

랠프 네. 나는 연극인 노조가 그들의 업무 규칙에 전례가 없는 예외, 즉 노조원과 비노조원 배우들을 함께 무대에 올리는 것을 허용하겠다는 약속을 받아낸다. 그 약속 하에서 나는 우리 학교의 관련 교직원들과 관리자들을 한 자리에 모아서 우리가 무엇을 해야 하는지 정확히 말해주고 그에 관한 확답을 받을 것이다." 노조를 제외하고는 정말로 어떠한 어려움도 없을 거라 생각해요.

코니 샐리?

샐리 제 상황은 조금 달라요. 저는 이사회나 위원회를 소집해서 어떤 종류의 투표도 요청할 수 없어요. 저는 조직된 그룹을 대표하지 않아요. 저는 단지 저의 자원자 네트워크를 포함해서 아프리카계 미국인 그룹처럼 느슨하게 조직된 그룹들로부터 의견을 듣고 있을 뿐이에요.

코니 우리는 당신이 이 자리에 있는 다른 사람들과 다른 접근법을 취해야 한다는 것을 이해해요. 당신은 무엇이라고 적었나요?

샐리 "나는 내가 연락했던 모든 사람들에게 다시 연락을 취해, 그들에게 200주년 기념일에 관심이 있을 개인들의 모임을 주선해달라고 요청한다. 추가로 지역 내 아프리카계 미국인 교회 회보에 공고를 게시해, 200주년 계획과 관련해 나와 계속 연락을 취할 사람들을 초청할 것이다."

빈스 샐리, 말꼬리 잡는 게 될 수도 있겠지만 이번 회의를 끝내고 난 후 다시 새로운 그룹이 나타나 우리에게 무언가를 요구하기 시작하면 그땐 어떻게 되나요?

샐리 제가 이미 말했듯이 당신은 너무 쉽게 생각해요. 당신은 단지 그동안 한 20년쯤 만나왔던 6명의 오래된 친구들을 불러 모아서 투표하고 끝내면 되겠지요. 역사위원회에서는 무거운 짐을 들지 않아도 되잖아요.

빈스 아마 차이점은 제가 이미 과제를 끝냈다는 것이겠지요.

샐리 그래서 당신은 제게 그렇게 하지 말라고 제안하는 건가요?

코니 진정하세요, 여러분. 우리 모두는 과제를 하고 있어요. 빈스와 샐리가 말한 문제는 이 같은 활동에서 매우 흔한 일이에요. 우리 모두는 우리의 합의에 사람들을 동참시키는 같은 일을 성취하려고 노력하고 있어요. 그러나 우리가 말하고 있는 사람들 모두가 달라요. 그러니 다른 방식으로 일을 진행해야겠죠.

몰리 제가 한 가지 제안을 해도 될까요?

코니 물론이죠.

몰리 이전에 빈스가 역사위원회와 이야기를 나누는 자리에 저를 데리고 갔을 때 꽤 효과가 있었던 것 같아요. 그때와 비슷하게 샐리가 참여하는 회의에 저를 데리고 가서 사람들이 참여할 수 있는 지역사회 웹사이트나 그밖에 함께 하고 싶어 하는 것들을 이야기할 수 있어요. 긍정적인 면을 강조하는 방향으로요. 물론 샐리가 동의한다면요.

샐리 괜찮은 것 같네요. 하지만 사람들이 퍼레이드에서 어디로 행진할 것인지를 놓고 흥분한다면 시간 낭비일 수 있어요.

몰리 괜찮아요. 제 경우는 돌볼 집단들이 따로 없어요. 그리고 제가 생각한 계획은 다음과 같아요. "나는 나의 프로그래머들과 디자이너들에게 돌아가서 6월 출시까지 몇 주 동안 시간을 투입할 수 있는지에 대한 확약을 받을 것이다. 또한 나는 웹사이트에 대해 더 알고 싶어 하는 모든 사람들에게 이를 설명하기로 한다."

이 부분은 여러분들이 어떻게 생각할지 몰라서 아직 적지는 않았는데요. 제가 지역 케이블 쇼 진행자로부터 자신의 쇼에 나와서 첨단기술 세계에 대해 이야기해달라는 고정출연 제안을 받았어요. 제가 그 제안을 받아들여 거기서 200주년 행사 웹사이트 이야기를 할 수도 있겠다는 생각이 들었어요. 괜찮으신가요?

빌 좋아 보이네요. 그러나 이 모든 것들이 어떻게 연결되어 있는지 보여주는 더 큰 노력의 맥락에서 그것을 설명해야 해요.

빈스 비슷한 맥락에서 우리 제안서를 지역 신문인 블레인 타임스에 게재되게 해서 제안서대로 이행될 수 있도록 노력해야 한다고 생각해요.

코니 빌, 그 일은 의장인 당신에게 부여되겠네요. 편집장과 친분이 두터우시죠?

빌 우리 회사는 확실히 가장 큰 광고주 중 하나죠. 그와 저는 가끔 골프도 함께 쳐요. 가능할 것 같아요.

코니 TV와 신문 관련 계획에 문제가 있다고 생각하시는 분 있나요? 아무도 없나요? 그렇다면 저는 몰리에게 자신의 과제에 'TV 홍보'를 추가하도록 하고, 마찬가지로 빌에게는 '신문사 홍보'를 추가하도록 할게요. 계획서들은 아직 정리되지 않았나요, 몰리?

몰리 거의 끝나가요. TV와 신문 일만 추가하면요. 자, 다 됐어요.

코니 몰리, 이제 맨 아래쪽에 본인 서명을 한 후 전달해주시면 고맙겠어요. 다시 말하지만 제안서에 위원들이 서명하도록 하는 것은 누가 무엇을 하고 있는지에 대해 명확히 하고, 더 나아가 일목요연하게 한 페이지에 들어가는 <표>로 정리하기 위함입니다.

다음 회의는 빌에게 일주일 내로 일정을 잡아달라고 부탁을 드리고 싶은데요. 그때 우리는 위원들의 활동 결과에 따라 발생하는 이슈들을 처리할 거예요. 그리고 나서 저는 여러분들께 합의서에 서명해달라고 부탁할 겁니다.

빈스 코니, 이 시점에서 뭔가 말해야 할 것 같은데요.

코니 말하세요, 빈스.

빈스 저는 우리가 지난 회의에서 모든 것을 마무리했다고 생각했어요. 근데 당신은 지금 또 다른 회의와 그 이후에 더 많은 회의가 있을지 모른다고 이야기하고 있어요. 솔직히 저는 이 모든 회의에 조금 지쳤어요.

샐리 저도요!

빈스　저는 살면서 이런 일에 일일히 서명한 적이 없어요. 도대체 우리 일은 언제 끝나나요?

코니　당신의 좌절감을 충분히 이해할 수 있어요, 빈스. 그리고 샐리가 당신의 의견에 동의하는 것도 들었고요. 아마 다른 분들도 비슷한 생각을 하고 있을 거예요. 지난번 합의 내용을 모니터링하는 방안을 포함해 게임을 끝내는 계획에 합의했는데, 이제 모든 것을 다시 여는 것처럼 보일 거예요.

빈스　정확히 그래요.

코니　당신의 질문에 대한 정확한 대답은 "곧 끝난다"는 것이에요. 그동안 여러분 모두가 과제를 잘 해왔기 때문에, 우리가 점검 단계에서 실제 큰 어려움을 겪지 않아도 될 거라는 확신을 주네요. 우리는 다음 회의에서 할 일 목록을 작성한 다음 그 과제들을 위원회 내부 또는 외부 사람들에게 할당해야 할 거예요. 이 작업들이 완성되었거나 적어도 진행 중이라면, 비로소 우리가 프로세스를 완료했다고 말할 수 있을 거라 생각해요.

비공식을 공식과 연결하기

당신이 속한 집단 구성원의 지지 여부를 조사하고, 점검 프로세스의 결과로 발생된 모든 이슈들을 처리해서 (개인으로서) 합의에 전념할 때면, 당신은 이행을 향해 나아갈 수 있을 것이다. 그러나 나머지 몇 단계 역시 세심한 주의가 필요하다.

주의가 필요한 첫 번째 단계는 비공식적인 것과 공식적인 것 사이의 연결 고리를 만드는 것이다. 간단히 말해서 합의는 정치적, 법률적, 행정적 규제 등 여러 가지 기존 프로세스와 충돌하지 않아야 한다. 또한 요구되고 존중되어야 하는 조건부 부속 합의와 병행 약속이 있을 수 있다.

예를 들어 우리는 대부분 협의체의 합의 형성 활동이 자문 역할이라고 강조해왔다. 이는 어느 시점에서는 협의체의 자문이 해당 조직이나 기관들에 전달되어 검토와 조치 단계를 거쳐야 한다는 것을 의미한다. 만약 한 협의체가 특정한 토지 구획을 재조정하는 것을 안건으로 다루었고, 지역구획조정위원회가 궁극적으로 토지 이용 결정을 내리는 기관인 경우, 협의체의 제안은 지역구획조정위원회의 이사회에 전달되어야 한다.

마찬가지로, 합의 형성 활동의 결과로 지출되어야 할 예산은 관련 기구 또는 기관의 합의에 따라 달라질 수 있다. 아마 시 예산을 사용하려면 시 의회의 투표를 통한 승인이 필요할 것이다. 민간 조직들의 경우도 비준될 경우 합의 내용을 지원하기 위해 어떤 일을 할 것인지를 약속해야 한다. 그러면 실제로 합의가 이행되기 시작할 것이다.

많은 상황에서 수많은 작은 세부사항들을 생각해야 하고, 그 세부사항들과 관련된 질문을 하고 그에 대한 대답을 준비해야 한다. 예를 들어 퍼레이드에 관한 합의에서 허가가 필요하다면 누가 그 허가를 신청해야 할까? 누가 퍼레이드에 관한 마을 규칙을 지키도록 할 것인가? 만약 상공회의소가 퍼레이드를 지원하기 위해 500달러를 약속했다면, 누가 수표를 끊어서 시청에 가져다주고 그 자금이 올바른 계좌에 예치되었는지 확인할 것인가? 그 계좌는 이미 존재하는가? 그렇지 않다면 누가 그것을 개설할 수 있는가? 누가 그 계좌에서 자금을 지출할 권한이 있는가? 그런 종류의 계좌에 예치된 자금에 별도의 제한은 없는가?

이 모든 세부사항은 이미 승인된 합의 이행과 관련이 있으므로 지나친 논쟁을 일으키지 않아야 한다. 예를 들어 협의체의 자문 사항을 지역구획위원회에 전달하는 것과 같은 하위 수준의 세부사항을 공식 합의에 포함할 필요는 없다. 같은 이유로 특정 집단이나 개인에게 할당된 특정 과업에 대한 책임 부여는 반드시 서면으로 남겨야 한다. 협의체(합의 형성 그룹)의 멤버들은 그걸 보고 서명했다는 의미에서 문서에 이름 첫 글자를 적은 것이다.

각각의 이행 계획은 독특하다. 어떤 경우에 협의체는 과업의 구체적인 실행에 대해 책임질 필요가 없을지 모른다. (지역구획조정위원회와 같은 '공식' 기관이 책임을 진다.) 다른 경우에는 협의체 멤버들이 모든 구체적인 이행 과제에 참여해야 할지도 모른다. 마지막으로 만약 합의 형성 활동의 리더들이 탈진 신호를 주시할 필요가 있다고 느낀다면, 그것은 또 다른 전환점에 왔음을 의미한다. 만약 그 사람들이 그동안 충분히 해왔다면 그들에게 이행 관련 업무의 의무까지 부담 짓는 것은 합리적이지 않다.

이러한 고려사항은 CBA가 순전히 사적인 맥락에서 사용될 때에도 적용된다. 수개월 동안 정책 변화를 창출하기 위해 노력한 회사 태스크포스는 권고 사항이 어떻게 이행될 것인지에 대한 세부사항을 무시하고 싶지 않을 것이다. 실제로 문제해결 프로세스에 시간과 에너지를 투자한 어떤 그룹의 사람들이 그들의 제안을 실행에 옮기기 위해 필요한 마지막 단계를 무시할 거라고는 상상하기는 어렵다. 로버트 규칙이 결승점에 도달하기 위해 가부투표up-or-down vote만을 요구하는 반면, CBA는 원하는 결과를 달성하기 위해 누가 무엇을 할 것인지에 대한 명확성뿐만 아니라 잘못될 수 있는 모든 것에 주의를 기울일 것을 요구한다.

블레인에서 확약 및 '변화'

일주일이 지났다. BCC는 또 한 번 소집되었고, 위원회의 각 구성원들은 자신의 활동에 대해 보고했다. 예상대로 샐리는 자신이 대표하는 구성원들이 가장 많이 분산되어 있었기 때문에, 그 계획을 추인받는 데 큰 어려움을 겪었다. 마침내 샐리는 사람들의 거실에서 이뤄지는 여러 번의 작은 회의와 교회 친목회관에서 이루어진 한 번의 큰 회의를 마무리지었다. 몇몇 사람들은 퍼레이드 뒤에 있는 비공식적 행진자들에 대해 언급했지만 ("버스 뒤로!" 한 사람이 소리쳤다.) 대부분의 사람들은 전반적인 계획에 만족한 것처럼 보였다. 몰리는 모든 회의에 참석했고, 그들 중 몇 명과 이야기를 나눴다. 몇몇 사람들은 몰리의 명함을 받았고, 블레인 마을의 아프리카계 미국인의 유산에 대한 콘텐츠 개발을 돕는 데 관심을 나타냈다. 몇몇 사람들은 자발적으로 앨범 속의 가족사진들을 기부했다.

빈스는 역사위원회로부터 만장일치의 표를 얻었다. 위원회는 사진을 포함한 새로운 역사적 자료가 아프리카계 미국인 공동체로부터 나올 수 있다는 것을 알고 매우 큰 관심interest을 표명했다. 빌은 토요일 아침 행사 참여에 관심을 나타낸 다른 정치인들에게 패키지를 '홍보'하겠다는 약속과 함께 시장의 승인과 서명을 받았다. 빌은 또한 민간 기부자들로부터 서면 약속을 받아내고 블레인 타임스와 인터뷰를 가졌다. 편집장은 지면이 부족하다는 이유로 합의서 전체 내용 수록을 거부했지만, 합의서 요점은 인터뷰 기사를 통해 보도되었다. 이 기사가 보도된 지 얼마 되지 않아서 아직까지 대중의 반응을 이끌어내지는 못했다. (또한 편집장은 다소 부정확하지만 합의서를 도출하기까지의 합의 형성 과정에 대해 호의적인 사설을 게재했다). 마찬가지로, 몰리의 TV 출연은 녹화되어 한 번 방송되었고, 앞으로 몇 주에 걸쳐 몇 번 더 방송될 가능성이 높다. 몰리가 묘사한 계획에 대해서는 아무도 이의를 제기하지 않았다.

랠프는 비노조 배우들과 함께 출연하는 것에 대해 연극인 노조와 합의를 보았다. 오늘 저녁 회의에 랠프는 합의서 사본을 가져왔는데, 합의서에는 이번 합의는 일회적인 예외이며 선례를 남기지 않는다고 간단명료하게 적시되어 있었다. 그리고 그는 합의서 사본을 테이블 위에 놓으면서 흥미로운 경험을 이야기했다.

> **랠프** 제가 그들에게 인정해야 했던 것은 누가 먼저 우리 계획에 서명할 것인지 전혀 몰랐다는 거에요. 그리고 솔직히 배우들이 먼저 서명하기로 한 것은 정말 행운이었어요. 노조들은 항상 우리가 먼저 서명할 것을 요구하거든요.

코니 어쨌든 이젠 적절한 관계당국에 상황을 넘겨야 하는 시점에 도달한 것 같아요. 이것이 바로 우리가 오늘 저녁에 다루려고 했던 사안입니다.

이제 한 걸음 물러서기로 해요. 우선 여러분 모두가 자신이 대표하는 집단의 구성원들에게 합의를 잘 설명하고 홍보하는 훌륭한 일을 한 것처럼 들리는데요. 우리는 현재 형태로 우리의 합의를 지킬 수 있을 것 같아요. 또한 빌과 몰리가 더 많은 대중에게 그 소식을 알리기 시작했어요. 이는 몇 가지 새로운 대화를 만들어낼 가능성이 있지만, 좀 더 기다리면서 관찰해보기로 해요.

빈스 그러면 우리가 그 모든 단계를 건너뛸 수 있지요, 코니? 그럼 일주일 동안 회의를 쉬어도 되나요?

코니 그 사안에 대해서는 모든 사람들의 의견을 들어야 해요, 빈스.

빌 코니, 당신의 의견은 어떤가요?

코니 제 의견이요? 저는 우리의 계획을 지지한다는 빈스의 역사위원회 성명서를 갖게 되어 기뻐요. 또한 시장이 가서명한 것과 랠프가 연극인 노조에게 그의 협상력을 성공적으로 사용했다는 것이 기뻐요. 그리고 샐리와 몰리가 아프리카계 미국인 공동체에 우리의 계획을 전달하기 위해 열심히 노력했다는 것도 좋았다고 생각해요. 제 생각에 그런 집단들은 이런 토론에서 소외되는 경우가 많거든요, 특히 초기 단계에서는요. 재정적 약속을 확고히 한 것도 좋았다고 생각해요.

그래서 전반적으로, 시간이 잘 사용되었다고 생각해요.

빌 좋은 대답이네요. 오늘 저녁에 다룰 의제는 무엇인가요, 코니?

다른 사람들에게 일을 넘기는 것인가요?

코니   그것도 있고요. 더 중요한 것은 여러분 모두가 합의에 서명하는 것이에요. 빌, 당신은 이미 현재 형태로 우리의 합의를 확약하기로 의사를 표시했어요. 제가 여러분 각자 검토할 수 있도록 한 부씩 나눠드릴게요. 오늘 저녁, 저는 여러분 모두에게 6부 전부에 대해 서명해달라고 부탁할 거예요. 이건 우리의 계획이 잘 작동하도록 하겠다는 여러분 개개인의 약속을 의미하는 거예요. 저는 여러분들이 단지 개인으로서 서명하고 있다는 것을 강조하고 싶어요. 다시 말해, 빈스는 역사위원회의 입장에서 약속하지 않고, 랠프는 학교 전체의 입장에서 약속하지 않는다는 의미예요. 우리 모두가 이 계획을 성공시키기 위해 서면으로 약속하는 것이 중요하다고 생각해요.

빌   우리가 보고 있는 이 문서가 지난번과 달라졌나요? 빠르게 훑어본 결과, 새로운 것으로 보이는 것은 마지막에 있는 참고 B, '실행 과제'뿐이네요. 본문에 '참고 B'를 참조하라는 내용과 함께 우리의 서명을 위한 공간이 있네요.

코니   맞아요. 그게 유일하게 변경된 것이고요, 그와 함께 예산 계획표 이름을 '참고 A'라고 바꿨어요.

참고 B에 대해 제가 한 마디할게요. 참고 B는 합의를 실행하고 담당자들이 책임을 지도록 하기 위해 해야 할 일들의 목록을 간단명료하게 정리한 것이에요. 어떤 의미에서는 내부 일이지만 그 이상일 수도 있어요. 이것은 협의체 자문 보고서에서 우리의 작업을 마을 사람들과 단체들의 진정한 헌신으로 어떻게 전환시킬 것인가를 보여주는 것이기도 해요.

이제 여러분들에게 합의안에 서명하도록 요구할 것이기 때문에, 그것을 읽고 필요에 따라 수정하기 위한 시간을 좀 갖도록 하죠.

위원회는 코니가 제안한 목록을 검토하고 몇 가지 작업을 추가했다. 결과는 228쪽 표에 나와 있다.

토론이 완료되었을 때, 코니는 6부를 회수하여 자신의 이름이 있는 줄에 각각 서명한 다음, 오른쪽에 있는 빌에게 전달했다. 6부는 바스락거리는 소리를 내며 손에서 손으로 전해졌다. 6부가 모두 코니의 자리로 돌아왔을 때, 코니는 다른 5명에게 1부씩 나누어 주고 자신을 위해 1부를 보관했다.

"축하합니다." 코니가 말했다. "이제 거의 다 왔습니다."

모니터링 메커니즘 설계하기

합의 형성 그룹인 협의체는 이행 프로세스의 일환으로 모니터링 작업에 많은 주의를 기울일 필요가 있다. 이것은 두 부분을 나누어 생각할 수 있다. (1) 관련된 개인과 집단이 약속을 준수하는지 확인하기 위한 모니터링과 (2) 합의의 변경이 필요할 정도로 환경이 변하지 않았는지 확인하기 위한 모니터링이다.

두 가지 유형의 모니터링 중 첫 번째 유형은 충분히 다루기 쉽게

실행 과제

행사/임무	담당자?	보조자?
관리		
승인 계획 시장에게 알리기	빌	
전용 계좌 개설하기	마을 회계 담당자	빌
기부자로부터 수표 받기	빌	
회계 담당자에게 수표 받기	빌	
극적인 프레젠테이션		
전문 배우 고용	랠프(와 학교 스태프)	
대본 작성, 세트 디자인 등	학교 스태프와 배우	랠프
강당 예약, 관리인 고용	랠프(와 학교 스태프)	
프로그램/기념품 작성	역사위원회	빈스
금요일 밤/토요일 아침 콘텐츠 동기화	역사위원회/시장 사무실	빈스와 샐리
퍼레이드		
보안 허가	빌	
설계 승인	실무진/시장 사무실	빌
경찰 연장 근무 처리	시장 사무실	빌
청소 직원 및 감독 고용	실무진/시장 사무실	빌
연설/행사		
AV 시스템 대여	시장 사무실	빌
무대/장식/배너	시장 사무실	빌
타임 캡슐 콘텐츠 준비	학교와 역사위원회	랠프, 빈스
타임 캡슐 장소 준비	실무진/시장 사무실	빌
야외 행사/공예 박람회		
예술/공예 그룹 섭외	샐리	
경찰 연장 근무 처리	시장 사무실	빌
휴대용 화장실 대여	공원 관리부서	샐리
스포츠 장비 대여/구매	공원 관리부서	샐리
야구 팀 섭외	시장 사무실	빌
청소 직원 및 감독 고용	실무진/시장 사무실	빌
음식/음료 준비	공원 관리부서	샐리
불꽃 놀이		
불꽃 놀이 도구 구입/준비	시장 사무실	빌
불꽃 놀이 장소 준비	시장 사무실	빌
웹사이트		
역사위원회 협조	몰리/빈스	
사진 스캔 준비	몰리	
프로그램 감독	몰리	
지역사회 봉사활동 감독	몰리	
홍보		
신문사	빌	
WBLA 라디오	빌	
케이블 TV	몰리	

해야 한다. (사실 어떤 경우 이러한 '모니터링' 기능은 따로 언급할 필요조차 없다.) 예를 들어 협의체가 향후 3년 동안 매 6개월마다 회의를 열어 마을 전체의 기술종합발전계획이 합의에 따라 이행되고 있는지 확인해야 할까, 아니면 마을 관리자가 간단히 마을 회의에 연례보고서를 작성하는 식으로 할까? 약속을 이행하는 데 공식적인 모니터링 메커니즘이 도움이 된다고 생각한다면, (그러나 우리는 합의가 자기강제적인 조치에 가깝도록 설계되어야 한다는 점을 계속 강조하고 있다.) 이 메커니즘은 명확하게 정의되어야 하고 합의서에 기록되어야 한다. 누군가가 약속을 지키지 않는다면, 다시 모여서 토론을 재개하기 위한 메커니즘도 규정되어 있어야 한다.

두 번째 종류의 모니터링 메커니즘은 좀 더 까다롭다. 합의 형성 활동으로 성취한 합의들은 대부분 변하기 쉬운 환경에 놓이게 된다. 예를 들어 마을 전체에 대한 기술 마스터플랜을 실행하는 것은 채권의 판매에 달려 있다. 그러나 이것은 금리가 기하급수적으로 치솟지 않고 마을의 채권 등급이 유지될 것이라는 가정들을 전제로 한다. 만약 이런 가정들 중 하나가 틀렸다고 판명나면 어떻게 될까? 혹은 2년 내에 현장에서 눈부신 새로운 기술이 등장한다면 마스터플랜에 대한 재고가 필요할까? 만약 주 교육위원회가 자금 지원도 없이 학교에 새롭고 비싼 기술을 요구하는 근거 없는 명령을 내린다면 어떻게 될까?

다시 말하지만, 만약 예상치 못한 상황이 현장을 변화시킨다면 합의 형성 활동을 이끌어온 협의체는 아마 누가 모이고 누가 무엇을 할 것인가에 대해 먼저 이해해야 할 필요가 있다. 이는 아마도 합의의 최종 버전에 포함되어야 한다. '아마도'라는 단어에 주의하자. 만약 합의가 완전히 집행기관으로 넘어갈 수 있다는 것이 확실하다면, 그리고 만약 그 기관이 미래에 발생할 수 있는 만일의 사태에 다룰수 있고 또 그래야 한다면 합의서에 명백한 내용을 쓸 필요까지는 없을 수 있다. 그렇지 않다면 협의체의 재소집과 활동 재개를 위한절차가 합의서에 명기되어 있어야 한다.

협의체에 따라 메커니즘을 모니터링하고 재구성할 가능성에 대해다르게 반응한다. 다시 한번 탈진 이슈가 떠오르는 순간이다. ("뭐라고? 이게 3년간의 약속이라고? 우리가 다시 소집될지도 모른다는 거야?") 이는 분명하게도 모니터링 부담을 기꺼이 수행할 의지가 있는 개인과집단에게 할당함으로써 관리 가능한 작업으로 만드는 것이 중요하다는 것을 보여준다.

어떤 경우에는 일부 그룹이 미래에 누군가 그 기회를 남용할 것을우려한 나머지 어렵게 얻은 합의사항을 변경할 수 있는 메커니즘을추가하는 것을 경계할 수 있다. 만약 그러한 우려가 제기된다면, 협의체는 우선 그들에게 로버트 규칙 유형의 결과인 나쁜 타협이나 제로섬이 아니라, 가능한 최선의 합의에 도달하기 위해 의기투합했다는 점을 상기시켜줄 필요가 있다. 만약 상황이 충분히 변해 새로운합의가 이루어질 필요가 있다면, 협의체의 원래 소집 정신으로 돌아가 새로운 가능성에 도달할 수 있는 메커니즘이 마련되어야 한다.

그러나 우리의 경험에 의하면, 대부분의 협의체는 모니터링 메커니즘의 중요성을 재빨리 파악하여 합의의 최종 버전에 꼭 포함되어야 한다는 점을 받아들인다. 이와 유사하게 흔히 말하는 '분쟁 해결 조항'을 최종 합의문에 포함시키는 것이 바람직할 수도 있다. 이는 누가 그들의 약속을 지키는지 혹은 지키지 않았는지에 대한 의견 차이를 어떻게 다루어야 하는지를 담고 있다. 만약 한 당사자가 협의체의 다른 멤버가 약속한 것을 수행하지 않았다고 느끼면 그 당사자는 의장 또는 촉진자를 접촉점으로 지정하는 것에 합의할 수 있다. 대부분의 분쟁 해결 조항은 어느 누구도 그 약속을 일방적으로 거부할 수 없다는 것을 분명히 하고 있는데, 이는 자신이 아닌 다른 누군가가 의무를 다하지 않았다고 생각하기 때문이다. 이러한 조항은 한 사람이, 다른 사람이 약속을 지키지 않았다고 잘못 가정했을 때 전체 합의가 무너질 수 있는 가능성을 방지한다. 통상 접촉점으로 지정된 사람이 협의체가 원하는 것을 함께 결정할 수 있도록 조사를 수행하고, 협의체를 재소집하고, 발견한 것을 보고하는 기간을 지정해두기도 한다.

평가, 교훈, 전달하기

우리는 이 마지막 단계를 '권장하지만 선택적인' 범주에 포함한다. 당신이 기나긴 생산적인 CBA의 마무리 단계에 있다고 가정하자. 협의체로서 많은 것을 배웠다는 것은 두말할 나위 없다. 당신은 당신 뒤에 오는 또 다른 협의체가 명심해야 할 것, 즉 합의 형성 활동을 시작할 때 해야 할 것과 하지 말아야 할 것에 대해 많이 배웠다.

우리는 기억이 아직 생생할 동안 협의체가 무엇을 겪었는지를 평가하고, 관련 교훈을 포착하며, 배운 것을 전달할 적절한 방법을 찾을 것을 강력히 권고한다.

아마도 '포착된 지혜'는 주요 합의서에 첨부 문서로 포함되어야 한다. 그것은 주요 합의와 거의 동시에 준비될 수도 있고, 합의 직후에 협의체의 지원을 받아 준비될 수도 있다. 주요 합의와 마찬가지로 이 문서는 누가 무엇에 대해 옳고 누가 틀렸는지와 같은 일종의 점수 매기기 활동으로 보여서는 안 된다. 개인에게 (좋든 나쁘든) 입장이나 행동을 귀속시키는 것은 피해야 하며, 대신 권장사항과 처방에 집중해야 한다.

평가하고, 포착하고, 전달하는 데 있어서 당신의 목표는 스스로를 칭찬하는 것이 아니다. 오히려 그것은 당신의 기관이나 조직, 또는 공동체가 미래에 이러한 일들을 처리할 때 더 성공적으로 수행하는 방법을 배우도록 돕는 것이다. 아무도 이러한 추가 노력을 한 것에 대해 감사해 하지 않을지도 모르지만, 매우 의미 있는 작업이다.

언제 "끝나?"

이행은 합의 형성의 마지막 단계이다. 우리는 종종 CBA가 '끝나'는 것으로 간주될 수 있는 시기를 규정하라는 요청을 받는다. 가장 간단한 대답은 "마지막으로 호명된 사람이 마지막 과업을 설명하면 끝난다"는 것이다.

요약하면, 합의 형성은 영향을 받는 집단의 구성원들에 의해 추인되고, 그들을 대표하는 참가자에 의해 승인되었을 때, 적절한 모니터링 및 재소집 메커니즘이 마련되었을 때 그리고 합의에 대한 공적 책임이 책임 당사자에게 넘어갔을 때 끝난다.

분명 모니터링 기능은 합의 형성 활동의 영역을 벗어난다. 협의체가 재소집을 필요로 하는 경우 분명히 새로운 라운드의 활동이 시작되어야만 한다. 어떠한 경우에도 합의의 성공적인 이행이야말로 협의체의 의무가 종료되었음을 의미한다. 그러나 우리의 마지막 권고사항은 협의체가 이행 단계와 무관하게 잘한 것에 대해 기뻐해야 할 지점을 만들어야 한다는 것이다.

다음 장에서 우리는 CBA 메커니즘에서 한 걸음 물러서서 CBA 활동에 대한 다양한 장애요인을 묘사할 것이다. 우리는 합의 형성 과정에서 종종 제기되는 도전들을 설명하고 극복할 수 있는 방법을 제안할 것이다.

8장

합의 형성 접근법의 장애요인 극복하기

합의 형성 접근법(CBA)은 당신을 로버트 규칙보다 훨씬 더 나은 해결책에 이르게 할 수 있다. CBA는 종종 다른 방법보다 더 공정하고, 효율적이며, 현명하고, 안정적인 합의를 도출하는 가장 좋은 방법이다.

CBA는 다음과 같은 명백한 질문을 던진다. 만약 CBA가 그렇게 우월한 접근법이라면 왜 전 세계가 CBA를 하지 않을까?

몇 가지 이유가 있는데, 그것은 다음과 같다.

- **로버트 장군은 선점 효과를 누리고 있다.** 로버트 규칙은 19세기 후반에 널리 보급되었다. (오늘날의 모습을 갖춘) 합의 형성 접근법은 불과 몇십 년밖에 되지 않았다.

- **로버트 규칙은 관성의 규칙으로부터 혜택을 받고 있다.** 이것은 과거로부터 내려온 결과물이다. 1장에서 지적한 바와 같이 공공 및 민간 기관 등 대부분의 기관들은 특별히 로버트 규칙을 사용하도록 요구하는 정관과 내규를 가지고 있다. 우리는 이러한 많은 기관들에게 로버트식 회의 절차가 예전과 달리 더는 가장 적절한 접근법이 아니라는 것을 알리려 한다. 생각해보자. 로버트 규칙과 전보telegraph는 동시에 발명되었다. 더 나은 대안(전화)을 사용할 수 있게 되자, 전보는 서서히 사라져갔다. 우리는 로버트 규칙에도 똑같은 일이 일어날 것이라고 보지만, 특별히 공공 부문에서 관성은 강력한 힘을 지니고 있다.

- **합의 형성 접근법에 대한 심리적 장애가 있다.** 사람들은 특히 압박을 받는 상황에서는 유효성이 증명된 것을 선호한다. 많은 그룹들은 CBA가 어렵고 비용이 많이 들며 시간이 너무 많이 소요되거나 효과가 불확실한 것으로 가정한다. 또한 사람들은 CBA가 그들이 원론적으로 지지하고 있는 '민주적 프로세스'를 훼손하는 것이라고 우려하고 있다. 이 장에서 우리는 그러한 우려가 잘못된 것이라고 주장할 것이다.

- **합의 형성 접근법에는 외부 장애가 있다.** 우리의 실제 경험을 바

탕으로 효과적인 합의 형성을 가로막는 3가지 외부 장애를 지적할 수 있다. 첫 번째는 참가자 중 한 사람이라도 합의 형성 프로세스를 방해하기로 결심한다면 실제로 심각한 문제를 일으킬 수 있다는 점이다. 두 번째는 CBA에 대해 언론이 중립 또는 부정적인 입장을 취하는 경향이 있다는 점이다. 세 번째는 사람들이 책임을 지거나 법에 저촉되는 것에 대해 걱정한다는 점이다. 이 장의 뒷부분에서 우리는 이러한 장애들을 극복할 수 있는 방법을 제안할 것이다. 우선 심리적 장애부터 살펴보자.

심리적 장애 극복하기

CBA가 시간과 비용을 절약하고, 모든 당사자들의 만족도를 높이며, 성공적으로 이행될 가능성이 더 높은 합의를 도출한다는 것을 보여주는 실제 증거들이 광범위하게 존재한다. 하지만 많은 경우 사람들의 마음 속에 갖고 있는 CBA에 대한 잘못된 선입견이 CBA를 다양하게 활용하는 데 장애 요인으로 작용한다. 그러한 장애는 보는 사람들의 마음에 크게 자리 잡기 때문에, 우리는 이것을 '심리적 장애'라고 부른다. 이런 장애의 구체적인 사례에는 어떠한 것들이 있을까?

알지 못하는 것에 대한 두려움
첫 번째 심리적 장애는 변화에 대한 두려움이다. 기억을 '고정'시키는 인간의 속성 때문에 현상유지의 힘은 확실히 특별하다. 새로운 방식으로 일을 하는 것은 불확실성과 위험(또는 적어도 위험할 가능성)을 포함한다. 대부분의 사람들은 알지 못하는 것보다는 알려진 것을 선호한다. 특히 사람들이 압박을 받을 때는 입증되지 않은 것보다 유효성이 증명된 것을 선호한다. 이것은 종종 다음과 같은 질문의 형태를 취한다. 우리는 서로의 차이를 해결하기 위해 어떤 특정한 방식을 항상 사용해 왔는데, 왜 우리가 바꿔야 할까?

우리가 제시하는 답은 '만약 지금 모든 것이 잘 되고 있다면, 당신은 바꾸지 말아야 한다'는 것이다. 복잡한 문제를 식별하고 해결하기 위한 기존 접근방식이 효과가 있다면 좋은 일이다. 하지만 만약 당신이 기대하는 것보다 결과에 도달하기 위해 더 많은 시간과 에너지, 돈을 소비하고 있다면 그리고 결국 어떤 사람들이 화를 내고 떠나가거나 아니면 당신이 성취한 일을 되돌리기로 결심한다면 지금은 뭔가 다른 것을 시도할 때이다.

실패에 대한 두려움

두 번째 심리적 장애는 사람들이 CBA에 익숙하지 않기 때문에 실패로 이어질 것이라고 우려한다는 것이다.

우리가 이 책을 쓴 이유가 바로 이것 때문이다. 우리는 합의 형성을 이루는 정신뿐만 아니라 구체적인 절차를 모두 포착하고, 블레인 200주년 위원회에 있는 가상의 친구들을 계속 등장시켜 이를 설명하려고 노력했다. 우리는 만약 당신이 앞에서 기술된 정신으로 이러한 절차를 따르고 일을 수행한다면, 반드시 성공할 것이라고 확신한다.

하지만 이 작은 책이 당신의 유일한 자원은 아니다. 당신이 이용할 수 있는 자원들은 무수히 많다. 아마도 당신의 고향이나 매우 가까운 주변에서도 찾을 수 있을 것이다. 합의 형성 접근법에 대한 지원은 국내외적으로 이를 실천하고 있는 전문가들에 의해 제공된다. (미국의 모든 주에는 전문가가 있으며, 종종 전화번호부에서 '조정mediation' 또는 이와 유사한 단어로 찾을 수 있다.) 법조인 같은 유관 직업을 가진 사람들은 이러한 대안들에 대해 점점 더 인지하고 있다. 인터넷은 숙련된 촉진자에게 쉽게 접근할 수 있게 해준다. 합의 형성 또는 '대안적 분쟁 해결alternative dispute resolution'을 구글에서 검색하면, 말 그대로 수십만 개의 링크가 나온다. 사실 거의 100만 개에 가깝다. 약간의 시행착오를 거치면 관리 가능한 규모로 이들을 좁힐 수 있다.

이처럼 도움을 외부로부터 받을 수 있다. 게다가 합의 형성은 문제를 해결하는 매우 자연스러운 방식이다. 로버트 규칙을 사용하는 것보다 훨씬 더 자연스럽다. 이렇게 생각해보자. 만약 당신이 어떤 조직을 처음 만들었다면, 당신의 구성원들이 각자의 차이점을 어떻게 다루기를 원할까? 아마 함께 모여서 각자의 실익을 파악하고 다른 사람의 가장 기본적인 실익을 희생시키지 않으면서 가장 많은 사람들에게 가장 좋은 해결책을 찾으려고 할 것이다. 이는 매우 직관적인 결론이다. 일단 사람들이 CBA에 대한 감각을 갖게 된다면 그들은 그것이 가야 할 바른 길이라는 것을 알게 될 것이다.

느리고, 비용이 많이 들 수 있는 프로세스를 수용하기를 꺼림
세 번째 심리적 장애는 사람들이 합의 형성을 너무 느리거나, 너무 번거롭거나, 비용이 많이 든다고 생각하는 것이다. 이것은 1장에 소개된 합의의 정의를 되새기게 한다. 우리는 모든 사람들의 얼굴이 파랗게 질릴 때까지 이야기하거나 '계속되는 잡담에 의한 재판'을 통해 만장일치를 달성하는 프로세스를 옹호하는 것이 아니다. 어림도 없는 소리! 대신 우리는 사람들이 우리가 '압도적인 동의'라고 부르는 것을 이루기 위해 열심히 노력하는 단계적 접근법을 옹호한다. 이 과정은 시간이 걸릴 수 있다. 다시 한번 말하자면, 당신은 빨리 가기 위해 천천히 가야 한다.

우리는 또한 "무엇과 비교해서 느리고 비용이 많이 들까?"라는 질문을 하고 싶다. 1장에서 우리는 로버트 규칙과 회의 절차에 의해 지배되는 문제해결 프로세스를 묘사했다. 이 프로세스 역시 시간이 걸린다. 더구나 만약 그것이 불행한 소수를 만든다면, 그러한 '해결책'은 오래가지 못할 수 있다. 만약 결정이 엉망이 되거나 투표에 새로운 참가자들이 투입되어 이로 인해 전체 시나리오를 다시 만들어야만 한다면, 그리고 법원이 개입해서 합의의 어떤 측면을 뒤엎게 된다면 혹은 다른 예기치 못한 문제들이 발생한다면 또 다른 측면에서 '느리고 비용이 많이 들게' 될 것이다.

그렇다. 촉진자를 고용하는 데는 (외부 촉진자가 필요한 경우) 비용이 든다. 5장에서 설명한 북대서양 어업 분쟁처럼 중대한 공공 분쟁의 맥락에서 공동 사실조사를 수행하는 경우에는 비용이 많이 들수 있다.

그렇더라도 우리는 다시 무엇에 비해 비용이 많이 드는지 생각할 필요가 있다. 우리는 때로 이 논점을 짚기 위해 '논쟁 비용cost of contentiousness'이라는 개념을 사용한다. 변호사와 소송에 소비되는 엄청난 시간과 돈, 에너지를 생각해보라. (변호사들과 판사들도 특정 종류의 분쟁은 법정에서 끝나서는 안 된다는 데 점점 더 동의하고 있다.) 좀 더 대중적 수준에서 마을 회의 투표에 영향을 미치기 위해 얼마나 많은 시간과 에너지 그리고 간접적인 재원이 투입되는지 생각해보자. 사람들은 공직에 출마하고, 막후에서 비밀 거래를 하고, 프레젠테이션을 준비하고, 투표를 실시하는 등의 일을 한다. 그런 다음 만약 그 결과가 마음에 들지 않는다면, 그들은 다시 다음 선거 주기 동안 이 모든 것을 다시 해야 한다. 또는 대중적 관심을 끌기 위해 공직자의 소환도 불사한다. 당신이 그와 같은 전술에서 비롯되는 지체나 불확실성, 불안 등을 함께 고려한다면 기존의 전통적 방식이 더 비싼 것이다.

권위를 훼손하는 것을 꺼림

마을 회의 사례를 거론함으로써 우리는 CBA의 마지막이자 아마도 가장 중요한 심리적 장애를 제기한다. 일부 사람들은 합의 형성이 특정 업무를 수행하기 위해 선출되거나 임명된 사람들의 권한을 훼손한다고 우려한다. 블레인 마을 회의가 시장에게 200주년 기념 행사를 조직하도록 승인했을 때 이를 추론해보면 마을 회의는 시장에게 200주년 행사와 관련하여 시장에게 책임을 부여했다고 할 수 있다. 그렇다면 그가 이 일을 직접 해야 하지 않을까? 또는 다른 쪽에서 보면 명백히 시장이 책임져야 할 결정에 왜 다른 사람이 관여하기를 기대해야 하는 것일까?

이것들은 타당한 질문이지만 우리는 이에 대한 좋은 답변을 갖고 있다. 첫째, 우리는 시장이 이해당사자를 대표하는 그룹으로부터 자문을 구한다고 해서 그가 책임을 포기한 것은 아니라고 생각한다. (대개 합의 형성 접근법만큼 투명한 프로세스를 거치지는 않지만 시장은 항상 조언을 구한다.) 사실 시장은 자신의 일을 효과적으로 수행하기 위해 가능한 모든 정보를 얻어야 하고, CBA를 통해서도 가능한 한 많은 것을 얻을 수 있다. 시장은 오히려 비밀스러운 방식이 아닌 공적 프로세스를 통해 조언을 얻어야 하는 게 맞지 않을까?

둘째, 좋든 싫든 간에 지난 세기에 걸친 미국 정치의 궤적은 참여를 더 넓히는 방향으로 발전되어 왔다. 사람들은 자신들에게 중요한 이슈에 대해서는 자신들의 견해를 표현하고 싶어 한다. 사람들은 점점 더 단순히 공무원들을 선출하는 것에 그치지 않고, 최선을 다해 보다 많은 일에 개입하기를 희망한다. 사람들은 자신의 삶에 영향을 미치는 의사결정에 대해 협의하고 관여하기를 기대한다. 합의 형성 접근법은 민주적인 참여의 형태를 만들고, 그것을 효율적으로 만드는 방식이다.

앞에서 이야기했듯이 모든 합의 형성 활동의 최종 결과는 자문 advice이다. 앞 장에서 블레인 200주년 위원회의 결과를 설명하기 위해 '제안proposal'이라는 단어를 사용했다. 어떤 의미에서 그 계획은 이해관계가 걸려 있는 여러 이해관계자에게 제안된 것이다. 그러나 보다 근본적인 수준에서 BCC는 시장에게 조언을 제공하기 위한 '제안'을 만든 것이다. 시장은 조언을 받아들이거나 아니면 무시할 수 있다.

다음 질문에 대해 생각해보자. 시장이 자신이 취할 수 있는 행동 중 (거의) 모든 사람들이 일어나 환호할 수 있는 행동을 미리 알 수 있는 방법이 여기에 있다. 선출되거나 임명된 공직자들 중 누가 그런 종류의 의견을 원하지 않을까?

외부 장애 극복하기

이처럼 사람들의 마음에 존재하는 CBA의 장애는 매우 많다. 이제 성공적인 합의 형성을 방해하는 보다 치명적인 장애로 넘어가서 어떻게 이를 극복할 수 있는지에 대해 생각해보자.

그런 장애로는 다음과 같은 것들이 있다.

- 프로세스 참가자의 파괴적 행태
- 언론 문제
- 법적 분쟁

참가자의 파괴적 행태

우리 대부분은 다음과 같은 경험이 있을 것이다. 우리가 자원봉사자 그룹의 일원으로 봉사할 때 한 멤버가 규칙에 따라 행동하기를 거부하는 상황이다. 독서 클럽, 교회 성가대, 회사 소프트볼 팀, 또는 거의 모든 조직에서 벌어지는 일일 수 있다. 더 나아가 한 사람이 의도적으로 조직의 전진을 방해하기 위해 나서면 그것은 독이 될 수 있다. 이는 협업과 공동 문제해결에 의존하는 CBA의 맥락에서 특히 그러하다.

첫째, '논쟁가argumentative'와 '의사방해자obstructionist'를 구분해 보자. 만약 당신이 빈스(역사위원회 대표)가 BCC에서 차지하는 위치를 떠올려본다면, 그는 종종 너무 논쟁적이라서 코니가 개입해 논쟁을 중단시키고 위원회를 정상궤도에 올려놓아야만 했다. 그러나 빈스의 논쟁은 대부분 경계 안에 머물러 있었고, 때로는 대화를 진전시키는 역할을 했다. 사실 많은 경우 숙련된 촉진자는 논쟁가와 협력할 수 있으며 심지어 합의 형성 활동을 돕는 수단으로 그를 이용할 수 있다. 다음과 같이 말이다. '빈스가 흥미로운 지적을 한다. 조금 달리 이야기하면, 나는 빈스가 우리에게 이러이러한 것에 대해 걱정해야 한다는 것을 상기시켜주고 있다고 생각한다.'

이와는 대조적으로 의사방해자는 프로세스를 작동시키는 데 헌신하지 않으며 심지어 프로세스를 실패하게 만드는 데 전념한다. 의사방해자는 다음 세 가지 유형이 있다.

1. 합의 형성 활동 경험이 거의 없거나 비생산적인 방법으로 자신의 불안감을 표출하는 사람들
2. 줄곧 방해받는 삶을 살아왔고, 자신의 접근방식을 바꿀 필요를 느끼지 못하는 사람들
3. 해당 활동을 방해함으로써 자신의 이익 또는 자신이 대표한 구성원의 이익이 지켜질 수 있다고 생각하는 사람들

물론 의사방해자들이 프로세스에 끼어들지 못하게 한다면 그것이 제일 좋을 것이다. 그러나 3장에서 설명한 것처럼 소집된 사람들은 모든 이해당사자 집단들을 대표하는 경우가 대부분이다. 만약 주요 이해관계 집단 A가 당신에게 의사방해자를 보낸다면 그 상황에서도 당신은 프로세스를 작동시킬 방법을 찾을 필요가 있다.

우리는 이러한 장애 요인을 극복하기 위한 방안으로 세 가지 중요한 자원에 주목한다. 첫 번째는 3장에서 설명한 기본 규칙이다. 각각의 합의 형성 프로세스는 자신만의 독특하고 고유한 기본 규칙이 필요하다. 이러한 규칙을 준비하는 것은 합의 형성 프로세스와 관련된 행동 규칙을 논의하고 내실화할 수 있는 기회를 제공한다. 따라서 CBA가 시작될 때 협의체 멤버들은 일련의 행동 규칙을 정의하고 이를 채택할 필요가 있으며, 멤버들을 채택한 행동 규칙에 잡아 둘 필요가 있다. 일반적으로 그러한 규칙을 작성하고 사람들이 그것에 서명하도록 하는 것은 좋은 아이디어다. 만약 이미 합의한 기본 규칙을 정확하게 요약한 진술서에 누군가가 서명하지 않는다면 그것은 문제의 초기 징후이다. 만약 모든 사람들이 서명한다면 촉진자와 의장은 자유롭게 해당 규칙을 지적하고, 이를 준수할 것을 주장할 수 있게 된다.

두 번째 자원은 숙련된 촉진자이다. 촉진자들은 훈련과 경험을 통해 긴장된 절차를 계속 감시하는 법을 배운다. 위에 제시된 것처럼 촉진자들은 적절한 순간에 기본 규칙을 인용한다. 또는 촉진자들은 다른 참가자들이 피해를 입지 않도록 의사방해자들을 직접 상대하기도 한다. 훈련된 촉진자는 언제 회의를 중단하고 불쾌감을 주는 사람을 따로 불러 사적으로 대화를 해야 하는지를 안다. 또는 촉진자는 프로세스를 일시적으로 중단하고, 의사방해자를 통제할 수 있도록 협상 구조를 재구성할 수 있다. 하지만 비공식적인 형태인 '셔틀 외교shuttle diplomacy'를 활용하면 의사방해자가 반드시 협상 테이블에 있을 필요도 없다.

숙련된 촉진자는 의사방해자의 동기가 무엇인지 이해하며, 피해를 줄이기 위해 그 동기를 이용할 수 있다. 일부 의사방해자들은 그가 대표하는 집단의 구성원들에게 자신이 '테이블에서 강인하다'는 것을 증명하기 위해 '과장된 연기'를 한다. 그러나 유능한 촉진자는 그러한 행동에는 보상이 없다는 것을 확실히 해야 한다. 예를 들어 협의체에서 이뤄지는 의사소통은 결코 특정 의견을 개인에게 귀속시키지 않는 방식으로 활동한다. 이러한 활동 방식을 통해 의사방해자로 하여금 점진적으로 자신의 행동이 의도한 결과를 달성하지 못한다는 것을 깨닫게 해야 한다.

세 번째 자원은 훈련이다. 사람들은 종종 이미 시간을 많이 소모한 과정에 더 많은 시간을 할애해야 한다고 생각할 때 눈을 굴린다. 이러한 상황을 예방하는 방법은 다음 2가지가 있다. 첫째, 협의체의 첫 공시회의 전 한두 시간의 교육을 통해 합의 형성 프로세스 전반에 대해 교육하는 것이다. 둘째, 특정 참가자들, 특히 단체로 일한 경험이 거의 없는 참가자들에게 협의체에서 최선을 다하는 것이 자신이 대표하는 집단의 구성원들에게 가장 이익이 된다는 점을 지속적으로 강조하는 것이다.

의사방해자들은 때때로 불안감에서 벗어나기 위해서 그렇게 행동

한다. 훈련은 그러한 불안을 줄여주고, 그들의 이익을 증진시킬 다른 방법을 보여줄 수 있다. 훈련은 프로세스의 거의 모든 시점에서 이루어질 수 있지만, 일반적으로 과정의 중간보다는 선행적으로 기법을 훈련하는 것이 더 효과적이다.

언론 문제

효과적인 합의 형성에 대한 두 번째 외부 장애는 빈약한 의사소통이다. 이는 때로 테이블에 앉은 사람들의 나쁜 습관에서 생기기도 하지만, 더 중요하게는 언론에 의해 만들어진 어려움으로 더욱 가중된다.

이를 극복하기 위한 첫 번째 과제는 다음과 같다. 때로 합의 형성 활동을 하는 사람들은 제로섬 같은 전통적인 로버트 규칙 스타일의 협상만 안다. 그들은 다른 사람들을 희생시키면서 자신들의 특정 관심사를 성취하기 위해 언론을 이용해 자신의 입장을 주장하는 데 익숙하다. 이러한 문제에 대처하기 위한 가장 좋은 도구는 누가 언론에 무엇을 말할 수 있는지를 명확하게 규정한 기본 규칙을 만들어 놓는 것이다. 통상 협의체는 협의체를 위해 발언할 한 사람(일반적으로 의장 또는 촉진자)을 지정한다. 그리고 협의체 멤버는 자신의 입장을 발언하는 것은 장려되지만, 다른 사람을 대변하거나 다른 사람의 견해를 규정짓는 것은 금지된다.

일반적으로 언론에서의 가식적인 태도는 테이블에서 진전이 이루어지는 것이 관찰될 때 사라진다. 지속적으로 관련자들이 신문 1면보다는 테이블에서 더 많은 것을 얻을 수 있다는 것을 깨닫게 해야 한다. 다시 말하지만, 숙련된 촉진자는 일반적으로 이러한 인식을 발전시킬 수 있다.

두 번째 의사소통 과제는 우리가 정중하게 '언론의 나쁜 습관'이라고 부르는 것으로 훨씬 더 복잡하고 신중하게 조율된 대응을 요구한다.

지역사회의 수많은 분쟁에서 가장 중요한 매체는 지역 신문이다. (대도시 매체들은 보통 지역의 분쟁을 다루려고 하지 않는다; 지역 라디오 방송국은 청취자가 적다; 지역 케이블 방송국은 빠르게 움직일 수 있는 재능이나 자원을 가지고 있지 않다. 그리고 인터넷은 여전히 너무 분산되어 있어서 지역에 많은 영향을 주지 못한다.) 대부분의 지역 신문들은 자기 자신을 단순히 사건을 보여주는 거울이라고 생각한다. 그러나 만약 그들이 정직하다면, 그들이 신문을 팔기 위해 이야기에 극적인 변화를 주었다는 것을 인정할 것이다. 대중을 교육하거나 공론을 형성하기 위한 의무에 입각했다고 말할 수 있는 경우는 (사설이라는 한정된 경우를 제외하고) 극히 드물다.

최근 몇 년 동안 공공 저널리즘 운동은 공공토론 과정에서 언론의 교육적 역할을 확대시키기 위해 노력해왔다. CBA는 공공 저널리즘의 이러한 지속적인 노력과 대립을 부채질하는 지역 신문들의 전통으로부터 멀어지는 추세 때문에 크게 이익을 얻을 것이다. 물론 합의 형성자들은 앉아서 이상적인 세계가 만들어지기를 기다릴 수 없다. 다음은 합의 형성자들이 언론의 긍정적인 영향력을 키우기 위해 취할 수 있는 몇 가지 구체적인 조치들이다.

첫째, 합의 형성 프로세스 초기에는 소집자, 의장, 촉진자 등 누군가가 언론인들과 함께 앉아 이번에는 상황이 다르게 진행될 것이라는 사실을 그들에게 일깨워줄 필요가 있다. 이상적으로 이런 대화는 뉴스 연출자나 편집장보다는 관련 언론사 사주들과 함께 해야 한다. 왜냐하면 언론사 사주들은 보통 지역사회의 사업적 이해관계자들이라서 합의 형성 활동이 성공하는 데 특별한 관심을 갖고 있기 때문이다. 우리의 경험에서 보면 (사설을 감독하는 경향이 있는) 언론사 사주들은 보통 합의 형성 접근방식에 잘 호응한다.

둘째, 협의체 내의 누군가, 즉 소집자, 의장, 촉진자 중 한 사람은 정기적으로 적절한 회의 요약본을 작성해 언론이 프로세스의 각 단계에서 도달한 합의점에 대해 정확하게 묘사할 수 있도록 언론에 요약본을 전달해야 한다. 또한 누군가는 협의 과정에서 일어나고 있는 것에 대한 균형 잡힌 버전을 한 목소리로 제시하기 위해 언론과의 관계에서 중심적인 접촉점이 되어야 한다.

그러나 그것만으로는 충분하지 않다. 대부분의 경우 당신이 신문에 요약본을 제공하더라도 언론은 그들만의 요약본을 만들려 한다고 말할 것이다. 그러나 그것은 실제로 가능성이 매우 낮다. 문제는 기자가 특정 CBA 세션에 참석할 때 발생한다. 그곳에는 어떤 드라마도 없다. 아무도 다른 사람에게 소리를 지르거나 카메라를 향해 과시하지 않는다. 써먹을 만한 어구sound bite도 없다. 그래서 기자는 쓸 만한 것을 거의 찾지 못하고 결국은 돌아간다.

말을 퍼트리기 위해서는 추가적인 조치를 취해야 한다. 예를 들어 당신은 당신의 발송 리스트(이메일 및 편지)를 만들고 웹사이트를 개발하고 유지하거나 적절한 청중을 위해 주기적인 설명 세션을 실시하면서 공공기관이나 선출된 기관에 적절한 보고를 하는 등의 조치를 취할 필요가 있다. 블레인 마을의 상황에서 당신은 충분히 의사소통할 수 없었다는 것을 기억하라. 만약 지역 신문이 기사나 사설을 쓰지 않는다면 신문의 지면을 사거나, 아니면 거의 완성된 합의서 사본을 마을의 모든 가구에 알리기 위해 광고를 하는 것도 고려해야 한다. (우리가 이것을 추천하는 것은 고통스럽지만, 때때로 불가피한 것이기 때문이다.) 한편 언론사 사주들이 대중을 교육하는 책임을 지지 않는다면 사람들은 정보를 얻기 위해 인터넷 포럼과 같은 비전통적인 언론 매체로 몰릴 것이기 때문에 언론사의 발행부수나 시청률을 지속적으로 훼손할 것이라고 지적하는 것을 주저하지 마라.

법적 분쟁

이는 합의 형성에 대한 우리의 세 가지 외부 장애 중 마지막 장애이다. 만약 합의 형성 프로세스와 동시에 법적 절차가 이미 진행 중이라면 어떤 일이 벌어질까? 더 일반적으로 말하자면 어떤 법률이 CBA와 연관될 수 있을까? 또한 참가자들은 어떤 종류의 책임을 감수할 수 있을까?

첫 번째 질문, 즉 법적 절차와 동시에 진행되는 합의 형성 상황에 대해서는 우리의 초기 저작 중 하나인 《합의 형성 핸드북》의 한 단락을 인용함으로써 갈음하고자 한다.

합의 형성 활동이 동시에 소송의 대상이 되는 이슈를 해결하기 위해서라면 비공식적인 합의 형성 활동의 참가자들은 그들의 법적 권리와 합의 형성 활동의 대화 내용이 법적 절차에 미칠 수 있는 영향에 대해 변호인을 통해 알려야 하며, 그 반대도 마찬가지다. 또한 판사 또는 사법기관에 두 프로세스를 조율하는 가장 좋은 방법에 대해 문의해야 한다.

두 프로세스를 동시에 실행할 수 있을까? 그렇다. 모든 사람들에게 무슨 일이 일어나고 있는지 분명히 하기 위해 몇 가지 조치를 취해야 하지만 말이다. 기본적으로는 사람들이 민사 소송을 할 때는 항상 자유롭게 법정 밖에서 해결하려고 시도한다. (형사 사건은 분명 별개의 문제다.) 아무리 추악하고 격렬한 분쟁이라 하더라도 당사자들이 합의를 보고 소송을 취하하고 집으로 돌아가는 것을 못하게 할 이론적 근거는 없다. 사실 많은 경우 판사는 그들에게 그렇게 하도록 강력히 권한다.

합의 형성은 해결 옵션을 확장하기 위한 방법으로 볼 수 있고, 또 그렇게 이용되어야 한다. 그러나 다양한 방법으로 CBA 프로세스에서 언급된 사항이 나중에 법정에서 요구될 수 있다는 점에 유의하자. 일반적으로 촉진자에게 기밀 회의록을 공개하도록 강요할 수는 없지만, 개별 참가자들은 누가 무엇을 말했는지 증언하기 위해 소환될 수도 있다. 다시 말하지만 올바른 기본 규칙이 중요하다. 위에서 암시했듯이 모든 참가자들의 변호사들은 그들 고객들에게 비공식적 숙의에 적용할 수 있는 공식적 규칙에 관한 사항에 대해 조언해야 한다.

두 번째 이슈는 법적 책임이다. 당신이 공공 협상 과정에서 했던 발언의 결과로 당신은 비방죄로 고소당할 수 있을까? 그렇지는 않다. 민주주의의 근간이 되는 언론의 자유에 초점을 맞추고 있는 미국의 사법제도는 비방이나 명예훼손 판결을 받는 것이 매우 어렵다. (말로 하면 비방, 글로 쓰면 명예훼손) 비방에 대한 책임을 지기 위해서는 다음과 같은 것들이 드러나야 한다. (1) 당신이 거짓 사실을 말했고, (2) 그것이 틀렸다는 것을 미리 알았고, (3) 누군가의 평판을 손상시키려는 의도적인 노력으로 무모하게 밀고 나가 거짓을 되풀이했으며, (4) 어떤 종류의 피해가 실제로 일어났어야 한다.

이는 분명히 CBA에 관한 것은 아니다. 물론 모든 일은 생길 수 있지만, 우리가 아는 바로는 합의 형성 활동 참가자에 대한 비방이나 명예훼손 판결이 나온 것은 한 번도 본 적이 없다. 다시 말하지만 효과적인 일련의 기본 규칙(불쾌하게 않게 의견 차이를 인정하기disagree without being disagreeable)은 이런 종류의 문제에 반하여 작용한다.

합의 형성의 본질도 마찬가지이다. 우리는 긴박한 문제를 해결하기 위해 몇 주 동안 화요일 저녁마다 회의에 참석했다. 이것은 힘들고 진지한 일이었다. 집단 규범은 빠르게 작동되기 시작한다. 우리는 건설적인 목적을 위해 논쟁하는 것에 초점을 맞추지, 인신공격에 초점을 맞추고 싶어 하지 않는다.

합의에 도달하기 : 마무리 생각

아마도 당신은 블레인 200주년 위원회에 무슨 일이 일어났는지 궁금해 할 것이다. 금요일 저녁 공연은 잘 끝났을까? '공식'과 '비공식' 활동의 구별은 잘 이루어졌을까? 토요일에 비가 쏟아지지는 않았을까? 웹사이트는 어떻게 되었나? 역대 최고의 불꽃놀이였을까?

물론 블레인 200주년 기념행사는 허구의 사례이다. 우리는 블레인 이야기의 마지막 장을 마무리짓지 않은 채로 두었다. 사실 우리 저자 중 한 명은 얼마 전까지 매사추세츠의 작은 마을에서 열린 마을 전체 기념행사에서 매우 유사한 결과를 얻기 위해 합의 형성 활동에 참여했었다. 오히려 실제 현실에서의 토론은 BCC의 테이블에서 일어난 일에 대한 우리의 설명보다 훨씬 더 열정적이고 오랫동안 진행되었다. (만약 당신이 우리의 시나리오에서 블레인 사례가 과장되었다고 생각한다면 다시 생각해보자!) 하지만 최종 결과는 관련된 모든 사람들을 만족시켰다. 반면 다수결 원칙을 고수하는 그룹이 좋은 결과를 낳았을 것이라고는 상상하기 어렵다.

마을의 생일파티를 여는 문제는 상대적으로 작은 일이 아닐까? 그렇다. 우리는 의도적으로 소수의 주인공과 이슈, 목숨이 달린 것도 아닌 작은 논쟁을 기본 사례로 선택했다. 블레인에서 잘못된 프로세스가 적용되었다 하더라도 아마 그 차이는 미미했을 것이다. 그러나 심각한 이해관계가 걸려 있거나 이슈가 소수가 아닌 다수에게 영향을 미칠 수 있는 경우 잘못된 프로세스 적용으로 인한 잘못된 결과의 가능성은 기하급수적으로 높아질 수 있다. 따라서 회의의 프로세스를 바로잡는 것이 점점 더 시급하고 중요한 일이 된다.

로버트 규칙을 깨는 대신 합의 형성 접근법의 입증된 힘에 의지하는 것이 점점 더 중요해지지 않을까?

2부에서는 모든 종류의 조직이나 회의체가 그들의 정관에 포함하고 있는 로버트 규칙의 대안으로서 CBA에 대해 단계별로 간결하게 설명할 것이다.

합의 형성 접근법의 5가지 핵심 단계

BREAKING ROBERT'S RULES

Step 1

/

소집

1.1 잠재적 소집자(들)와 토론 시작하기

누구든지 적절한 개인(들)이나 공직자(들)와 함께 아이디어를 공유함으로써 합의 형성 프로세스를 시작할 수 있다. 초기의 중요한 단계step는 잠재적 소집자를 정하는 것이다. 소집자는 선출되거나 임명된 공직자 혹은 조치를 취할 수 있는 공식 권한을 갖는 민간 부문의 고위 인사인 경우가 대부분이다. 소집 역할을 하게 될 잠재적 소집자의 경우 CBA에 대해 많이 알 필요는 없다. 초기에는 그룹 의사결정 방법에 대한 세세한 논의보다는 합의 형성 프로세스의 장단점에 대해 논의하는 것이 중요하다.

잠재적 소집자에게 이 책을 제공하라. 잠재적 소집자에게 어떤 공식적인 권한을 포기하라고 요구하는 것이 아니라는 점을 설명하라. CBA를 사용하는 주된 이유는 CBA가 집단 합의를 얻는 더 나은 방법임이 입증되었기 때문이다. 본질적으로 (합의 형성에 의해 생성되는) 총 가치는 부분들(개인들이 각자 생성할 수 있는 가치)의 합보다 클 가능성이 높다. CBA를 시작하는 데(즉 관련된 모든 이해당사자를 대표하고, 기본 규칙에 대해 합의하는 것 등) 시간이 좀 더 걸릴 수 있다. 그러나 효과적으로 이행될 수 있는 합의에 도달하는 데 걸리는 전체 시간은 줄어들 것이다.

1.2 영향분석 시작하기

만약 소집자가 합의 형성 프로세스를 활용하겠다는 아이디어를 좀 더 진전시키고자 하는 경우 다음 단계는 영향분석(때로 갈등 영향분석이라고도 한다) 준비를 시작하는 것이다. 소집자는 자신이 알고 있는 사람에게 영향분석을 의뢰할 수도 있고(이 경우 모든 핵심 이해당사자들이 그 사람을 객관적이고 중립적인 인사라고 받아들여야 한다), 또는 전문적인 중립자(훈련된 촉진자 또는 조정자)에게 도움을 요청할 수 있다.

영향분석 준비는 명백한 핵심 이해당사자(즉 첫 번째 동심원 집단)를 비공식적이며 비공개로 인터뷰하는 것에서부터 시작한다. 이 과정에서 인터뷰에 응한 사람들은 보통 추가적으로 인터뷰할 두 번째 동심원 집단을 추천하기도 한다. 그리고 적당한 시점에 영향분석이 준비되고 있다는 사실을 공개함으로써 인터뷰에 응하는 사람들이 자신이 중요한 기여를 하고 있다고 느끼도록 해야 한다(세 번째 동심원 집단). 영향분석은 시간이 매우 오래 걸리거나 비용이 많이 들 필요가 없다. 일단 인터뷰가 완료되면, 분석자는 주요 이해당사자 범주 및 잠재적 의제들에 대한 이해당사자들의 견해를 분석적으로 통합한 간결한 '갈등 지도'를 작성해야 한다. 그리고 간단한 개요와 인터뷰 결과를 요약한 1페이지짜리 표(105쪽, 코니가 빌을 위해 준비한 표)를 인터뷰한 모든 사람에게 보내야 한다. 인터뷰에 응한 사람들의 논평과 정정 사항을 분석자가 최종 영향분석 버전에 반영해야 한다(인터뷰에 응한 사람의 이름은 언급하지 않는다).

1.3 영향분석을 통해 적절한 이해당사자 대표 식별하기

CBA를 진행한다고 가정할 때 영향분석은 분석자가 '테이블에 초대'할 적절한 사람들을 소집자에게 설명하는 데 도움이 되어야 한다. 분석자는 초대될 사람들이 그들이 속한 집단을 대표하는지 확인할 수 있는 방법을 제공해야 한다. 일부 이해당사자가 아직 조직화되지 않은 경우에는 어려울 수 있다. 그러나 대표하기 어려운 집단(미래 세대 – 역자)을 기꺼이 대변할 수 있는 사람을 찾는 것은 그렇게 어렵지 않다.

1.4 합의 형성과정이 진행될 경우 적절한 이해관계 집단 대표의 참여 약속을 확인하기

일단 (소집자에 의해) 모든 잠재적 초청자가 식별되고, 인터뷰 대상자들이 분석 초안에 대해 논평할 기회를 가졌다면, 분석자는 잠재적인 의제와 작업 계획, 일정표 및 예산을 수립하고 기본 규칙을 제안하게 된다. 길이가 1페이지 이상일 필요는 없다. (부록 B의 제안된 기본 규칙 참조.) 이 초안도 검토를 위해 모든 이해당사자에게 예비 양식으로 보내야 한다. 만약 소집자가 CBA 프로세스를 시작하면, 분석자는 이해당사자들에게 CBA 프로세스에 참여하는 데 동의하는지 여부를 직접 물어야 한다. 이때 첨부 자료들은 참가자들이 무엇을 받아들여야 하는지 분명하게 보여줄 수 있도록 만들어야 한다.

1.5 CBA 진행 여부 결정하기

분석자는 주요 이해당사자의 반응을 근거로 앞으로 나아갈지 여부에 대해 소집자에게 권고할 수 있어야 한다. 분석자는 가장 중요한 이해당사자들의 참여(최소한 조직 위원회에 참여) 가능성과 비공개 인터뷰 내용을 바탕으로 (신문이나 다른 공공장소에서 어떠한 말을 했는지와 상관없이) 이들이 공통 기반을 찾을 가능성이 있다고 믿는 경우에 이를 소집자에게 알려야 한다. 이를 바탕으로 소집자는 (단독 혹은 적절한 공동 소집자와 함께) 관련된 모든 이해당사자들에게 참여를 촉구하는 초대장을 보낼 것인지를 결정하게 된다.

각 참가자는 초청장에 첨부된 예비 의제와 일정, 예산 그리고 기본 규칙을 바탕으로 합의 형성 프로세스로부터 기대되는 것을 사전에 예측할 수 있어야 한다. 한편 초청장에는 일반적으로 수령인들에게 조직위원회 참석을 서약하도록 요구하는 내용이 들어 있다. 이때 소집자는 참가자들에게 그가 촉진자로 추천한 사람과 함께 일할 준비가 되었는지도 묻게 된다. (분석을 준비했던 사람과 같거나 새로운 사람일 수 있다.) 그러면 참가자들은 그대로 진행할지 촉진자가 누구여야 하는지 의제, 기본 규칙, 일정표, 예산, 심지어 초청자 명단까지도 수락할 것인지 수정할 것인지 등에 대해 의사결정을 내려야 한다.

1.6 권한이 있는 사람들이 프로세스 동의 여부 확인하기

종종 소집자는 선출되거나 임명된 공직자 또는 조직의 구성원들(때로는 비정부 그룹의 책임자나 기업 대표)을 접촉할 필요가 있다. 그들은 직접적인 이해당사자는 아니지만 CBA가 제안서를 통해 생성한 내용에 따라 나중에 참여할 수 있기 때문이다. 그들이 합의 형성을 위한 활동을 지지해줄 의향이 있는지 확인하기 위해 프로세스가 시작되기 전에 그들을 대상으로 브리핑을 하는 것이 좋다. 어떤 합의가 도출되든 최종적인 이행은 종종 관련 공직자들의 공식적인 조치가 필요하기 때문이다.

Step 2

/

역할과 책임 배분

2.1 소집, 촉진, 기록, 조정 또는 회의 주재, 주요 이해 관계 집단 대표, 전문적 조언 제공에 대한 책임을 맡을 사람 지정하기

첫 회의에서는 협의체 전체의 역할과 책임에 대해 검토해야 한다. 아마 모든 참가자들은 이해당사자 또는 이해관계 집단의 구성원 등 다양한 집단을 '대표'할 것이다. 그들은 또한 토론에 특별한 전문 지식을 가지고 올 수 있다. 참가자들 중 대표로서의 책임과 관련하여 다른 참가자의 기대에 부응할 수 없거나 의지가 부족하다고 판단되는 참가자가 있다면 대체자를 찾는 것이 필요할 수 있다. '대표'를 한다는 것은 집단 간 또는 집단의 대표와 구성원 간 쌍방향 정보 채널로써 봉사하겠다는 것에 동의하는 것일 뿐이다.

블레인 200주년 위원회와 같은 소규모 협의체에서는 이러한 역할 배분을 덜 공식적인 방법으로 처리할 수 있으며, 협의체 멤버들이 중간중간 특정 과제를 맡아 수행할 수도 있다. 소집자는 협의체 멤버 중 한 명을 조정자 또는 의장으로 임명할 수 있다(협의체 외부세계와의 접촉점으로써). 그 역할은 촉진자에게도 (협의체에 의해) 할당될 수 있다.

소집자가 모든 회의에 참석할 필요는 없지만, 그를 대신해 정기적으로 앉아 있을 누군가를 지명할 수는 있다. 기술 자문 또는 전문가는 협의체 전체의 승인을 받아야 한다. 종종 그들은 협의체 전체 회의에 의해 조직된 태스크포스나 소위원회의 일원으로 소속되어 협의체 전체 회의에 앞서 제안서를 작성하거나 특정 주제를 탐구한다. 회의는 일반적으로 촉진자가 관리한다. 촉진자 팀의 스태프 또는 참가자 중 한 명이 각 회의에서 서기 역할을 해야 하는데, 그는 논의되고 있는 주요 사항에 대해 실시간으로 확인할 수 있는 가시적인 서면 기록을 작성하고 각 회의 직후에 합의사항과 미합의 항목을 정리한 간략한 요약문을 작성해 모든 참가자에게 배포한다.

2.2 대체자와 참관인의 참여에 관한 규칙 설정하기

집단의사결정 프로세스의 신뢰성은 참가자들 간의 상호작용이 투명할 때 향상된다. 반면에 심의 기관이나 협의체의 업무가 참관인의 존재로 인해 더 어려워질 수 있다. 각 협의체는 자신들의 회의 중에 어느 내용이 참관인에게 공개될 것인지 그리고 참관인이 발언할 수 있는지 여부에 관한 명확한 기본 규칙을 설정하는 것이 중요하다. 특히 공공 영역의 경우 참관인의 참여가 허용될 때 허용 가능한 행동과 '참여 규칙'에 관한 기본 규칙을 프로세스 초기 단계부터 승인하도록 요구하는 것이 좋다. (일반적으로 조직이나 기업 내부에서는 덜 중요하다.)

일부 협의체는 참가자가 회의에 참석할 수 없는 경우 자신을 대신해 참여할 권한을 부여받은 대체자를 (초기에) 지정하는 것을 허용하기도 한다. 이 절차가 시행될 때 회의에서 다룰 내용뿐만 아니라 지금까지 발생한 일에 대해 자신의 대체자가 숙지하고 있는지 확인하는 것은 참가자의 의무이다.

2.3 의제, 기본 규칙, 작업 계획 및 예산(공개 또는 조직 검토용)을 서면 형식으로 마무리하기

첫 번째 회의에서 모든 참가자는 CBA 프로세스에서 논의될 의제와 기본 규칙, 작업 계획 및 예산에 대한 세부적인 검토에 참여해야 한다. 어떤 수정안이 제안되든 간에 모든 참가자는 다음 회의 전에 서면으로 자료를 받아 볼 수 있어야 한다. 그래야 모든 참가자들이 다음 회의에서 수정안이 안건으로 채택되기 전에 관련 집단 및 외부 관계자들과 이에 대해 검토할 기회를 가질 수 있다. 기본 규칙은 모든 참가자가 전체 협의체의 동의에 의해 언제든지 기본 규칙, 작업 계획, 의제 또는 예산의 변경을 제안할 수 있다는 규정을 포함해야 한다. 한편 두 번째 회의가 시작할 때까지 모든 참가자는 최종 기본 규칙과 작업 계획을 채택할 준비가 되어 있어야 한다.

2.4 자신이 대표하는 집단의 구성원뿐 아니라 전체 공동체와 소통할 수 있는 옵션 평가하기

일단 합의 형성 프로세스가 진행되면, 보다 광범위한 집단의 구성원들과 의사소통할 수 있는 수단이 필요할 것이다. 이것이 어떻게 이루어질지는 첫 번째 회의에서 결정되어야 한다. 서기는 참가자들이 다른 이해당사자들에게 쉽게 배포할 수 있는 형식으로 회의 요약본을 보내주어야 한다. 어떤 상황에서는 웹사이트가 적절할 수 있다. 혹은 지속적으로 업데이트되는 메일링 목록을 이용하여 서면 회의 요약을 메일로 보내는 것이 가장 적절할 수도 있다. 그러나 협의체의 최종보고서 또는 권고 사항은 가능한 가장 광범위한 검토를 보장하기 위해 여전히 서면 형태로 배포되는 것이 필요할 수도 있다.

Step 3

/

공동 문제해결 촉진

3.1 투명성 확보를 위해 노력하기(모든 회의의 서면 요약 배포)

CBA는 공동 문제해결을 위한 일련의 도구와 기법(영향분석 및 촉진처럼)뿐만 아니라 헌신도 포함한다. 그러나 어떤 조직이나 공동체의 구성원들은 누가 회의에 참여하고, 회의 참여자들이 과제를 얼마나 잘 처리했는지 정확히 이해하지 않는 한 공동 문제해결 활동이 타당하다고 보지 않을 것이다. 그래서 합의 형성 활동의 정당성은 결정된 것에 의해 영향받을 가능성이 있는 사람들이 합의 형성 프로세스를 어떻게 인식하느냐에 따라 크게 좌우된다.

프로세스와 결과의 정당성은 결국 활동의 투명성에 달려 있다. 투명성의 정신에 입각해서 볼 때, 서면 의제, 기본 규칙, 업무 계획, 예산 등이 중요할 뿐만 아니라 정기회의의 서면 요약도 중요하다. 이러한 정보는 최종보고서 초안과 함께 비참가자들이 최종 결정을 내리기 전에 논평을 제시할 수 있도록 관심 있는 모든 사람이 쉽게 이용할 수 있게 해야 한다. 전통적인 회의록과 달리 CBA 회의의 요약서에는 누가 무엇을 말했는지 언급해서는 안 된다. 그보다는 회의 요약은 합의점과 미합의점을 강조하고, 각각에 대한 근거와 주장을 담아야 한다.

3.2 공동 사실조사 시 전문가 의견 구하기

상당수의 합의 형성과정은 적어도 부분적으로 이러저러한 과학적 또는 기술적 판단에 따른 결정을 포함한다. 기술적인 고려가 요구될 때 모든 참가자는 가능한 최선의 (비편파적) 조언에 동일하게 접근하도록 해야 한다. 법정에서 흔히 볼 수 있는 일종의 '결투 전문가 dueling experts' 방식(즉 일방에 의해 선택된 전문가에 의해 자신들의 기술적 입장을 강화하고 타방의 기술적 주장을 훼손하는 방식)을 피하는 것이 바람직하다.

공동 사실조사는 참가자들이 다음과 같은 일을 함께 하느냐에 달려 있다. (1) 조언을 원하는 기술적 문제 또는 질문을 도출하고, (2) 협의체 전체에 조언할 수 있는 일군의 전문가들을 선별하고, (3) 업무를 시작하기 전에 해당 전문가와 교류하여 협의체의 관심사를 어떻게 다루거나 대답할 것인지를 논의하고, (4) 예비조사 결과가 생성되면 전문가들과 소통하여 조사 결과의 정책적 함의를 논의한다. 지식이 있는 촉진자는 종종 전문가들과 기술 전문성이 떨어지는 참가자들 사이에서 '대화 상대자interlocutor' 역할을 할 수 있다.

3.3 필요한 경우 실무 소위원회 만들기

협의체 전체가 특정 의제들을 본격적으로 다루기 전에 이해관계자 및 기술 전문가로 구성된 실무 소위원회로 하여금 이들을 검토하게 하는 것이 필요하다. 이를 통해 합의 형성 프로세스가 보다 완성된 의제를 다룰 수 있기 때문이다. 소위원회에 의사결정 책임을 부여해서는 안 된다. 오히려 많은 기술적 자료를 탐구하고, 장소에 구애됨이 없이 관련 사안에 대한 '과제'를 검토할 수 있도록 하는 환경을 제공하는 것이 더 중요하다. 소위원회의 목표는 전체 협의체의 작업을 보다 쉽게 만들고, 특정 의제에 대해 정보에 입각한 논의의 출발점을 제공하는 것이어야 한다.

3.4 패키지에 대한 브레인스토밍으로
공동이익 극대화하기

의사결정 문제의 범위와 관계없이 CBA의 사용을 강력히 주장하는 이유 중 하나는 가능한 한 많은 가치 창출을 통한 공동이익 극대화를 목표로 한다는 점이다. 즉 CBA는 이해당사자의 상충되는 관심사나 요구에 대응하는 최선의 방법을 찾는 것을 목표로 한다. 협의체가 말 그대로 '파이'를 확장하기 위해 더 열심히 일할수록 각자의 '조각'은 더 커질 것이다. 파이를 확장하는 가장 효율적인 방법은 서로에게 이익이 되는 거래 또는 소위 패키지라고 불리는 것을 찾는 것인데, 패키지는 다른 사람들에게 필요한 것을 주는 대가로 각 집단에게 가장 중요한 것을 더 많이 갖도록 하는 것이다. 이것은 '만약?' 게임을 통해 가장 잘 이루어진다. 한 집단이 다른 집단으로부터 이 게임을 토대로 가장 가치 있는 대가를 제공받을 것이라는 사실이 보장되는 한 다른 집단에게 매력적이라고 생각되는 것을 기꺼이 제공하게 된다. 때때로 패키징 프로세스는 촉진자가 회의 전이나 회의 사이 (또는 실제 회의에서 휴식을 취하는 동안)에 주요 이해당사자들과 개인적으로 만나 구체적으로 누구에게 무엇이 제공될 것이라는 언급 없이 일련의 제안 목록이나 패키지를 만드는 것이 가장 좋은 방식이 될 수 있다.

3.5 확약과 창안을 분리하기

우리의 동료인 로저 피셔Roger Fisher, 빌 유리Bill Ury, 브루스 패튼Bruce Patton의 저서인 《예스를 이끌어 내는 협상법Getting to Yes》에서 설명했듯이 사람들은 자신이 말하는 모든 것이 곧바로 확고한 약속으로 해석될지도 모른다고 생각할 때 브레인스토밍이나 '만약?'

게임을 하는 것을 어렵게 생각한다. 따라서 대부분의 합의 형성 과정의 기본 규칙 중 하나는 사람들이 확실하게 확약할 준비가 될 때까지 어느 누구도 패키지나 제안을 확고한 약속으로 요구해서는 안 된다는 것이다. 이 기본 규칙은 '확약과 창안의 분리'라는 문구로 요약할 수 있는데, 이는 브레인스토밍을 하는 동안 한 말이 나중에 그가 한 약속으로 해석되어 추궁될 수 없다는 것을 의미한다.

3.6 숙련된 촉진자 활용하기

CBA 프로세스의 각 단계는 매우 복잡해질 수 있으며, 특히 테이블에 다수의 이해당사자들이 있을 때는 더욱 그렇다. 연합이나 동맹은 때때로 테이블 밖에서 형성된다. 대인관계의 어려움은 의사소통을 방해할 수 있다. 외부 압박(예를 들어 비현실적인 일정 등의 형태로 압박하는 일도 있다)은 모든 사람을 방어적으로 만들 수 있다.

그러한 어려움을 극복하거나 해결하는 가장 좋은 방법은 특정한 누군가에게 대화를 관리하도록 하는 것이다. 특정한 누군가의 유일한 관심사는 모든 사람이 공평하게 대우받고, 협의체가 자신의 의제, 일정표, 작업 계획에 충실하도록 하는 것이다. 관련된 모든 이해당사자로부터 두터운 신뢰를 받는 참가자들 중 누군가에게 이러한 역할을 맡기는 경우도 많지만, 전문 촉진자가 이 역할을 맡도록 하는 것이 가장 좋다. 합리적인 비용으로 촉진 서비스를 제공할 수 있는 공인된 전문 촉진자(때로는 분쟁해결자, 조정자 또는 중립자라고도 한다)의 수는 증가하고 있다.

3.7 단일 텍스트 절차 사용하기

CBA 프로세스가 진행되면서 점점 더 많은 서류가 쌓인다. 회의 요약, 소위원회 보고서, 개별 참가자의 제안서 등이 계속 등장한다. 어느 시점에서 이 모든 것을 모두가 지지할 수 있는 하나의 텍스트로 통합할 필요가 있다. 협의체가 몇 주 내에 의제를 구성하는 중요한 항목에 대한 논의를 잠정적으로 끝낼 수도 있지만, 그렇다 하더라도 프로세스 말미에 모든 (또는 거의 모든) 사람이 전체 패키지에 대해 합의할 때까지는 그 어떤 합의도 존재하지 않는 것이다. 따라서 종종 이런 취지의 진술이 기본 규칙에 포함되어야 한다.

3.8 의제, 기본 규칙, 마감기한 수정하기

브레인스토밍 프로세스가 실행되고 새로운 패키지가 등장함에 따라 합의 형성 프로세스가 시작되었을 때 중심이 될 것으로 생각되지 않았던 사람들과 새롭게 협의해야만 하는 상황이 분명 발생할 수 있다. 실제로 새로운 이슈가 등장하게 되면 뒤늦게라도 해당 이해당사자 대표를 프로세스에 참가시키는 것이 적절할 수 있다. 이것이 필요할 경우 협의체는 의제(작업 계획)와 예정된 마감기한을 다시 검토해야 한다. 심지어 기본 규칙들 중 일부를 재고해야 할 수도 있다. 이러한 모든 결정이 집합적이고 투명한 방식으로 이루어지는 한 이는 완벽하게 괜찮다. 협의체에 새로운 멤버들이 추가된다면 그들이 참석하기 전에 과거에 진행된 모든 것들을 검토하고 중요한 질문을 제기할 수 있는 기회를 제공할 필요가 있다. 협의체 전체가 그 시점에서 부각되거나 단일 텍스트의 현재 버전에 포함된 모든 것에 대해 되돌릴 가능성은 거의 없지만, 협의체는 새로운 멤버에 의해 표출된 우려에 근거해 이미 논의된 것을 기꺼이 재고할 의지를 갖고 있어야 한다. 기억하라. 협의체 전체가 최종 패키지를 검토하고 자신이 대표하는 집단의 구성원들과 최종 패키지를 점검할 때까지는 아무도 그 어떤 합의나 약속을 하지 않은 것이다.

Step 4

/

합의안 도출

4.1 약속된 서면 패키지에 대한 만장일치 추구하기

비공식 의견조사Straw polls는 참가자들이 (촉진자 또는 협의체 리더가 제시하는) 단일 텍스트에 나타나 있는 합의안에 얼마나 가까이 근접했는지를 판단하기 위한 좋은 장치이다. 종종 아직 승인을 표시하지 않고 있는 이해당사자들에게 추가적인 혜택을 제공하기 위해 추가적인 항목을 끼워 넣은 새로운 합의안을 모색할 필요가 있다. 이것이 모든 사람들이 제안된 합의안을 전적으로 자신의 기호에 맞게 변경할 수 있다는 것을 의미하는 것은 아니다. 반대로 참가자들에게 합의가 이루어지지 않은 경우 예상되는 이득과 손실을 비교하여 '전체 패키지'를 고려하도록 요청하는 것이다. 이는 분명히 (확실하게 계산될 수 있는 것이라기보다는) 일어날 가능성이 있는 것에 대한 추정이나 예측을 포함하지만, 각 참가자에게 가장 적절한 비교 포인트를 제공한다. 그래서 CBA의 목표는 모든 이해당사자들에게 합의 없이 기대할 수 있는 것보다 더 가치 있는 것을 제공하는 서면 패키지로 만장일치를 추구하는 것이다.

4.2 불확실성 또는 위험을 처리하기 위한 조건부 약속 사용하기

때로 CBA 프로세스에 참여하는 참가자가 제안된 패키지의 가치를 추정하고자 할 때 알 수 없는 항목들이 너무 많을 수 있다. 조건부 옵션은 그러한 불확실성을 줄이거나 제거하기 위해 사용될 수 있다. 예를 들어 한 참가자는 특정(그러나 가능성이 거의 없는) 상황을 가능성에서 완전히 제거할 수 있는 경우에만 패키지에 합의할 수 있다고 주장한다고 하자. 협의체 내의 다른 모든 사람들은 그런 상황이 발생할 가능성이 매우 낮다고 확신하지만(예컨대 1% 미만), 그 참가자는 합의안에 서명하기 전에 최악의 상황이 발생했을 경우에 대한 추가 보증을 요구할 수 있다. 이럴 경우에는 '가능성이 매우 낮은 사건이 발생할 때 협의체가 다시 모여 합의안을 수정한다'는 조건부 옵션을 합의문에 포함시킴으로써 극복할 수 있다.

때로 남겨진 합의 유보자들의 지지를 받기 위해 합의문에 조건부 옵션 표를 부가할 수 있다. 그러한 표에는 통상 '만약 …하면 그때는

…한다if-then' 방식으로 의무가 명시된다. 예를 들면 "앞으로 3년간 금리가 5%, 6%, 7%, 혹은 그 이상 인상되면 패키지에 기재된 각 참가자의 재정 기여도는 다음과 같이 수정된다"와 같은 방식이다. 향후 몇 년 동안 금리가 5%까지 인상될 것 같지 않다고 주장하기보다는 (누군가는 확신할 수 없기 때문에 합의에 도달하지 못한다), 협의체는 나타날 가능성이 거의 없는 각 상황에 따라 변경되는 조항을 명기하고 관련 표를 합의문에 통합할 수 있다.

4.3 합의된 의사결정 절차 준수하기

CBA 프로세스의 모든 참가자는 초기에 자신들이 정한 절차를 준수하는 것이 매우 중요하다. 이는 전체 공동체의 시각에서 프로세스의 정당성을 보증하는 데 중요한 일이다. 의사결정 프로세스에서 허용되는 유일한 변경은 원래의 기본 규칙에서 명시한 규칙 수정 방법을 사용하여 전체 협의체에 의해 이루어진 것이어야 한다.

4.3.1 '누가 그 패키지를 감수할 수 없는지' 물어보기

촉진자 또는 대화의 리더는 이해당사자들이 압도적인 공감대 형성에 가깝다고 생각할 때 "가장 최근 버전의 단일 텍스트에 상세히 기술된 제안서 패키지를 감수할 수 없는 사람이 있습니까?"라고 물어야 한다. 그 패키지를 감수할 수 없다는 의사를 표시한 사람은 기본 규칙 조건에 따라 왜 반대하는지(즉 그들의 이해에 충족되지 않는 것)를 설명할 의무가 있다.

4.3.2 이의를 제기하는 사람들에게 다른 사람들이 용납하고 받아들일 수 있는 개선된 패키지를 제안하도록 요청하기

반대하는 사람들은 다른 사람의 지지를 잃지 않으면서 새로운 합의사항을 받아들일 수 있도록 구체적인 '개선안'을 제안할 의무를 지닌다. 만약 패키지에 대한 불만을 나타내는 사람이 이를 개선할 어떤 방법도 생각해내지 못한다면 협의체의 다른 사람들에게 도움을 요청해야 한다. 만약 어느 누구도 남겨진 합의 유보자들의 우려에 대한 대응 방법을 생각할 수 없다면, 협의체는 합의를 통해 숙의를 계속할 것인지 아니면 결론을 내릴 것인지 결정해야 한다. (즉 만장일치를 추구하지만 아무도 다른 사람들을 더 힘들게 하지 않고 남겨진 합의 유보자들의 우려에 대응할 수 있는 방법을 생각할 수 없다는 것이 명백해지면, 제안된 패키지를 압도적 동의로 결정하는 것이다.)

4.4 모든 합의안에 대한 서면 기록 보관하기

패키지의 최종 서면 버전에는 누가 합의 초안을 감수할 수 없는지와 그 이유를 나타내야 한다. 또한 남겨진 합의 유보자들에 대응하기 위한 노력으로 마지막 순간까지 고려된 아이디어 또는 제안을 자세히 기술하여 각주에 포함해야 한다.

4.5 모든 관련 집단의 구성원 및 전체 공동체와
대화 유지하기

CBA 프로세스는 협의체 참가자들에 의해 승인받은 패키지의 최종 초안이 참가자들이 대표하는 집단의 구성원들과 소집자 및 소집 기관에 배포되고 회람될 때까지 완료된 것이 아니다.

Step 5

/

합의 이행

5.1 모든 이해관계 집단 구성원의 검토를 통한 합의 초안 추인받기

CBA 프로세스는 프로세스 참가자들이 리뷰를 위해 작성한 최종 합의안 초안에 대한 이해당사자들의 평가를 검토하기 위해 마지막 면대면 회의를 개최할 때 최종 완료된다. 참가자들은 자신이 대표한 집단의 구성원들의 지지를 확실히 보장하기 위해 마지막으로 패키지를 수정할 필요가 있다. 그러나 패키지의 주요 내용이 변경되어야 한다면 최종 단계를 다시 한번 거칠 필요가 있다.

5.2 최종 회의에서 모든 이해관계 집단 대표들이 합의문에 서명함으로써 패키지에 대한 개인적 지지를 나타내도록 요청하기

최종 회의에 참석한 모든 사람이 그들이 대표한다고 생각되는 집단의 구성원들이나 이해당사자를 대리하는 법적 의미에서의 대표권을 갖지는 않지만, 그럼에도 참여자 개개인에게 합의서에 서명하도록 요청하는 것은 적절하다. 통상 참가자들은 패키지에 대한 개인적 지지와 합의를 이행하기 위해 노력하겠다는(그리고 CBA 과정에서 그들이 한 모든 약속에 따르겠다는) 개인적인 약속을 나타내는 진술에 서명하도록 요구받는다. 때로 그러한 진술에는 서명자들이 실제로 자신이 대표하는 집단의 구성원들과의 검토를 거쳐 합의문의 최종 초안을 작성했음을 나타내는 문장이 포함되기도 한다.

5.3 실행할 수 있는 공식적인 권한을 가진 사람들에게 패키지 권고안을 제시하기

촉진자 또는 협의체 리더(지정된 경우)는 소집자 또는 소집 기관과 만나 CBA 프로세스에서 생산된 최종 서명 패키지를 설명해야 한다. 그들은 참가자들이 어떻게 권고안에 도달했는지 설명하고, 합의의 내용과 준수된 절차에 관한 질문에 대해 그들 스스로 답할 수 있어야 한다. 그들은 권한을 가진 사람들에게 합의에 대한 반응을 요구

하고 제출된 권고안을 실행하기 위한 계획을 설명하도록 요청해야
한다.

5.3.1 비공식적으로 협상된 합의를 구속력 있게 만드는 방법 찾기

통상적으로 소집자 또는 소집 기관은 협의체(합의 형성 그룹)의 제
안을 모든 사람이 지키는 구속력 있는 메커니즘으로 전환시킬 수 있
다. 예를 들어 선출된 공직자들은 제안된 패키지에 투표하거나, 허
가, 면허, 규정, 공식 정책 발표, 법률 제정 등의 형태로 패키지 내용
을 제도화할 수 있다. 공동 책임의 맥락에서 도출된 합의가 의사결
정자들로 하여금 합의 조건을 준수하도록 법적으로 구속하는 계약
형태를 취할 수도 있다. 민간 조직이나 단체의 경우 조직의 임원들
이 CBA 프로세스에 의해 생성된 권고안을 법률로 제정하기 위해 투
표를 할 수 있다. 합의서에 분쟁해결 조항을 포함시키는 것은 예기
치 못한 문제가 발생하더라도 합의를 파기시키는 대신 사전에 합의
된 분쟁해결 절차를 작동시킨다는 것을 확실하게 해주는 좋은 방법
이다.

5.4 권한이 있는 사람들이 패키지를 감수할 수 없는
경우 변경 가능한 사항을 찾기 위해
이해당사자 재소집하기

권한이 있는 위치에 있는 사람들이 감수할 수 없는 패키지의 영역

이 있다고 판단하는 경우 이해당사자들을 다시 소집하여 합의의 추가적인 변경을 논의하도록 하는 것이 바람직할 수 있다. 이러한 종류의 장애물을 이상적으로 피하기 위해서는 이해관계 집단의 구성원들이 최종 합의서 초안을 검토하기 전에 해당 소집자 또는 소집기관에 비공식적으로 의견을 구해야 한다.

5.5 실행하는 동안 변화하는 상황을 모니터링하고 필요한 경우 재소집하기

때때로 협상된 합의는 이행 상황을 평가하기 위해 이해당사자에 의한 정기적인 검토를 요구한다. 최종 회의 기념일에 전체 협의체를 재소집하거나 전체 협의체에 의해 선정되고 패키지에서 공식적으로 언급된 모니터링 소위원회가 정기적으로 검토하는 것 등을 생각해볼 수 있다. 일반적으로 참가자들을 모아서 진행 상황을 모니터링하거나, 협의체가 최종 합의를 수정하거나 예기치 않은 사건을 감안하여 수정된 제안을 준비할 사람으로 촉진자를 지정한다.

부록

BREAKING ROBERT'S RULES

/

합의 형성 접근법의 사용을 어떻게 설득할 것인가?

잠재적 이해관계자 설득하기

조직 혹은 지역사회에서 발생한 분쟁에 상당한 이해관계가 걸려 있는 사람들에게는 CBA(합의 형성 접근법)가 생명의 은인이 될 수 있다. 그들에게 CBA의 활용을 다음과 같이 설득하자.

왜 CBA를 활용해야 하는가

진일보한 접근법이기 때문이다. 논란이 있는 사안을 다루는 데 있어 가장 널리 사용되고 있는 전통적인 접근 방식은 현재 잘 작동되고 있지 않다. 지난 회의에서 목격한 마지막 전투를 기억하는가? 사람들은 서로 의견이 맞지 않아 많은 시간을 논쟁했고, 그러고 나서 결국 투표로 마무리했다. 다수결 원칙, 즉 다수가 원하는 것을 따르는 것이 공정해 보일지 모른다. 그러나 이는 이용 가능한 모든 관련 지식을 활용해 최선의 합의를 이끌어내지는 못한다. 어느 누구도 다른 사람을 위해 좋은 것을 생각해내는 것에 대해 책임감을 갖지 않으며, 단지 자신의 욕구를 충족시키는 것에만 몰두하도록 만든다. CBA는 이러한 한계를 극복할 수 있는 보다 우수하고 유용성이 이미 입증된 접근법이다. 비용이 더 들거나 시간이 더 걸리지도 않는다. 기존의 접근 방법을 토대로 하면서 CBA를 활용하는 것은 어렵지 않다. 실제로 조직의 정관에 로버트 규칙Robert's Rules으로 활용하도록 되어 있더라도 CBA를 사용한 예는 많다.

잃을 것이 없기 때문이다. 시도해보자. 그리고 그것이 작동이 안 되거나 어떤 이유로든 마음에 들지 않으면 다시 원래의 것으로 되돌아오는 것은 매우 쉬운 일이다. 시범적으로 테스트를 해볼 수도 있다. CBA를 사용하기 위해 장시간을 요하는 조직 변경을 시도할 필요는 없다. 결과가 좋으면 그때 가서 영구적인 것으로 CBA를 정착시킬 수 있다. 지금은 도입해서 그냥 시도해보자. 이를 위한 첫 번째 단계는 영향분석assessment을 준비하는 것이다. 즉 누군가 주요 이해관계자 모두와 비공식적으로 인터뷰를 진행하는 것이다. 이러한 시도는 우리가 직면하고 있는 갈등에 대한 일목요연한 '지도map'를 제공해줄 것이다. 이는 또한 적절한 의제와 기본 규칙 및 작업 계획에 반드시 함께 참여해야 할 핵심 인사들을 협의 테이블에 데려오도록 할 것이다. 우리가 어떤 상황에 처해 있는지 그리고 CBA가 우리에게 도움이 될 수 있는지를 살펴보는 것이 무엇보다 중요하다는 것에 당신은 동의하지 않는가?

실제 무언가를 개선할 가능성을 높일 수 있기 때문이다. CBA의 여러 장점 중 가장 매력적인 점은 모든 참여자들이 실제로 이행을 약속한 서면 합의서를 도출한다는 데 있다. 모든 사람들이 협의에 참여하고, 행동 계획을 도출하는 데 관여한다면 합의가 이행될 가능성은 훨씬 높아질 것이다. CBA는 질 좋은 정보와 기술적 자문에 기초한 우수한 합의 도출을 보장한다. 반면 전통적인 다수결 방식은 대부분 다수를 점함으로써 정통성을 확보한 다수 그룹과 이에 도전하는 소수 그룹으로 구분되는 것으로 귀결된다. 더 나아가 여기에 전문가들이 개입하면 아무도 무엇을 믿어야 할지 전혀 알지 못하는 상태가 되기도 한다. 만약 CBA를 통해 정통한informed 합의에 도달할 수 있다면 우리는 훨씬 더 좋은 결과를 얻을 가능성이 높다.

다음과 같이 진행하면 된다. CBA 프로세스는 다섯 가지 단계가 있다. 첫 번째는 **소집**convening이다. 소집은 공식적인 권한을 가진 사람들이 CBA 프로세스를 지원할 준비가 되었음을 확실히 하고, 또한 올바른 참가자를 테이블로 불러올 수 있는 영향분석assessment 작업을 진행하는 것을 포함된다. 두 번째는 **역할과 책임을 배분**assigning roles and responsibilities하는 것이다. CBA 프로세스가 진행되기 위해서는 누군가가 회의를 촉진해야 하고, 다른 누군가가 말하는 것을 검증해야 하는 등 요구되는 다양한 역할과 책임이 수반된다. 세 번째 단계는 **공동 문제해결 촉진**facilitating group problem solving이다. 이 단계에서 브레인스토밍이 시작된다. 네 번째 단계인 **합의안 도출**reaching agreement에는 실제로 합의가 이루어졌는지 확인하는 작업이 포함된다. 마지막으로 **합의 이행**holding people to their commitments 단계에서는 이해당사자들(및 이들이 대표하는 집단)이 자신의 약속을 지키고 이행하는 작업이 포함된다.

CBA 활용에 대한 우려 사항과 대응 논리

모든 잠재적 이해관계자들에게 똑같은 논리로 CBA 활용을 권유하는 것은 이치에 맞지(적절하지) 않을 것이다. 합의 형성의 핵심 원리는 이해관계자 각각의 관심사를 경청하고 적절한 대응을 설계하는 것에 있다. 이에 우리는 각 이해관계자의 관심사가 무엇인지 주의 깊게 듣고 그에 따라 대응하는 것을 옹호한다. 다음은 우리가 들은 몇 가지 우려 사항 및 이에 대한 답변이다.

만약 이해관계자들이 "이것은 시간 낭비예요. 힘 있는 사람들은 어차피 자기가 원하는 대로 할 거예요"라고 한다면,

이 문제가 당신에게 중요하기 때문에 당신은 작금의 의사결정 프로세스에 일정 정도 시간을 투자할 것이다. 당신은 이 문제가 어떻게 결정되는지 관심을 갖고 있지 않은가? 힘 있는 사람들의 경청 의지가 아무리 회의적이라 하더라도 당신은 당신의 의견을 이해시키려고 노력할 것이다. 그렇다면 당신은 새로운 방법을 시도해보는 것이 좋다. 어차피 더 나쁠 순 없다. 그렇지 않은가? 만약 힘 있는 사람들이 합의 형성 프로세스에 동의한다면 당신은 반대하지 않아야 한다. 실제로 그들이 합의 형성 프로세스를 실행한다면 그들은 당신에게 완전한 파트너로 참여할 기회를 제공하는 것이 될 것이다. 더불어 프로세스가 합의에 근거하여 진행된다면 그것은 당신의 의견이 더 무겁게 반영된다는 것을 의미한다. 그러므로 잃을 게 없다!

만약 이해관계자들이 "우리는 기존의 규칙 하에서 잘할 수 있을 것이라"라고 한다면,

CBA의 특징은 설사 합의에 이르지 못한다 하더라도 최소한 모든 이해관계자들이 하고자 하는 만큼 잘할 수 있도록 돕는다는 점이다. 따라서 이해관계자들이 기존의 규칙에 따라 잘할 수 있다 하더라도 당신은 그들에게 CBA가 선택되고 잘 진행될 수 있도록 도와달라고 요구할 수 있다. 아니면 일방적으로 제안된 합의서를 감수할 수 있느냐는 질문에 "노"라고 말해야 한다. 거기서 잃어버릴 것은 아무것도 없을 것이다.

만약 이해관계자들이 "우리는 상대방에게 힘을 실어주고 싶지 않다"라고 한다면,

반대로 생각해보자. 진정으로 누군가의 말을 듣지 않는 것이 그들의 견해를 묵살하는 것이라고 생각하는가? 어떤 경우든 누군가를 꼼짝 못하게 하는 것은 단지 차별한다거나 무시당하고 있다는 그들의 주장에 신빙성을 부여할 뿐이다. 그런 종류의 태도는 종종 누군가의 곤경에 대해 더 많은 동정심을 불러일으킨다. 상대방에게 발언권을 주고 그 견해에 동의하지 않는 이유를 설명한다면 상대방에게 힘을 실어주는 결과를 낳지 않을 것이다.

만약 이해관계자들이 "우리는 우리의 권리를 빼앗기고 싶지 않다"라고 한다면,

CBA 프로세스에 참여한다고 해서 이해관계자들에게 어떤 식으로든 자신들의 권리를 포기할 것을 요구하지 않는다. 합의 형성 활동의 초기 단계에 참여한 후 언제라도 소송 등 사법적인 수단에 의탁하기 위해 자리를 떠날 수 있다. 심지어는 CBA의 전 과정에 참여했다가도 자신들의 관심사가 제대로 반영되지 않았다고 판단한다면 최종 합의서에 서명하는 것을 거부할 수도 있다. 이는 권리를 행사하기 위한 이해관계자들의 후속 노력의 정당성을 감소시키기보다 오히려 증가시킬 것이다.

만약 이해관계자들이 "우리는 새로운 접근 방식을 사용하는 데 익숙하지 않다"라고 한다면,

CBA 프로세스에서 이해관계자들의 이익을 추구하는 것은 어려운 일이 아니다. CBA는 매우 비공식적인 과정이다. 이해관계자들이 해야 할 일은 단지 자신들의 관심사를 말하고, 타인이 말하는 것을 듣고, 자신들의 생각을 말하는 것이다. 추가적인 훈련을 받고자 하는 경우 숙련된 촉진자가 모든 참가자에게 짧은 교육과정을 제공할 수 있다.

만약 이해관계자들이 "합의에 도달하기까지 너무 오랜 시간이 걸릴 것이다"라고 한다면,

거의 모든 CBA 프로세스는 통상 협의체 전체가 승인한 기한 내

에 작동된다. 참가자들이 더 많은 시간을 원한다면 그것은 가능하다. 협의체를 원래 승인된 기간 내에 종료하지 않고 마감 기일도 연장하고 싶지 않다면 구성원들은 원래의 통상적인 의사결정 방식으로 돌아갈 수 있다.

잠재적 소집자 설득하기

잠재적 소집자들은 일반적으로 리더 역할을 하는 사람들이다. 그들은 CBA 과정에 관여하는 것의 장기적인 의미에 대해 이야기하기를 원할 것이다. 잠재적 소집자들의 관심사는 잠재적 이해관계자들과는 다르기 때문에 잠재적 소집자들에 대한 설득은 다를 필요가 있다.

왜 CBA를 활용해야 하는가

더 좋은 방법이기 때문이다. 대부분의 그룹이나 조직은 변화에 적응하거나 전략적인 선택을 해야 할 때 어려운 시기를 거친다. 특히 그룹이나 조직 내에서 '무엇을 해야 하는지'에 대한 의견이 크게 다를 때 더욱 그렇다. 집단적 결정을 위한 대부분의 공시적인 절차는 행복한 승자와 불행한 패자를 낳는 경향이 있다. CBA는 모든 사람이 참여하는 더 나은 방법을 제공하는 것을 목표로 하기 때문에 CBA를 통해 도출된 결과는 조직 전체의 이익에 가장 부합하는 것이 될 가능성이 높다.

장기적인 관점에 보면 더 이익이기 때문이다. CBA는 미래에 상황을 더 쉽게 만들 것이다. 대부분의 참여자나 이해관계자는 주로 단기적으로 일어나는 일에 집중한다. 하지만 잠재적 소집자는 장기적으로 생각할 의무가 있다. 사실 CBA 프로세스를 통해 도출된 결과는 다수결이나 기타 정교한 로버트 규칙 스타일에 의한 결정보다 실행하기가 더 쉽다. 결과에 이르게 된 이유가 명확히 제시되면, 다른 행동 방침을 선호하는 사람들도 그 결과에 따라 함께 이행하는 것이 더 쉽다는 것을 알게 될 것이다. CBA는 결과 도출 과정에 모든 사람을 참여시키려고 하기 때문에 관계는 그대로 유지되는 효과를 낳는다. 이렇게 하면 장기적으로 함께 작업하기가 더 쉬워진다.

무언가를 도출하는 데 더 많은 비용이 들거나 더 많은 시간을 소비하지 않을 것이다. 합의를 도출하는 데는 오랜 시간이 걸린다는 편견이 널리 퍼져 있다. 물론 (거의 항상 그렇듯이) 의사결정이 신속하게 이루어져야 하는 경우라면 합의 형성은 적절하지 않을 수 있다. 그러나 이러한 생각은 결정을 내리는 데에만 초점을 맞춘 것으로 실행까지 고려하면 올바른 것이 아닐 수 있다. 전제적으로(또는 장막 뒤에서) 이루어진 결정은 종종 실행하기가 훨씬 더 어렵다. 소수의 권력자 혹은 근소한 차이의 다수결로 내린 결정에 비해 합의를 통해 도출된 결과를 실행하는 데 시간이 더 오래 걸리는지 묻는 경우 대답은 대개 "아니오"이다.

CBA를 시도하려는 것 자체로도 당신이 진정한 리더라는 것을 보여줄 것이다. 리더로서 CBA 프로세스를 절차에 도입할 경우 얻게 될 반응에 대해 생각해보자. 경험적으로 모든 종류의 그룹과 조직, 기관의 리더들은 사람들에게 영향을 미치는 결정에 직접적으로 본인들을 참여시키는 것이 그들의 충성도를 높인다는 것을 알고 있다. 권위적 리더들(또는 남을 대신해서 결정을 내리는 사람들)은 때로는 강인함으로 존경받는 것은 사실이지만, 시간이 지날수록 그러한 리더들은 타인을 무력하게 만든다. 그러나 CBA를 지지하는 촉진적 리더들은 다른 강점을 가진다. 이들은 함께 일하는 사람들이 개인의 욕구뿐 아니라 공동의 이익을 고려하는 어려운 선택에 대한 책임을 공유하도록 함으로써 조직 및 커뮤니티의 역량을 배가시킨다.

소집자의 공적 권한은 그대로 유지된다. 잠재적인 소집자들은 종종 CBA를 실행함으로써 자신의 법적 또는 공식적인 권한을 포기하게 될까 봐 우려하지만 전혀 그렇지 않다. 물론 CBA 프로세스의 참가자들은 일련의 합의안 초안을 준비해서 제출하게 되기를 기대한다. 그러나 궁극적인 권위는 여전히 소집자의 손에 달려 있다. 대부분의 소집자들은 그들이 채택하게 될 정책에 대해 (확실한 합의를 하기 전에) 다양한 집단의 반응이 어떨지 알고 싶어 한다. CBA는 소집자의 공식적인 권한을 침해하지 않으면서도 소집자가 알고 싶어 하는 정보를 제공할 수 있다.

CBA 활용에 대한 우려 사항과 대응 논리

만약 소집자들이 "내가 무엇을 하고 싶은 것을 알기도 전에 미리 내 손을 묶는 것처럼 보인다"라고 한다면,

전혀 그렇지 않다. 모든 CBA 프로세스는 참가자들에게 소집자가 권한을 위임함으로써 시작된다. 위임을 통해 소집자는 참가자들의 권한이 소집자에게 제시할 자문 내용을 일목요연하게 정리한 일련의 합의서 초안을 개발하는 것에 있음을 분명히 할 수 있다. 당연히 소집자가 모든 참가자의 만장일치로 승인을 받은 (그리고 중요한 제한 사항도 포함한) 합의서를 따를 것이라고 확약한다면 참가자들은 자신들에게 위임된 사항을 진지하게 받아들일 가능성이 더 높다. 소집자는 만장일치로 도출된 합의서를 거부할 권리가 있다. 그러한 경우 그 이유를 설명해야만 한다.

만약 소집자들이 "이렇게 하면 반대자들이 카메라 앞에 서는 것이 훨씬 더 쉬워진다"라고 한다면,

CBA는 당신에게 반대하는 사람들 누구든지 자신들의 우려를 공표하고, 자신들이 취하는 입장을 정당화하는 이유를 제시하며, 자신들의 이해관계뿐만 아니라 모든 관련 집단들의 이익에 맞는 제안을 하도록 요구할 것이다. 만약에 반대하는 사람들이 있다면 그들을 공개 석상에 모아 놓을 수 있는 더 좋은 방법이 있는 생각해보라 (CBA야말로 반대자들이 뒤에서 쑥덕공론할 수 없게 하는 최적의 방법이라 할 것이다).

만약 소집자들이 "불필요한 선례를 만드는 것이 아닌가 고민된다"라고 한다면,

각 CBA 프로세스는 특성상 독립적으로 설계되고 실행된다. CBA가 특정한 상황에서 사용된다고 해서 곧바로 비슷한 상황에서 같은 절차가 사용되어야 하는 것은 아니다. 이것이 바로 각 CBA 프로세스가 상황에 대한 진단assessment에서부터 시작되는 이유이다. 세부 사항까지 면밀히 검토한 후에만 CBA가 적절한지, 그리고 CBA가 적절한 경우 어떻게 구조화되어야 하는지를 결정할 수 있다. 특정 상황에서 CBA를 사용하기로 결정했다고 해서 전례로 확립되는 것은 아니다.

미디어 설득하기

대부분의 사람들이 미디어와 대화할 때 저지르는 가장 큰 실수는 당신이 말하는 것은 무엇이든 여론의 법정에서 불리하게 작용될 수 있다는 기본적인 규칙을 잊는 것이다. 어떤 정보든, 어떤 이야기든 먹잇감이 될 수 있다. 그것들은 쉽게 맥락에서 벗어나 당신에게서 등을 돌릴 수 있다. 미디어는 자신의 출판물을 팔기 위해 주목을 끌어야 하고, 이를 위해 대중이 좋아할 만한 갈등거리를 찾고 있다는 것을 기억하라. 그래서 기자의 입장에서 보면 (이해관계자들이 이견을 해소하고, 모두가 더 나은 결과를 추구하는) CBA는 흥미로운 헤드라인을 만들어내지 못하기 때문에 다루고 싶은 대상이 아니다. 따라서 새로운 합의 형성 프로세스를 시작할 때 보도국 기자보다는 편집 담당자에게 다가가는 것이 좋다. 이때 다음과 같은 세 가지 사항을 강조해야 한다.

1. 우리는 보다 협력적인 접근 방식으로 새로운 시도를 도모할 것이다.

합의 형성 접근법은 이미 다른 많은 곳에서 시도되어 큰 성공을 거두었다. CBA가 제대로만 이루어진다면 '테이블'의 대표를 이해관계자들이 가장 원하는 사람으로 직접 선정할 수 있다. 숙련된 촉진자가 참여하고 적절한 기본 규칙이 지켜지기 때문에 결과는 꽤 좋을 수 있다. CBA는 뒷거래가 아니라 브레인스토밍과 문제해결에 중점을 둔다. 관련된 모든 사람들의 이해관계에 부합하는 창의적인 해결책을 찾기 위해 상당한 노력을 기울인다. 물론 그 결과물은 공식적인 실행 권한이 있는 사람들에게 제안서 형태로 제출될 뿐이다. 그러나 대부분의 경우 선출직과 임명직 공무원들은 자신들이 집행하는 것이 관계된 모든 사람들의 지지를 받은 것이라는 점을 알게 되어 기뻐할 것이다. 만약에 CBA가 실패하더라도 최악의 경우 당사자들은 통상적인 의사결정 방식으로 되돌아가면 된다.

2. 새로운 접근법은 훨씬 더 개방적이다. 참여를 원하는 모든 사람이 참여하기가 더 쉽다. CBA의 특징은 완전히 투명한 절차라는 점이다. 회의는 모든 참여자에게 공개된다(비록 참관인은 특정 기본 규칙에 따라야 하지만). 회의록은 원하는 모든 사람에게 열람이 허용된다. 모든 이해관계 집단 구성원의 의견을 구하기 위해 서면 제안서가 회람되기 전까지는 아무것도 결정되지 않는다. 의견을 내고 싶은 사람은 누구라도 의견을 제시할 수 있다. 그럼에도 최종 결정을 내릴 책임이 있는 사람들은 통상적 의사결정 과정을 거쳐야 한다. 통상적 의사결정 과정이 시작되기 직전에 서면 제안서(혹은 소위 '패키지Package'라고 불리는 것)가 그들 앞에 있으면 된다. 패키지는 관계된

모든 사람들의 가장 중요한 관심사를 가능한 한 근접하게 충족시키는 방향으로 작성될 것이다.

3. CBA 프로세스의 결과는 모든 당사자들이 통상적인 방법으로 작업을 수행했을 때 얻을 수 있는 것보다 더 나은 결과를 도출할 수 있다. CBA는 절충이 아닌, 창의적으로 생각하고 상호 이익이 되는 '거래 trades'를 탐색함으로써 가능한 한 많은 가치를 창출하는 방식이다. 이는 사람들이 새로운 방식으로 함께 일해야만 가능하다. 물론 이는 다른 종류의 리더십을 필요로 하고, 때로는 더 많은 일을 요구한다. 그럼에도 대다수의 사람들은 그들이 원하는 것을 얻을 수 있는 기회가 늘어난다면 더 많은 시간과 노력을 들일 가치가 있다고 생각할 것이다.

기본 규칙(예시)

참가자의 행동에 관한 기본 규칙

1. 한 번에 한 사람만 말하고, 다른 사람이 말하고 있을 때는 아무도 말을 가로막지 않는다.
2. 참가자 개개인은 자신이 대표하는 집단(또는 집단 구성원)의 이해관심사를 진솔하게 표출한다.
3. 참가자 개개인은 테이블에서 다른 사람을 위해 말하거나 동기를 부여하기보다는 자신의 견해를 표현한다.
4. 참가자 개개인은 누구나 동등하게 말하고 기여할 수 있는 공정한 기회를 가질 수 있도록 유리한 입지를 얻으려는 행동(예: 과도한 논평을 하거나 질문을 반복하는 것)을 피한다.

5. 어느 누구도 인신공격을 할 수 없다. 참가자들은 사람이 아니라 아이디어에 도전해야 한다. 만약 인신공격이 이루어지면 촉진자는 참가자들에게 인신공격을 자제하도록 요청할 것이다. 그럼에도 계속될 경우 촉진자는 분위기를 '진정시키기' 위해 잠시 정회할 것을 요청할 수 있다.

6. 참가자 개개인은 의제에 지속적으로 집중하고, 심의를 진척시키기 위해 모든 노력을 다한다.

7. 참가자 개개인은 타인들의 우려를 이해하기 위한 선의의 노력의 일환으로 타인들이 말하는 것의 장점에 초점을 맞추려고 노력한다. 질문을 명확히 하는 것은 장려되고, 수사적인 질문과 비방적인 논평은 지양된다.

8. 참가자 개개인은 문제가 발생할 때마다 자신의 우려를 표명하는 'no surprise' 규칙을 따른다. 이렇게 하면 누군가가 갑자기 이의를 제기할 때 심의가 늦어지는 일이 없다.

9. 참가자 개개인은 정당한 의견 차이를 얼버무리거나 최소화하지 않고 공통기반common ground에 기초한 옵션이나 제안을 탐색하기 위해 노력한다. 각 참가자는 참가자 전체의 이익을 고려하여 최선을 다한다.

10. 참가자 개개인은 어떤 제안도 거부할 권리를 가지며, 다른 사람의 이해관계뿐만 아니라 자신의 이해관계에 부응하는 대안을 제시할 책임이 있다.

11. 참가자 개개인은 자신이 대표하는 집단(또는 집단 구성원)에게 논의 중인 쟁점과 옵션에 대해 계속 알리고, 도출되는 모든 권

고 사항에 대해 그들의 의견과 조언을 지속적으로 구한다.

12. 참가자 개개인은 자신의 견해에 대해서만 언론에 말할 수 있다. 어느 누구도 다른 참가자 혹은 참가자 전체를 대표하여 발언할 수 없다.

집단의사결정을 위한 기본 규칙

1. 참가자 개개인은 탈퇴하지 않는 한 합의 형성 프로세스 전 과정에 완전하고 일관성 있게 참여한다. 만약 참가자들이 탈퇴를 고려하고 있다면 그 이유를 설명하고 다른 참가자들에게 그들의 우려를 수용할 수 있는 기회를 주어야 한다.

2. 참가자들이 제안된 패키지와 "함께 할 수 있다live with"라고 동의할 때 비로소 합의에 도달된 것이다. 일부 참가자들은 제안된 패키지의 모든 사항에 완전히 동의하지 않을 수 있지만, 패키지 전체에 대한 반대를 확고히 할 만큼 충분히 반대하지 않아야 한다.

3. 촉진자는 다음의 척도를 주기적으로 사용하여 합의에 도달했는지 여부를 검토한다. 참가자들은 비공식 여론조사straw votes를 이용하여 다음과 같은 표시로 자신들의 지지와 약속의 수준을 표현한다.

   a. 전적으로 동의한다

   b. 좋은 생각이다

c. 지지한다

d. 유보한다 – 대화하고 싶다

e. 심각하게 우려한다 – 반드시 대화해야 한다

f. 결정의 구성요소가 될 수 없다 – 반드시 막아야 한다

만약 모든 참가자들의 답변이 a와 c 사이에 있을 경우 심의 중인 항목에 대한 합의는 당연한 일이 될 것이다. 누군가 d와 f 사이에 답변을 한다면 그 사람은 우려 사항을 분명히 진술해야 하고 건설적인 대안을 제시해야 한다.

4. 만약 이해당사자 대표가 합의에 이르지 못할 경우 도달한 합의 사항에 대해 기록하고, 의견 불일치의 이유를 명확히 하며, 남아 있는 의견 불일치 사항을 어떻게 해결할지 적시해야 한다.

5. 참가자들이 합의에 도달하려고 계속 노력할 수 있는 인센티브를 제공하는 메커니즘을 포함하여 합의가 이루어지지 않을 경우 참가자들은 자신의 '대체fallback' 옵션을 고려한다. 대체 옵션에는 다음과 같은 것들이 포함된다.

a. 추가 연구가 필요한 쟁점을 식별하고 해당 연구가 완료될 때까지 심의를 보류하기

b. 압도적 다수 투표 규칙으로 전환하기(예: 75% 혹은 80% 이상 다수 투표가 요구됨)

c. 남은 의견 불일치를 해결할 수 있는 가능한 방법에 대해 소집자 또는 독립된 전문가로부터 조언 구하기. 이는 한 명 또는 그 이상의 이해당사자들이 보다 현실적인 기대를 가지고 테이블로 되돌아오도록 격려하는 '현실 점검 reality check' 기

능을 제공할 수 있다.

d. 소수파 보고서 포함하기

e. 권한을 부여받은 의사결정자(소집자)가 결정을 하도록 허용
하기

/

좋은 촉진자 되기

좋은 촉진자는 다음 작업을 수행할 준비가 되어 있고 기꺼이 수행한다.

- 참가자들과 함께 상황을 평가하고 CBA가 적절한지 결정하기
- 참가자들과 함께 기본 규칙, 작업 계획 및 절차를 안내하는 기타 메커니즘 설계하기
- 참가자(또는 참가자가 대표하는 집단) 간 관계 및 의사소통 관리하기
- (요청이 있는 경우) 참가자들에게 협상 및 합의 형성 기법 훈련시키기
- 회의 진행, 회의 준비 지원 및 회의 후속 조치 촉진하기
- 미디어 및 외부 세계에 합의 형성 프로세스 대표하기

- 참가자 및 소집자와의 모든 상호작용에 대한 비밀 유지하기
- 기본 규칙을 준수하지 않는 참가자(혹은 참관자)와 대면하는 것을 포함하여 참가자들이 합의한 기본 규칙 적용하기
- 참가자들 사이에 오고 가는 입장 및 이해관계를 명확하게 하는 것을 포함하여 구체적인 쟁점을 조정하기
- 연구를 수행하기 위해 전문가 패널을 조직하는 것을 포함하여 참가자들이 편안한 상황에서 특정 문제와 관련된 사실조사하기
- 최종 합의 패키지를 포함하는 서면 초안(단일 텍스트'Single-text')을 준비하기와 참여자들에게 합의서와 "함께 할 수 있다 live with"는 의사 확인하기
- 참가자가 자신에 대표하는 집단의 구성원에게 확약받기와 합의이행을 위한 참가자의 개인적 지지를 나타내는 성명서에 서명하도록 보장하기
- 합의 이행 및 합의서의 가능한 수정 필요성 모니터링하기
- 합의서에 적시된 절차에 따라 이해당사자들을 재소집하기

로버트 장군이 마을 회의에 가다

로버트 규칙이 엄격히 지켜지는 (때때로 가장 순수한 형태의 민주주의라고 불리는) 뉴잉글랜드 지방의 마을 회의를 상상해보자.

로버트 장군이 구상한 회의 모습을 상상해보자. 수백 명의 참석자 모두는 '발의 순서와 발의와 관련한 규칙'을 공부하면서 도착한다. 그들은 모두 쉽게 참고할 수 있도록 로버트 장군의 《회의 집행법 Robert's Rules of Order》 사본을 개인적으로 소지하고 있다. 회의는 모든 사람들이 논의 사안에 대한 정확한 이해와 절차적으로 올바른 방식으로 언제 어떻게 자기 목소리를 낼지 아는 상태에서 규칙을 엄격히 준수하면서 진행된다.

그러나 전형적인 마을 회의에서는 실제 어떤 일이 일어날까? 거의 아무도 로버트 규칙을 이해하거나 심지어 그 규칙이 적용되는지조차 알지 못한다. 단상에 있는 진행자는 로버트 규칙 사본을 가지고 있을 수도 있고 그렇지 않을 수 있다. 옆 테이블에 있는 마을 변호사는 아마도 서류 가방에 규칙 사본을 가지고 있을지도 모르지만, 그것을 실제로 꺼내지 않아도 되기를 바랄 것이다.

대체적으로 회의가 진행되자마자 분위기는 가열되고 일부에서 신경질을 부릴 때쯤 누군가 일어나서 "절차를 지키세요!" 혹은 "의사진행발언이요!" 또는 "발언권 주세요!"라고 외친다. 의장은 아무도 이해할 수 없는 이상한 언어를 사용하면서 '절차'나 '발언권' 또는 기타의 것에 대해 혼란스러운 주장을 한다.

거의 대부분 다음에 무엇을 해야 할지 정확히 알지 못하고, 회의실 앞쪽에 옹기종기 모여 웅성거린다. 마을 지도자들이 무엇이 절차적으로 옳은지 알아내려고 애쓰는 동안 대부분의 마을 회의 구성원들은 혼란스럽게 기다리기만 하고 시간은 금방 지나간다. 결국 회의 진행을 위한 하나의 장애물이 제거되고 회의는 다시 시작된다.

이런 일이 처음 발생할 때, 대부분의 마을 회의 구성원들은 지연과 혼란에 대해서 관대할 수 있다. 그러나 15번째나 50번째는 그렇지 않다. 그들은 옳든 그르든 간에 의도적으로 불필요한 절차상 문제를 제기하는 사람들에 의해 마을 회의가 '장악되어hijacked' 있다는 것을 느끼기 시작한다. 그들은 회의에서 소란을 피우는 자에게 재갈을 물리기 위해 진행자에게 압력을 가하고 "계속 진행하라"라고 요구할 것이다.

발의안을 수정하기 위해 15명이나 되는 사람이 일어나 발언하거나, 그보다 더 나쁜 경우 수정안을 수정하기 위해 순서를 기다려야 하는 일이 일어날 것이다. 점점 원 발의안의 내용적인 본질은 사라지고, 의사 진행을 위한 절차적 문제로 치환되어 간다. 다시 진행자는 절차상의 문제와 수정안들을 비판하는 사람의 발언 시간을 일정 범위에서 제한해야 한다는 압력을 받는다. 점점 더 고조되는 많은 목소리들이 당면한 문제에 대해 빨리 투표할 수 있도록 해줄 것을 요구하게 된다.

이러한 상황을 지켜볼 수 있을까. 잔소리꾼은 그가 한 일에 대해 "단지 규칙대로 했을 뿐이다"라고 말할 것이다.

마을 회의가 전적으로 로버트 장군이 정식화한 규칙에 의해 진행된다면 어떻게 될까? 과정이 내용을 압도할 것이고, 아마 그 회의는 결코 끝나지 않을 것이다. 그리고 만약 그렇게 된다면 오늘 도출된 대부분의 결정은 나중에 있을 회의에서 도전받게 될 것이다.

회의실 앞쪽에 앉아 있는 진행자와 마을 변호사가 거의 아무도 이해하지 못하는 과정을 부당하게 조작한다면 어떻게 될까? 한두 사람의 손에 쥐기엔 너무 큰 힘이 될 것이다.

그리고 만약 잔소리꾼에게 재갈을 물림으로써 진행자가 실제로 중요한 아이디어들을 듣지 못한다면 어떻게 될까? 만약 그렇게 된다면 결과는 원래 그랬어야 했던 것보다 좋지 않을 것이다. 다시 말하지만 합의된 결정은 불안정할 것이고 심지어 정당성이 없는 것으로 간주될 수도 있다. 사람들이 회의를 떠나기 전에 그들은 (1) 자신들의 기호에 맞는 진행자를 추가로 선출하고, (2) 다음 마을 회의에서 그들이 원하는 것을 얻을 수 있는 충분한 표를 추가로 획득하는 방법을 계획할 것이다.

예로 든 마을 회의는 극단적인 경우이지만, 다른 환경에서도 동일한 역학 관계가 발생하는 경향이 나타날 수 있다. 부유한 교외에 저렴한 주택을 짓기 위해 노력하는 지역 비영리 법인이 7명으로 구성된 이사회의 회의를 운영한다고 상상해보자. 그리고 로버트 규칙에 따라 회의를 진행하는 이 법인이 4 대 3의 투표로 매우 논란이 많은 사안에 대해 결정을 내린다고 상상해보자. 구역 용도변경과 향후 대규모 자금 투자를 필요로 하는 이번 결정은 지속적이고 공개적인 논쟁을 불러일으킬 것이며 뒤집힐 수도 있을 것이다.

그럼에도 테이블에서의 토론은 놀라울 정도로 형식적이다. 이사회 구성원 간 협의는 이미 중단되었고, 다수파인 4명의 이사진들은 소수가 원하는 것을 진지하게 경청할 생각이 없음이 분명해졌다. 하지만 그들은 조심스럽다. 그들은 로버트 규칙을 꼼꼼하게 준수해서 그러한 결정이 있은 후에 절차적으로 문제가 없도록 해야 하기 때문이다.

이런 경우 패자들은 어떻게 할까? 사업이 집행되는 동안 최대한 시간을 끌면서 규칙이 허용하는 한 가능한 모든 시점에 동일한 문제를 반복적으로 제기하게 될 것이다. 반면 그들은 조직을 확대하고 동조자를 동원해 이사회에서 공석이 발생하기를 기다릴 것이다. 그들이 마침내 공석의 자리를 차지하는 데 성공했을 때 그들은 논란이 되고 있는 결정에 대한 재검토를 압박할 것이다. 그리고 만약 그들이 그 결정을 뒤집는 데 성공한다면 몇 달 혹은 심지어 몇 년 동안의 힘든 노력이 수포로 돌아갈 수도 있다.

/

사업장에서의 합의 형성

이 책의 머리말에서 우리는 제품 도입에 문제가 있는 소규모 엔진 생산 공장의 문제점에 대해 이야기했다. 비록 약간의 변형이 있었지만 실제 사례에서 가져온 그 예시에서 우리는 본사 수석 부사장이 공장 관리자들과 노조 지도자들에게 '엄한 경고를 주기 위해' 본사로부터 공장이 있는 새크라멘토로 날아온 장면을 목격했다.

분명한 것은 이러한 행동이 비즈니스 환경에서 합의 형성을 위한 최선의 방법이 되지 못한다는 점이다(비록 수석 부사장이 희생양이 아닌 해결책을 찾고 있다고 발표했을 때 그는 올바른 방향을 가리키고 있었지만). 여타의 더 좋은 방법들이 있을 수 있다. 기업 조직의 위계 구조는 일반적으로 여타의 조직 구조와 상당히 다르지만, 우리는 민간 부문에서도 CBA가 가능할 뿐만 아니라 긍정적인 결과를 야기할 것이라는 점을 다양한 경험을 통해 체험했다. 조직의 내부 갈등은 자원을 낭비하고 효율성을 저해하는 경향이 있다. 민간 부문에 맞게 수정된 합의 형성 프로세스는 이러한 갈등을 최소화(또는 적어도 구조화)할 수 있다.

이를 위해 이전의 여러 장에서 소개된 다양한 방법과 프로세스 중 참고할 만한 사항을 우선 서술한다. 〈부록 E〉의 핵심인 민간 부문에 맞게 수정된 CBA의 단계별 실행을 시도하기 전에 이러한 방법과 프로세스를 파악하는 것이 중요하기 때문이다.

왜 조직 내 갈등이 발생하는가?

비즈니스 환경에서 갈등을 어떻게 해결할 것인가에 대한 문제를 논의하기 전에, 분쟁이 발생하는 이유에 대해 검토할 필요가 있다. 적어도 다섯 가지 이유가 있다. 첫째, 오늘날의 조직은 그 어느 때보다 더 평평하고 네트워크화되어 있다. 이는 많은 관리자들이 자신의 권한을 넘어서는 책임을 감당하도록 만든다. 이것이 조직 내 긴장의 가장 핵심적 원인일 것이다. 둘째, 조직은 점점 더 프로젝트나 팀을 기반으로 움직인다. 조직의 동질성은 해체되고 (대부분의 사안에 의견을 달리하는) 협력하라며 사람들에게 가해지는 압박은 강한 저항을 촉발하는 경향이 있다. 셋째, 많은 조직들은 빠르게 변화하는 환경적 제약에 점점 더 적응력을 높여야 하는 상황에 직면해 있다. 변화에 대한 저항은 불가피하기 때문에 그러한 변화를 촉진하려는 노력은 종종 반대 행위를 유발한다. 넷째, 일부 조직에서는 서로 다른 스타일과 낯선 문화적 특성을 가진 직원들을 통합해야 하기 때문에 증가하는 다양성을 관리하기 위해 한층 노력을 강화하고 있다. 이것은 훌륭한 목표이지만 확실히 갈등으로 이어질 수 있다. 마지막으로 다섯째, 대부분의 조직들은 더 적은 자원으로 많은 일을 해야 한다는 극심한 압박을 받고 있다. 이는 하위 부서 간 빈약한 자원을 놓고 경쟁해야 한다는 것을 의미한다.

이러한 조직 내부의 다섯 가지 압력 요인들은 불가피한 것이기 때문에 관리자들은 조직 내 갈등을 보다 효과적으로 해결할 방법을 찾아야만 한다.

통념과 대안

조직 내 갈등에 대처하는 최선의 방법에 대한 통념은 일차적인 책임을 최고경영진의 손에 맡기는 것이다. 더불어 경험 많은 고위 경영자들은 직원들에게 회사의 이익을 위해 개인적인 차이는 접어두라는 단순한 논리로 대처한다. 일반적인 통념에 따르면, 대부분의 경우 갈등은 권한이나 영역 중복에 대한 명확성이 부족한 결과이기 때문에 관리자들은 역할과 책임을 명확히 하기 위해 노력해야 한다. 이를 위해 고위 관리자들은 그들의 권한을 행사해야 한다는 결론에 도달하게 된다. 다른 말로 하면, 그들이 사실상 "모든 사람들에게 무엇을 해야 하는지 말해야만" 하는 상황이 된다.

이러한 접근법은 상부의 지시에 중점을 두고, 상부의 지시가 바람직한 결과를 산출할 것이라고 묵시적으로 가정한다. 그러나 불행히도 이러한 접근법은 통상 근본적인 원인보다는 증상만을 치료한다. 문제의 근원을 해결하기보다는 저항이 가장 적은 경로를 찾는 데만 열중하기 때문에 그 결과 많은 경우 실패한다. 가장 심각한 점은 전통적인 접근법이 미래에 유사한 종류의 문제를 해결하는 데 도움이 될 조직 학습을 촉진하는 경우가 거의 없다는 점이다.

이 책의 저자 중 한 명인 로렌스 서스카인드가 참여한 하버드대학교 로스쿨의 PONProgram on Negotiation과 CBIConsensus Building Institute 이 두 조직은 수년 동안 조직 내 갈등을 관리하는 새로운 접근법을 제시하는 워크숍을 제공해 왔는데, 워크숍의 핵심 내용은 전통적 접근법인 상부의 지시를 포기하는 것과 모든 관련 이해당사자들을 참여시키는 CBA를 실행하는 것이었다.

새로운 접근법은 조직 내 갈등에 대처하기 위한 통합 모델integrated model을 제공하는 것으로 ⑴ 갈등 원인 진단하기, ⑵ 차이로부터 합의 형성하기, ⑶ 합의서 도출하기 및 저항 극복하기 ⑷ (제도적 학습을 독려하기 위한) 조직을 견인하기 등 네 가지를 강조한다.

새로운 접근법에 대한 자세한 설명은 다음과 같다. 우리의 경험에서 볼 때 새로운 접근법은 기존의 하향식 방법보다 좋은 해결책에 도달하거나 조직 역량의 지속적인 향상을 도모할 가능성이 훨씬 더 높다고 할 수 있다.

갈등 원인 진단하기

조직 내 갈등은 많은 경우 중앙에서 하위 부서에 비즈니스 관행의 변화를 요청할 때 발생한다. 예를 들어 회사 전체 사업 시스템의 변화에 부합하도록 현재 작동되고 있는 컴퓨터 체제를 폐기한다거나 팀 기반 관리방식의 효율성을 제고하기 위해 보고 라인을 변경하는 등의 경우가 대표적이다.

구체적인 사례 하나를 살펴보자. 전국적 영업망을 갖고 있는 투자회사의 전국 단위 투자상품을 판매하는(그리고 그 결과를 연간 상여금 계산을 담당하는 전국 단위 투자상품 관리자에게만 보고하는) 영업사업들은 그들의 보너스를 결정할 수 있는 권한을 가진 새로운 지역 계정관리자에게도 추가로 보고해야 한다는 말을 들었다.

영업사원들은 곧 갈등 상황에 빠지게 되었고, 충성심은 이원화되었다. 이제 그들은 그들의 시간과 노력을 분배하는 방식을 수정하기를 원하는 전국 단위 투자상품 관리자뿐만 아니라 같은 지역 조직 안에 설치된 새로운 지역 계정관리자에게도 동등한 수준에서 주의를 기울여야 했다. 이처럼 충돌하는 충성심이 영업사업들의 반란을 초래했다.

문제가 존재한다는 것에 당사자들의 동의 이끌어내기

이런 종류의 내부 갈등을 처리하는 첫 번째 단계는 문제의 범위와 근원에 대해 모든 당사자들이 동의하도록 설득하는 것이다. 전국 단위 투자상품 판매 사례의 경우 이미 불안감이 팽배해 있기 때문에 신중하게 접근해야 했다. 이후 이 회사가 실제로 진행했던 과정을 단계적으로 살펴보도록 하자.

우선 영업 담당 선임 부사장은 합의 형성 프로세스에 대한 경험을 갖고 있는 외부 컨설턴트를 고용했다. 외부 컨설턴트는 전국 단위 투자상품 관리자, 지역 계정관리자 및 다양한 경험을 가진 영업사원들을 개인적으로 만났다. 컨설턴트는 이들과의 인터뷰를 바탕으로 상황에 대한 예비 진단서를 제시했다. 예비 진단서에서 컨설턴트는 모두에게 이익이 되는 방향으로 문제가 해결될 수 있다는 희망을 갖도록 하는 것이 목표였다. 컨설턴트는 다양한 벤치마크를 사용하여 모든 사람이 의미를 부여하는 사항을 평가의 근거로 삼았다. 즉 새롭게 도입된 이원화된 관리 접근법에 따른 제품 및 지역별 판매의 패턴과 수준의 변화를 추적했다.

그는 모든 관련자들의 이익을 늘리는 것이 가능하다는 것을 보여주었다(즉 전국 단위 투자상품은 지역 판매를 증가시킴으로써 전체 매출을 증대시킬 수 있고, 그 결과 모든 영업사원들의 판매수수료를 늘릴 수 있다). 그 결과 최고경영진은 컨설턴트에게 전국 단위 투자상품 관리자와 지역 계정관리자 사이의 매출을 저해하는 긴장 상태를 해결하는 것을 목표로 비교적 간단한 CBA 과정을 기획하도록 허용했다.

문제해결 활동 승인하기

문제해결 활동을 효과적으로 진행하기 위해 컨설턴트는 우선 다양한 방법으로 CBA에 대한 가시적인 지지를 확보할 필요가 있었다. 이 사례의 경우 최고경영진이 모든 사람의 관심사에 부합하는 해결책을 찾기 위해 노력하고 있음을 분명히 보여주는 하루 온종일 진행하는 회의를 조직하는 것과 더불어 합의 형성 활동을 지원하기 위해 필요한 자원을 명시적으로 배정하는 것이었다.

갈등 영향분석 준비하기

PON/CBI 통합 모델에서는 공식적인 갈등 영향분석 활동부터 시작하는 것이 핵심이다. 우선 컨설턴트는 모든 주요 이해관계자들과 예비적인 개별적 만남을 진행한 후, 대략 25명 이상의 핵심 이해당사자들과 비공식 인터뷰를 통해 제기된 모든 관심사를 목록화한 갈등 '지도map'를 만들었다. 다음으로 모든 관심사가 정확하게 포함되었는지 확인하기 위해 인터뷰한 모든 사람에게 10쪽 분량의 서면 영향분석서 초안을 보냈다. 컨설턴트는 이를 통해 분석 결과에 대한 핵심 이해당사자의 승인을 확보한다는 목표를 달성했다.

영향분석서 초안은 주요 관심사를 가로 행에, 이해당사자의 범주를 세로 열에 나타내는 표를 포함하고 있었다. 표의 각 셀에는 특정 문제 또는 쟁점에 대한 이해당사자 집단의 의견(입장과 이해관심사 등)이 열거되어 있었다(해당 쟁점과 관련된 긴급성과 함께). 인터뷰 결과를 바탕으로 컨설턴트는 (도움이 될 만한 새롭게 확인된 사실을 포함하여) 약 1개월 정도의 작업 계획과 문제해결 활동을 안내하기 위한 일련의 기본 규칙을 작성하여 제출했다.

이해당사자 참여 독려하기

제출된 영향분석서(향후 작업 계획도 포함된)가 모든 이해당사자에 의해 리뷰되고 난 후, 3대 주요 집단(전국 단위 투자상품 관리자, 지역 계정관리자 및 영업사원)은 각각 개별회의를 개최하여 자신들의 이해관계를 명확히 하고 자신들을 대표하는 3명의 대표자를 특정했다. 그리고 컨설턴트는 총 9명으로 구성된 협의체를 조직했다. 사실상 각 이해당사자 집단은 문제해결 활동에 참여할 자신의 '대표자'를 선택하는 일뿐만 아니라 자신이 속한 집단의 의제를 제시하는 역할도 가지고 있었던 것이다.

차이로부터 합의 형성하기

컨설턴트는 3주 동안 세 번의 브레인스토밍 회의를 진행했다. 목표는 새롭게 도입된 이원화된 관리 접근법이 모두를 위해 작동하도록 하는 데 도움이 되는 아이디어 혹은 전략 '패키지'를 도출하는 것이었다. 컨설턴트는 다음 네 가지 핵심 아이디어에 의존했다.

서로의 이해관심사와 가치를 이해하기. 컨설컨트는 각 집단의 '대표자'들에게 자신들의 관심사, 즉 그들이 중요하다고 생각하는 것들에 순위를 매겨 명확히 하도록 하는 것부터 시작했다. 그리고 특정 대표자들이 관심사보다 입장을 제시할 때 개입하여 왜 그들이 그런 입장을 취하는지 설명해달라고 요구했다.

옵션을 브레인스토밍하기. 일단 각 집단이 이해관심사를 명확히 하자, 컨설턴트는 대표자들에게 가능한 한 모두의 이해관심사를 충족시킬 수 있는 방안들을 제안하도록 권유했다. 예를 들어 영업사원 개개인들은 어떻게 전국 단위 투자상품 관리자와 지역 계정관리자 모두의 요구에 잘 부응할 수 있는가? 전국 단위 투자상품 관리자와 지역 계정관리자 간의 어떤 대화와 조정이 영업사원의 분기별 목표 달성에 가장 도움이 되는가? 영업사원의 시간을 전국 또는 지역 판매 노력에 할당하기 위한 보다 명확한 방법을 개발할 수 있는가? 이처럼 관련된 주제에 대한 다양한 아이디어를 자유롭게 생성하도록 했지만 절대 실행을 전제로 하는 것이 아님을 명확히 했다.

브레인스토밍 과정에서 영업사원의 고용 계약 내용에 대한 해석 상의 의견 충돌이 있었다. 이에 전체 영업사원을 대상으로 한 조사와 데이터 생성을 위한 소위원회가 협의체 전체 위원의 동의로 구성되었다. 이러한 공동 사실조사Joint fact-finding는 모든 이해당사자들이 조사 결과를 수용할 가능성을 훨씬 높이는 데 기여했다.

합의서 초안을 패키징하기. 촉진자(컨설턴트)는 단일 텍스트 절차 single-text procedure를 사용하여 브레인스토밍을 통해 제기된 가장 좋은 아이디어들을 다양하게 조합한 제안proposal들을 담은 요약문을 작성해 제출했다. 각 이해당사자 집단의 이익을 어떻게 충족시킬 것인가와 회사 전체에 가장 좋은 결과를 어떻게 도출할 것인가라는 측면에서 각 제안이 담고 있는 정당성이 요약문에 제시되었다.

추인 받기. 마지막으로 협의체 전체 위원들이 합의문 초안을 받아들일지 말지 결정해야 하는 시간이 왔다. 지역 계정관리자 대표 중 1인은 합의안 초안에 대한 우려를 지속적으로 제기했다. 협의체가 사전에 합의했던 마감 시한에 이르자 촉진자(컨설턴트)는 "누가 이 최종 합의서를 받아들이기 어려운가?"라고 물었다. 그는 만장일치를 추구하되 그렇지 않을 경우 압도적인 동의로 확정한다는 기본 규칙을 상기시켰다. 최종적으로 9명의 참가자 중 1명을 제외한 전원이 영업 담당 선임 부사장에게 전달한 최종 합의서에 서명했다.

컨설턴트에 의해 수행된 촉진자 역할은 매우 중요했다. 사실 협의체가 합의에 이를 수 있었던 것은 컨설턴트의 숙련된 개입에 기인한 바가 컸다. 컨설턴트는 (협의체 위원 모두가 동의한 작업 계획과 시간표 범위 내에서) 협의체가 자신에게 주어진 과제에 집중하도록 다양한 지원을 아끼지 않았다. 그는 협의체 위원들이 회의에서 다룰 사안들에 대해 준비가 되어 있는지 사전에 확인하는 작업을 수행했으며, 자신들이 대표하는 집단의 구성원들과 계속 소통을 하도록 자극했다. 그는 아무도 협의체가 자신만의 이익을 증진시키기 위해 프로세스를 왜곡한다는 생각을 하지 못하도록 협의체 활동에 권위를 부여하였다. 마지막으로 컨설턴트는 최종 합의서에 명시된 후속 활동이 적절히 실행되는 데에도 기여하였다.

저항 극복하기

비록 협의체가 합의에 도달했다 하더라도, 협의체가 해야 할 일이 모두 끝난 것은 아니다. 우리의 동료인 데보라 콜브Deborah Kolb 교수는 여전히 남아 있는 세 가지 중요한 과제를 강조한다. 첫째, 합의서에 대한 지지를 강화해야 한다. 둘째, 조직 내에서 동시에 일어나는 다른 일들을 고려한 전략적 관점에서 합의를 실행해야 한다. 셋째, 합의서에서 제시된 변화를 지지하기 위한 연합을 구축해야 한다. 이를 좀 더 자세히 살펴보자.

합의서에 대한 지지 강화하기

콜브는 협의체가 합의한 내용에 대한 지지를 강화하기 위해 감성적 행보appreciative moves의 활용을 주장했다. 감성적 행보는 다른 사람들의 관심사를 인정하고 그들의 의견을 정당화하는 대화로 구성된다. 협의체 위원과 컨설턴트는 이러한 정신으로 직접 관여하지는 않았지만 협의체가 도출한 제안에 대해 의문이 있을 수 있는 사람들과 일대일로 만나는 데 상당한 시간을 소비하였다. 그들은 또한 협의체 보고서의 특정 아이디어에 반대할 수 있는 사람들을 위한 체면치레 제안도 준비하였다.

전략적 관점에서 합의안 틀 짜기

또한 콜브는 반대에 직면한다 하더라도 협의체가 도출한 제안을 의제로 계속 유지시키기 위한 절차적 행보process moves의 활용을 주장했다. 즉 협의체가 제출한 보고서가 본격적으로 실행되기 이전에 '작은 승리'를 보여줄 것을 강조하는 방식이다. 투자 회사 사례의 경우도 실제로 사내 경쟁 집단들이 힘을 합쳐 문제를 해결하고 있다는 사실이 온갖 대화나 회의에서 거듭 강조되었다. 그 결과 대부분의 영업사원들은 협의체의 제안대로 분기별 매출이 반등하면 모두가 이익을 볼 수 있다는 것을 인식하게 되었다.

변화를 지지하는 연합 구축하기

마지막으로 콜브는 지지하는 연합을 구축하기 위해 세력 구축 행보power moves의 사용을 제안했다. 이번 사례의 경우, 협의체는 합의 형성 접근이 성공하면 아직 해결되지 않은 다른 문제를 해결하는 데 활용될 수 있다고 주장함으로써 다수의 '중립적 사람들'을 지지자로 전환할 수 있었다. 협의체 보고서 지지자들이 점진적으로 세력화

되면서 방해하는 사람들은 고립되었다. 이런 식으로 승리 연합이 탄생되었다.

조직을 견인하기

최고경영진의 인준에도 불구하고 협의체의 노력은 여전히 끝나지 않았다. 문제가 자꾸 반복되면 고치기가 어려워진다. 가능한 한 갈등의 근본 원인(이번 사례의 경우 새롭게 도입된 이원화된 관리 접근법과 같이 급진적인 변화를 부과하기 이전의 준비가 불충분했다)이 미래에는 회피될 수 있도록 조직 학습을 장려해야 한다.

갈등의 근본 원인에 초점을 맞춘 진단 및 학습

조직 학습은 일반적으로 현재 상황에 대한 불만족과 미래에 더 잘하고자 하는 욕구에 의해 추동된다. 협의체가 이번에 해결한 갈등은 (갈등이 본격적인 분쟁으로 촉발되기 전에) 조직이 그러한 갈등을 보다 효과적으로 처리하는 방법을 배울 수 있는 절호의 기회를 제공했다. 버트 스펙터Bert Spector 교수는 "학습은 위에서부터 강요될 수 없다. 근본 원인에 대한 공유된 진단으로부터 시작된다"라고 주장했다. 이번 사례의 경우 문제를 다음과 같이 특정할 수 있을 것이다. (이 조직의 경우) 영향을 받을 가능성이 있는 사람들의 우려에 대해 적절한 협의나 주의 없이 관리 구조의 실질적인 변화를 하향식으로 부과하는 것.

새로운 행동 패턴 촉진하기

협의체가 도출한 합의안의 핵심은 전국 단위 투자상품 판매와 지역 계정에 영업사원의 시간을 할당하기 위한 새로운 '경험 법칙rules of thumb'의 확립뿐만 아니라 보고 관계의 구체적인 변화였다. 협의체는 변경 사항을 분기별로 공식적으로 모니터링하고, 새로운 변화가 어떻게 진행되는지에 대한 분석을 공개적으로 출판하는 책임을 협의체의 특정 구성원에게 할당할 것을 권고했다. 따라서 새로운 행동 패턴은 신중하게 벤치마킹되고 모든 사람이 자신들이 제자리에 있다는 것을 확신할 수 있을 때까지 모니터링될 것이다. 이러한 신뢰할 수 있는 모니터링이 없다면 새로운 행동 패턴을 촉진하여 원하는 행동 변화가 일어나고 있는지 확인하는 것이 불가능하다.

새로운 행동 패턴 강화하기

물론 영업사원이 반발한 진짜 이유는 새롭게 도입된 이원화된 관리 접근법이 영업사원 각각에게 어떻게 동일하거나 혹은 증가된 수수료를 벌 수 있게 되는지 매우 불분명했다는 점이다. 보너스를 계산할 때 전국 단위 투자상품 관리자와 지역 계정관리자의 상대적 영향력을 아는 사람은 아무도 없었다. 따라서 영업사원은 기업의 요구사항을 충족시키면서 어떻게 최상의 이익을 성취할 수 있는지 알지 못했다. 결국 협의체는 각 영업사원에게 조직 개편에 따라 자신이 보고해야 하는 두 명의 관리자에 의해 체결된 단일한 내용의 '연간 판매계약서'를 놓고 협상할 것을 권고했을 뿐만 아니라 보너스 배분 시기가 되면 실적이 제대로 평가되지 않는다고 느낀 영업사원들에게 항소 절차를 요구할 권리를 제시했다.

새로운 관리 시스템이 어떻게 작동할지 인지할 수 있을 정도로 충분히 시행되기 전까지는 불안감이 계속 높을 수밖에 없다. 회사의 일부 사람들은 이러한 불확실성이 판촉 노력을 더 크게 촉진할 것이라고 생각하는 반면, 다른 사람들은 그렇지 않을 것이라고 판단하고 있었다. 협의체는 다양한 활동을 통해 핵심 이해당사자가 경영 혁신에 필요한 변경 사항을 새롭게 인식하는 데 도움을 줄 수 있는 기회를 제공함으로써 경영 혁신과 관련한 불안감을 줄일 수 있는 수단을 제공했다. 이번 갈등은 협의체 활동으로 인해 단순히 단기적으로 해결해야 할 문제가 아니라 향후 다른 경영 변화를 어떻게 더 효과적으로 이행할 수 있는지를 회사가 배울 수 있는 기회로 여겨졌다.

이번 사례에서 좋은 소식은 최고경영진이 두 가지 기회를 모두 인식하고, 업무를 협의체에 위탁했으며, 논란이 많은 여타 경영 변화 시도와 관련하여 CBA를 활용하겠다고 맹세했다는 점이다. 실제 많은 기업에서 현재 합의 형성 아이디어를 기반으로 조직 내 분쟁 해결에 대한 새로운 접근법을 구현하고 있다. 이들은 IDR(internal dispute resolution, 조직 내 분쟁 해결), ODR(organizational dispute resolution, 조직 분쟁 해결) 혹은 세계은행 및 유엔과 같은 매우 큰 규모의 조직에서는 통합 분쟁 해결integrated dispute resolution 등의 이름으로 명명되어 있다. 또한 합의형 의사결정consensual decision-making, 옴부즈맨, 조정 그리고 전통적인 단체 교섭 외에도 계약 협상에 의한 상호 이익 접근법 등도 여기에 포함된다. 이제 인적자원 전문가들이 그들의 일하는 방식에 상당한 수정을 요구하는 시대에

와 있다. 가능하면 언제든지 CBA를 사용하려는 최고경영진의 헌신
이 필요한 때이다.

합의 협성 접근법의
핵심 5단계 요약 안내서

1. 소집

1.1 토론 시작하기

1.2 영향분석 시작하기

1.3 영향분석을 통해 적절한 이해당사자 대표 식별하기

1.4 적합한 이해관계 집단 대표의 참여 약속 확인하기

1.5 CBA 진행 여부 결정하기

1.6 권한 있는 사람들이 프로세스 진행에 동의하는지 확인하기

2. 역할과 책임 배분

2.1 소집, 촉진, 기록, 조정 또는 회의 주재, 주요 이해관계 집단 대표, 전문적 조언 제공에 대해 책임을 맡을 사람 지정하기

2.2 대체자와 참관인의 참여에 관한 규칙 설정하기

2.3 의제, 기본 규칙, 작업 계획 및 예산을 서면 형식으로 마무리하기

2.4 자신이 대표하는 집단의 구성원뿐 아니라 전체 공동체와 소통할 수 있는 옵션 평가하기

3. 공동 문제해결 촉진

3.1 투명성 확보를 위해 노력하기

3.2 공동 사실조사 시 전문가 의견 구하기

3.3 필요한 경우 실무 소위원회 만들기

3.4 패키지에 대한 브레인스토밍으로 공동이익 극대화하기

3.5 확약과 창안을 분리하기

3.6 숙련된 촉진자 활용하기

3.7 단일 텍스트 절차 사용하기

3.8 의제, 기본 규칙 및 마감기한 수정하기

4. 합의안 도출

4.1 서면 합의 패키지에 대한 만장일치 추구하기

4.2 불확실성 또는 위험을 처리하기 위한 조건부 약속 활용하기

4.3 합의된 의사결정 절차 준수하기

4.3.1 '누가 합의 패키지를 감수할 수 없는지'를 물어보기

4.3.2 이의를 제기하는 사람들에게 다른 사람들이 용납하고 받아들일 수 있는 개선된 패키지를 제안하도록 요청하기

4.4 모든 합의안에 대한 서면 기록 보관하기

4.5 모든 관련 집단의 구성원 및 전체 공동체와 대화 유지하기

5. 합의 이행

5.1 모든 이해관계 집단 구성원의 검토를 통한 합의 초안 추인받기

5.2 모든 이해관계 집단 대표들이 합의문에 서명함으로써 패키지에 대한 개인적 지지를 나타내도록 요청하기

5.3 공식적인 실행 권한을 가진 사람들에게 패키지 권고안 제시하기

5.3.1 비공식적으로 협상된 합의를 구속력 있게 만드는 방법 찾기

5.4 권한이 있는 사람들이 패키지를 감수할 수 없는 경우 변경 가능한 사항을 참기 위해 이해당사자 재소집하기

5.5 합의 이행 중에 변화하는 상황을 모니터링하고 필요한 경우 재소집하기

번역 참고문헌

Dryzek, John S. (2000). 《Deliberative Democracy and Beyond—Liberals, Critics, Contestation》, Oxford University Press.

Fishkin, J. S., (2011). "Making Deliberative Democracy Practical: Public Consultation and Dispute Resolution". 〈Ohio State Journal on Dispute Resolution〉.

Fishkin, J. S., (2009). 《When the People Speak: Deliberative Democracy and Public Consultation》. NY: Oxford University Press.

Graham, Thomas W. (1989), 《The Politics of Failure: Strategic Nuclear Arms Control, Public Opinion, and Domestic Politics in the United States, 1945—1980》, (Ph.D. diss., Massachusetts Institute of Technology).

Holsti, Ole R. & James P. Rosenau (1988), "The Domestic and Foreign Policy Beliefs of American Leaders," 〈Journal of Conflict Resolution〉, Vol. 32, No. 2

Kullberg, Judith S. & William Zimmerman (1999), "Liberal Elites, Socialist Masses, and Problems of Russian Democracy," 〈World Politics〉, Vol. 51, No. 3.

List, C., Luskin, R. C., Fishkin, J. S., & McLean, I. (2013). "Deliberation, Single-peakedness, and the Possibility of Meaningful Democracy: Evidence from Deliberative Polls". 〈The Journal of Politics〉, 75(1), 80-95.

Schuman, Howard & Stanley Presser (1977/1978), "Question Wording as an Independent Variable in Survey Analysis", 〈Sociolorical Methods and Research〉, Vol. 6 November.

Susskind Lawrence E., (2009). "Deliberative Democracy and Dispute Resolution", 〈Ohio State Journal on Dispute Resolution〉.

Susskind Lawrence E. & Jerrrey L. Cruikshank (1989). 《Breaking the Impasse: Consensual Approach to Resolving Public Disputes》, NY: Basic Books(《공공갈등, 이렇게 타개하라》(2013), 김광구·강문희 번역, 지식의날개)

Susskind Lawrence E., Jessica Gordon & Yasmin Zaerpoor (2018). "Deliberative Democracy and Public Dispute Resolution". 〈Oxford Handbook of Deliberative Democracy〉.

김학린·전형준·황수경 (2020), "공론화의 숙의효과에 대한 실증분석: 2022학년도 대입제도개편 공론화 경험을 중심으로" 한국정책분석평가학회 제30권, 제2호.

이강원·김학린 (2020), 《한국 사회 공론화 사례와 쟁점 – 한국형 공론화 모델의 탐색》, 박영사.